学校経営は想像の泉

—俳句をつくって未来を拓く—

横山悦子 著

校庭の八重桜

学校経営

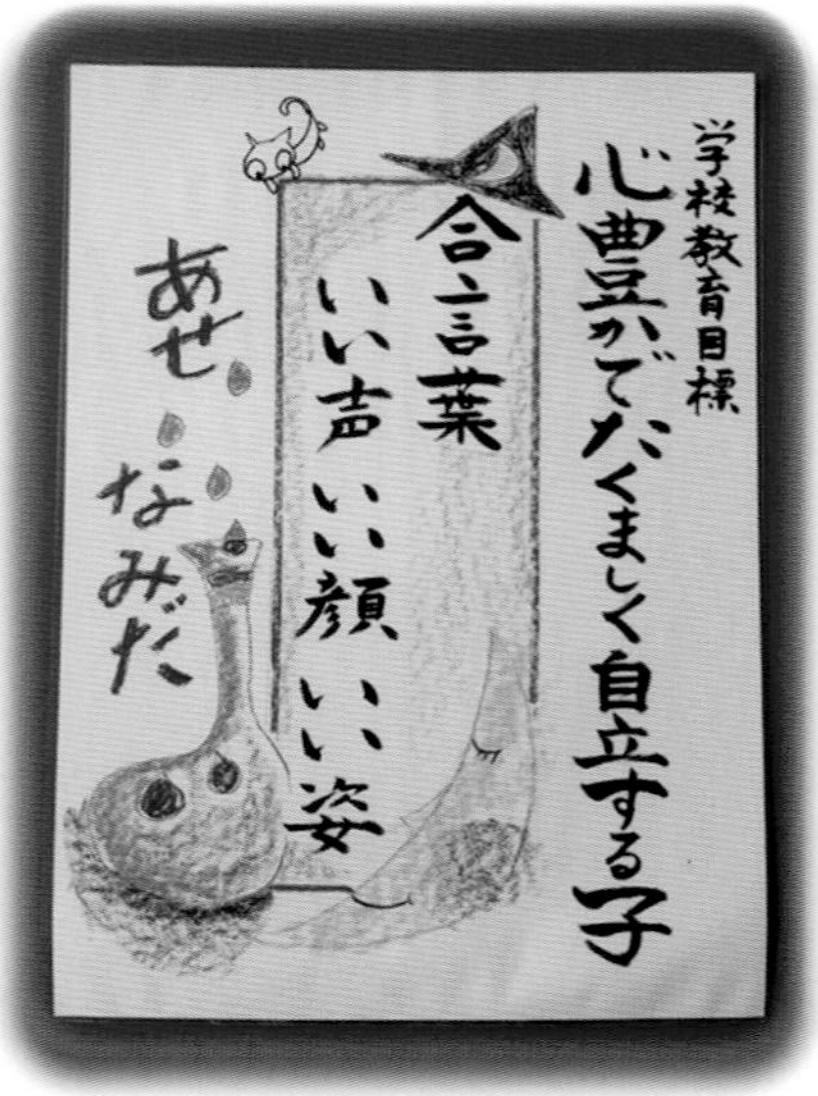

学校教育目標

各教室の正面に掲示。わかりやすくするために、イラストをつけて表現した。

学校教育目標の重点

俳句の取り組み

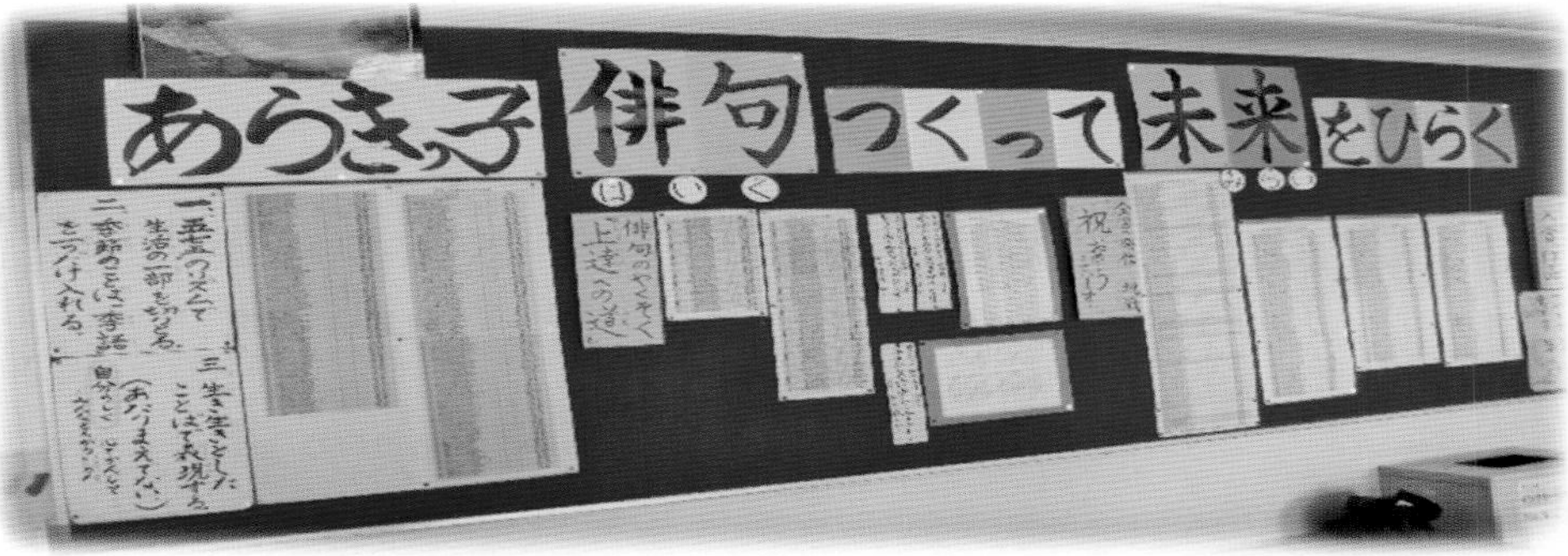

掲示板　俳句コーナー

色紙をかく

新木小マスコット
キャラクター
アラッキー

あらきっ子句集　第一集

具体的な取り組み

イメージカラー

ヤエザクラ賞

ケヤキ賞

魔女賞

魔法のつぼ

校長室にかけた表示札

「変身変身大へんしん」先生方のめあて　職員室の正面に掲示

子どもたちの様子

全校朝会の様子

俳句を投函する子ども達

結果を見に集まる子ども達

ヤエザクラを植樹する卒業生

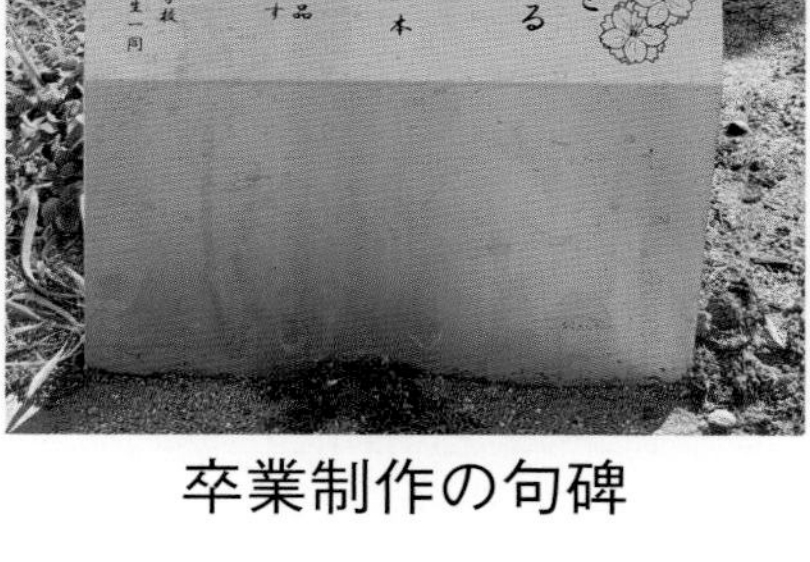

卒業制作の句碑

コロナ禍の行事

運動会（3・4 年表現）

運動会（1・2 年表現）

運動会（5・6 年表現）

卒業式

トマトケチャップ

プログラム

直売所をリニューアルして
トマトケチャップの販売

音楽発表会

グランドデザイン

中学校区：地域を愛し，自らの力で人生を切り拓き，一生懸命に生きることの喜びを見出せる児童生徒

地域・伝統　夢・実現　家族・仲間

Plan

≪小小連携≫
湖北小と１２歳の姿共有

≪学校教育目標≫
心豊かでたくましく自立する子
「あらきっ子　いい声　いい顔　いい姿」

≪あらきっ子の強み≫
・純粋で人なつっこい・頑張り屋
・運動が好き・協力できる

今年度の重点

今年度の重点	よく学び，最後まで努力する子（知）	よく働き，助け合う子（徳）	心身共に健康でたくましい子（体）
短期目標	大変身（学力向上）	感性を磨く（思考力・表現力）	汗と涙（主体性）
	≪知識・技能≫ 思考するための土台となる基礎的・基本的な学力（語彙力・計算力）を身に付けている 【キャリアの視点】 他者と協働する良さがわかる	≪思考力・判断力・表現力等≫ 自ら課題を見つけ，解決するための方法を考え，行動できる 【キャリアの視点】 自分や友だちの個性を理解し，集団や社会のために自主的に貢献できる	≪学びに向かう力・人間性等≫ 失敗を恐れず挑戦し，課題に向かって粘り強く取り組める 【キャリアの視点】 友だちと互いに助け合うことを通して，自己肯定感をもてる

Do　取り組み

教科等横断で育成

知	徳	体
【授業計画・実践マネジメント】 ◎各教科の単元における知識・技能の資質能力の育成を図る ◎国語と総合的な学習の時間を中心として教科等横断的に知識・技能の資質能力の関連を図る 【時間のマネジメント】 ◎朝読書や読み聞かせを通した読書活動の定着を図る（語彙力） ◎朝学習の算数ドリルを通して知識・技能の定着を図る（計算力） ◎放課後算数教室を通して，復習を図り基礎学力の向上を図る（計算力） ◎あらきっ子タイムの英語モジュール学習で知識の定着を図る（語彙力） ◎家庭学習習慣の定着を図る ◎発達段階に応じた情報モラル教育を定期的に実施し，SNSを中心とする情報モラルの啓発を図る 【人のマネジメント】 ◎算数の授業でのTT方式や放課後算数教室でのボランティアの採用を図り，個別指導を図る 【学校生活のマネジメント】 ☆あらキッズタイム，学級，学年での活動，行事，各教科の学習を通して，他者と関わる良さを理解できる場づくりをする（キャリア）	【授業計画・実践マネジメント】 ◎各教科の単元における思考力・判断力・表現力等の資質能力の育成を図る ◎国語と総合的な学習の時間を中心として教科等横断的に思考力・判断力・表現力の資質能力の関連を図る ◎思考をゆさぶる切り返しの問いを意識し，学びを深める実践を行う 【時間のマネジメント】 ◎ふり返りの時間を設定し，学習内容の対する考えの自己変容を捉えられるようにする ◎ペア，グループ等，授業のねらいに即して対話的な活動を設定する ◎俳句づくりを通して，物事に対する自分の考えをもち，表現する力を高める 【もののマネジメント】 ◎考える必然性のある問いをもたせるために資料提示や具体物の活用などの導入の工夫を図る ◎既習内容を掲示物として蓄積し，問題解決，課題意識の判断材料とする 【学校生活のマネジメント】 ☆あらキッズタイム，学級，学年での活動，行事，各教科での活動を通して他者と関わる中で互いを認め，集団，社会のために何が必要か考え取り組む場づくりをする（キャリア）	【授業計画・実践マネジメント】 ◎各教科の単元における学びに向かう力・人間性等の資質能力の育成を図る ◎国語と総合的な学習の時間を中心として教科等横断的に学びに向かう力・人間性の資質能力の関連を図る ◎課題に対して見通しをもち学習し続け，ふり返りから次の学習につなげられる授業づくり（子どもも学びから設定する学習計画とルーブリック評価，発言に対するフィードバック） 【時間のマネジメント】 ◎体験や他者との関わる活動（地域行事等）を通して，集団，地域や社会に参画しようとする意識を養う ◎部活動や特別活動を中心に，目的を定め，子どもが考え行動する自主的な活動を通して自己評価から自己変容を捉えられる環境づくりを図る ◎俳句づくりを通して，物事に対する自分の考えをもち，表現できる力を高める 【もののマネジメント】 ◎学習成果物の掲示等を工夫し，児童のがんばりを認め共有する場をつくる 【学校生活のマネジメント】 （自己決定の場・自己存在感・共感的人間関係） ☆他者と互いに関わり，助け合うことを通して自己肯定感をもてるようにすることで，心の居場所づくりといじめ防止につなげる（キャリア）

連携協力方策

①学校教育目標と短期目標の共有と教育課程で連携協力を図る教育活動を明記
②学級担任と保護者の適切な連絡
③子どもの学びをHP，各お便りで情報発信
④懇談会，PTA役員会議，教育ミニ集会で教育活動の現状と課題の共有
⑤保護者，地域の方からの情報提供や評価を教育活動に反映
⑥小中でグランドデザインの共有，総合的な学習の時間の授業改善を図る，キャリアの視点での資質能力を共有する

Check　評価

長期：学校評価（児童，保護者，職員，学校評議員），自己評価（目標申告，職務能力発揮シート），学力学習状況調査
生徒指導関係のアンケート（いじめ防止・情報モラル等），児童アンケート（達成指標の基準から年間達成率をみとる）
短期：単元末テスト，小テスト，俳句，Q-Uの判定，月行事及び年間行事の評価，PTA役員会議，日常の学習活動のおけるみとり

Action　改善

授業改善（個別・学年会・校内研修会）・年間指導計画の見直し・教育課程の編成（単元配列表の見直し等）
業務の効率化の工夫（タイムマネジメント・校務分掌の細分化等）・年度末の学校教育目標の見つめ直し，短期目標の見直し

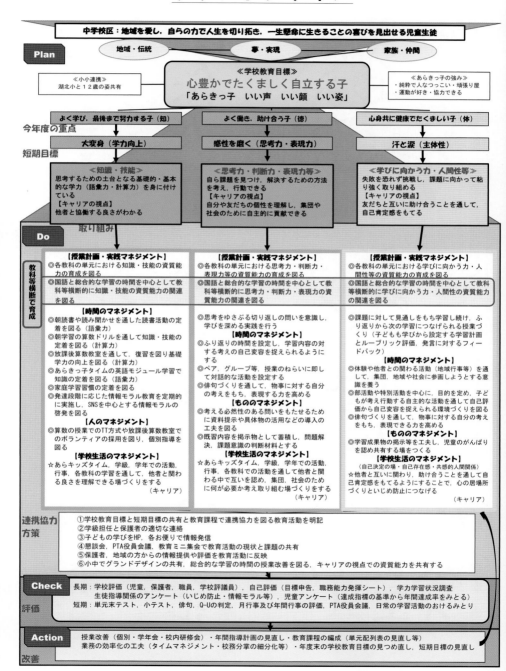

春夏秋冬

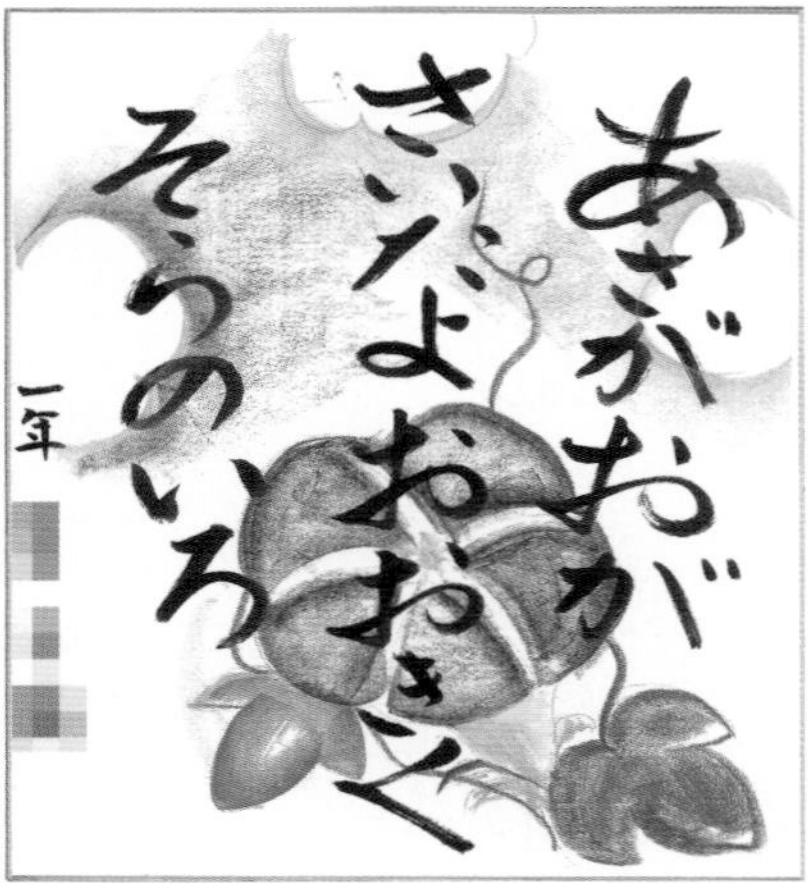
あさがおが
さいたよおおきく
そらのいろ
一年
[redacted]

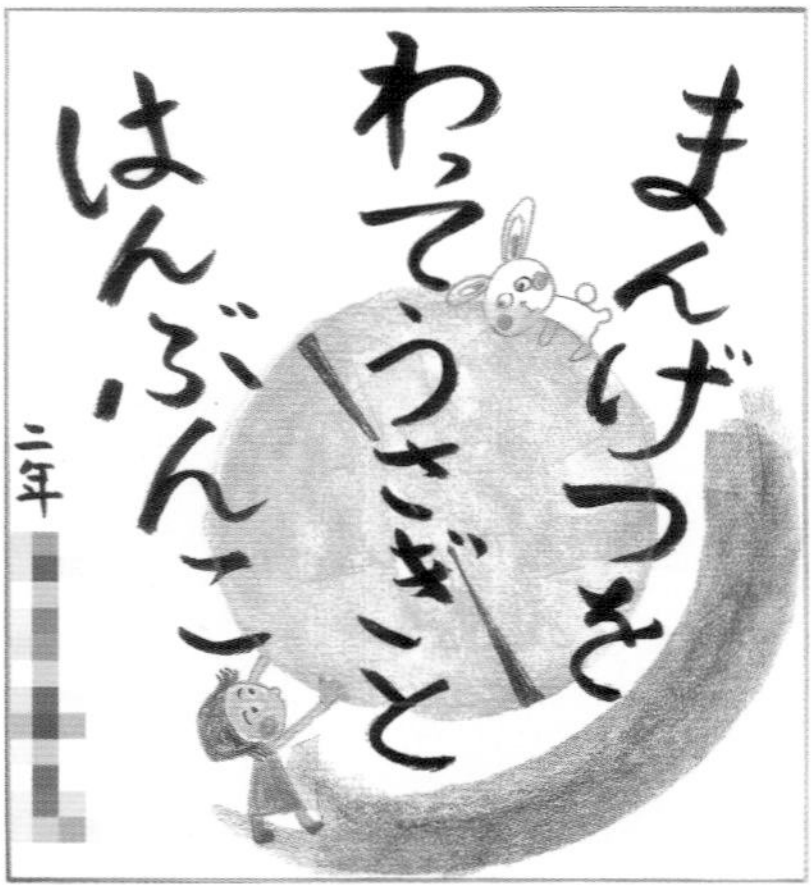
まんげつを
わってうさぎと
はんぶんこ
二年
[redacted]

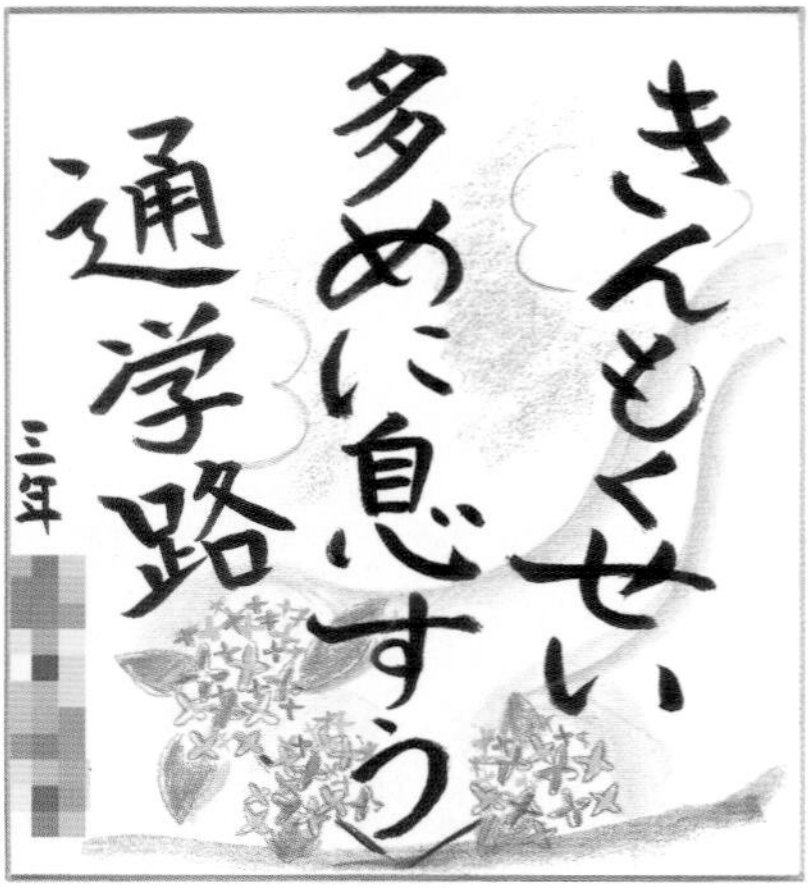
きんもくせい
多めに息すう
通学路
三年
[redacted]

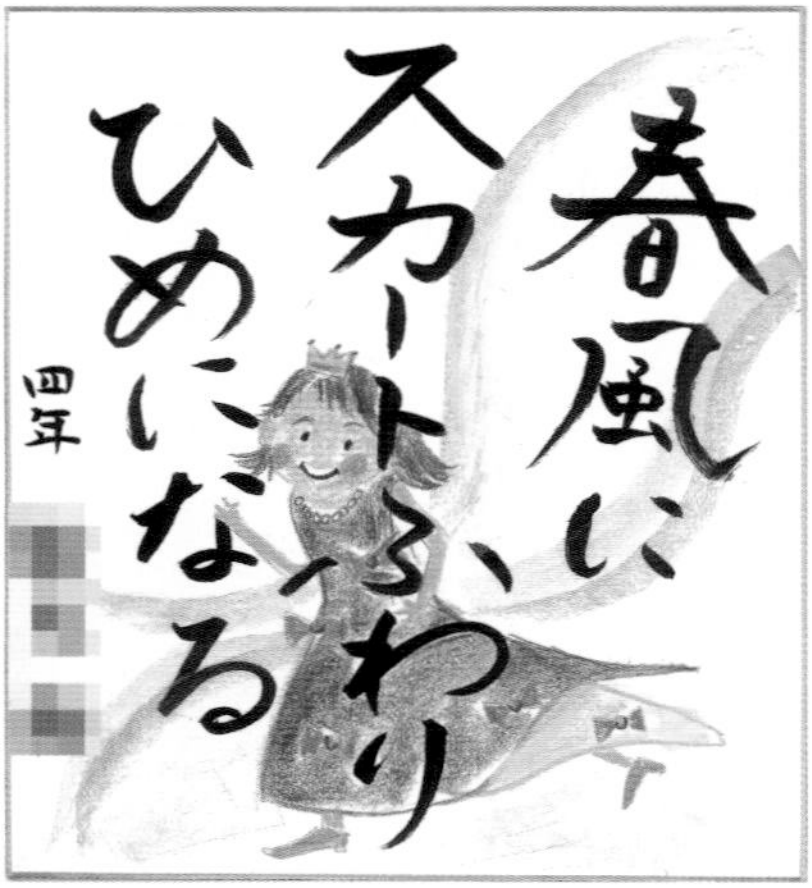
春風に
スカートふわり
ひめになる
四年
[redacted]

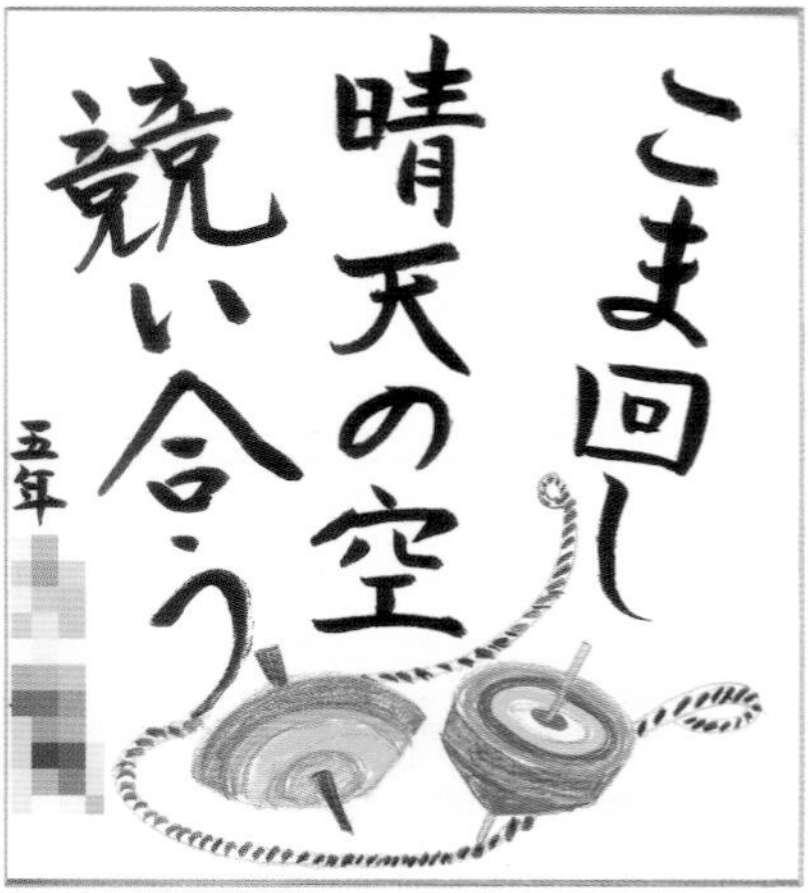
こま回し
晴天の空
競い合う
五年
[redacted]

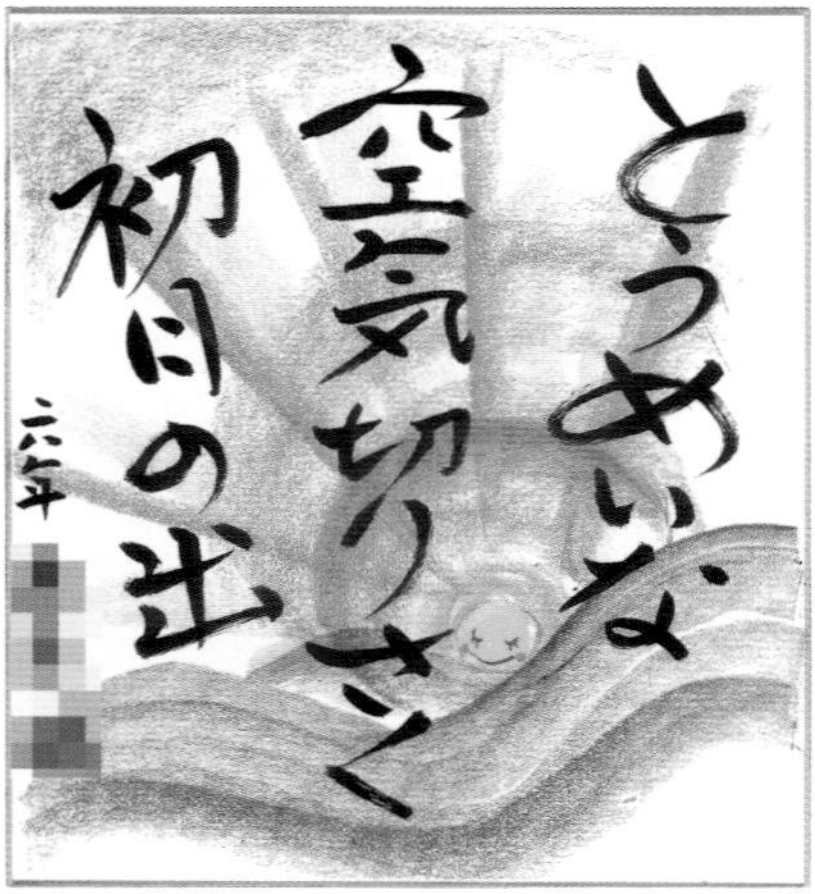
とうめいな
空気切りさく
初日の出
六年
[redacted]

春

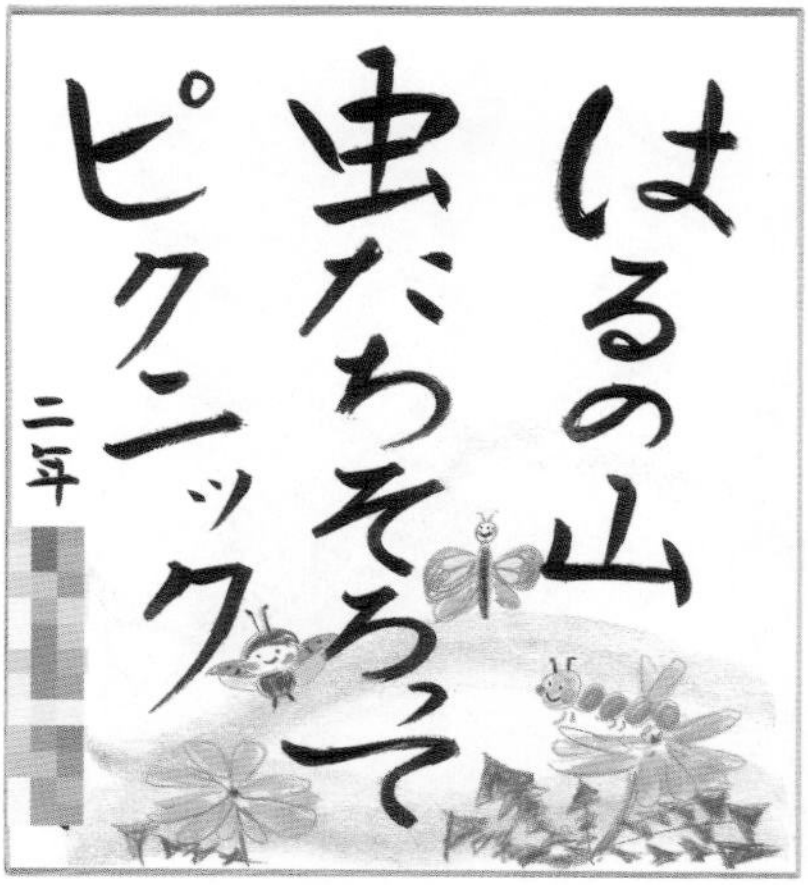
はるの山
虫たちそろって
ピクニック
二年 [redacted]

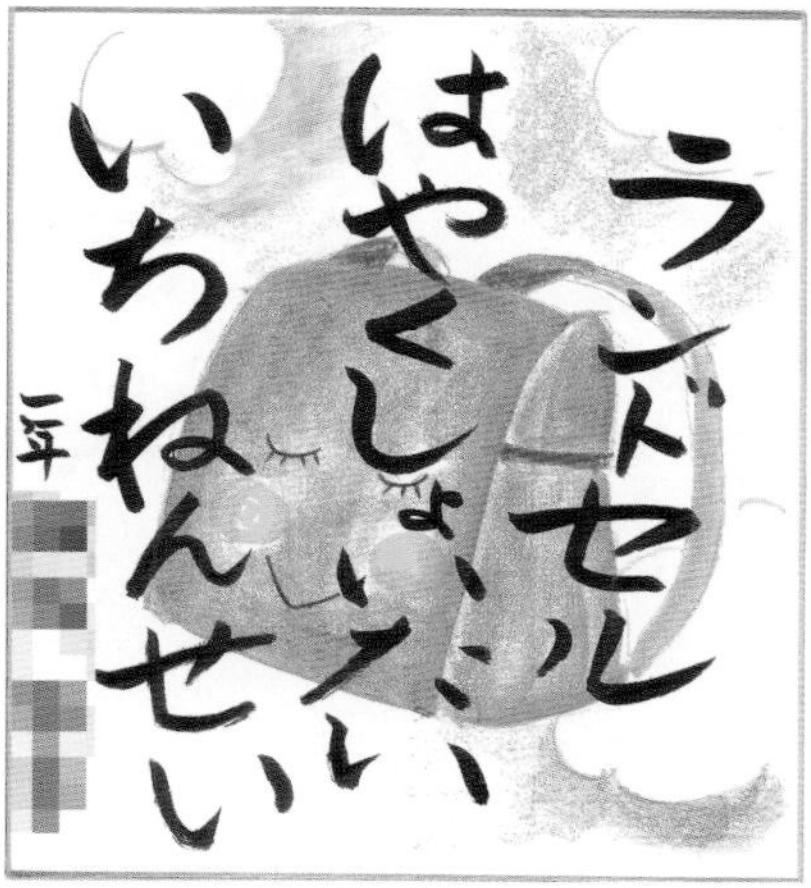
ランドセル
はやくしょいたい
いちねんせい
一年 [redacted]

新緑の
まぶたの裏に
おばあちゃん
四年 [redacted]

自転車で
てがぬまいっしゅう
かぜひかる
三年 [redacted]

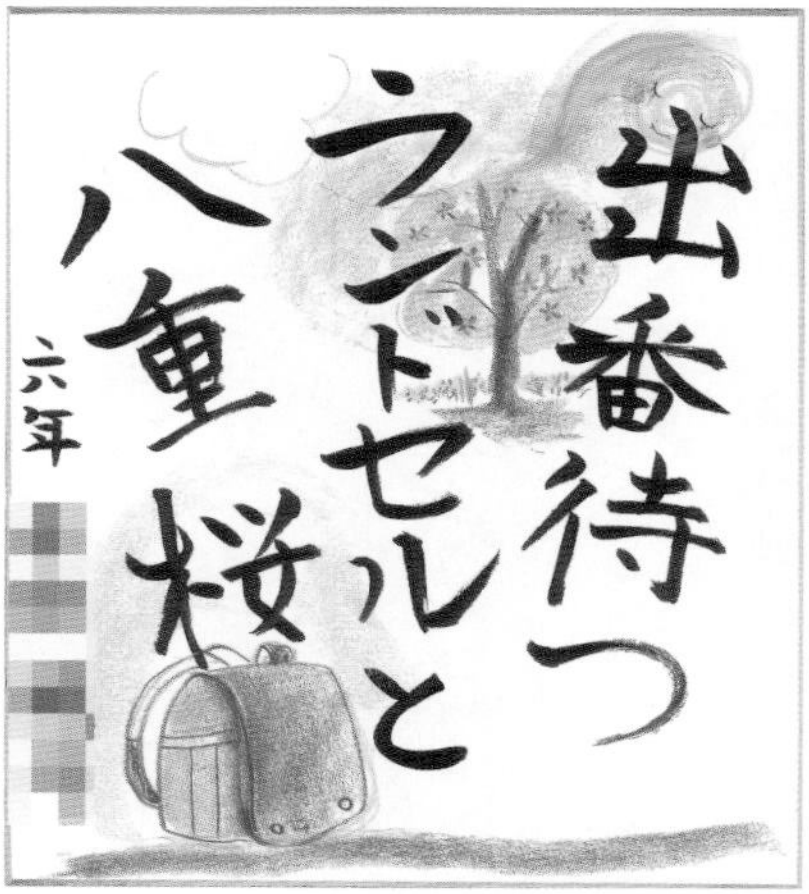
出番待つ
ランドセルと
八重桜
六年 [redacted]

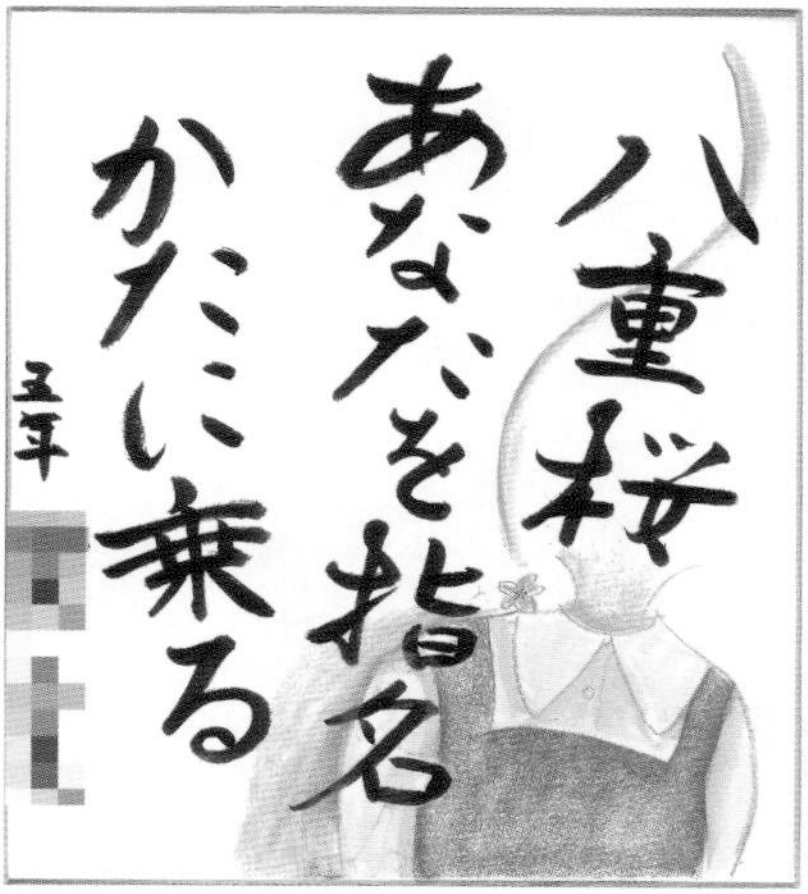
八重桜
あなたを指名
かたに乗る
五年 [redacted]

夏

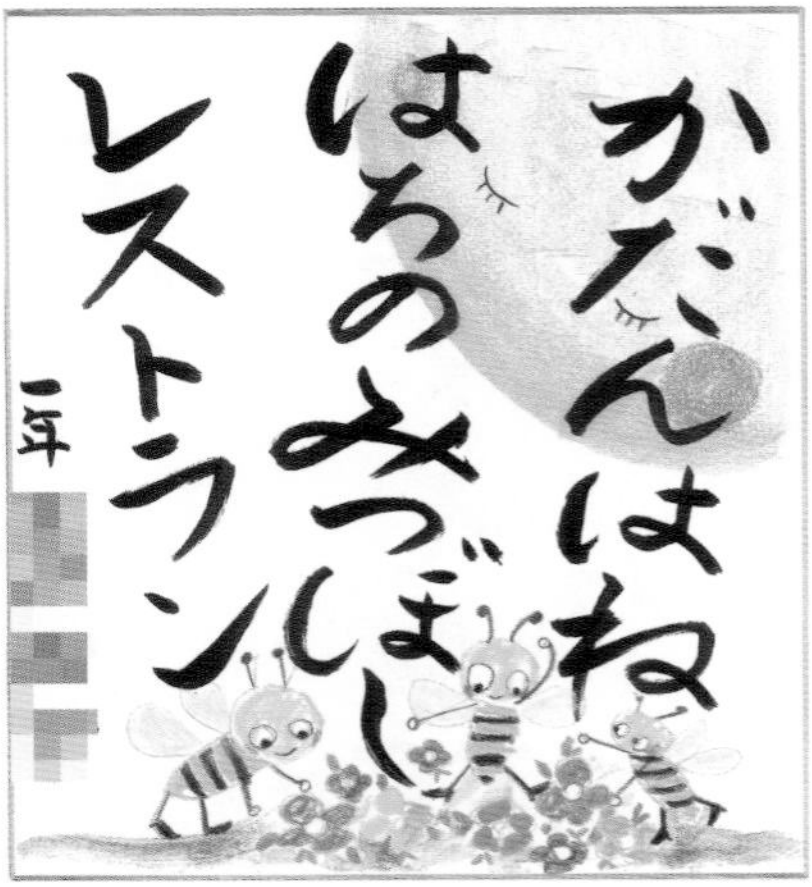
かだんはね
はちのみつぼし
レストラン
一年 [redacted]

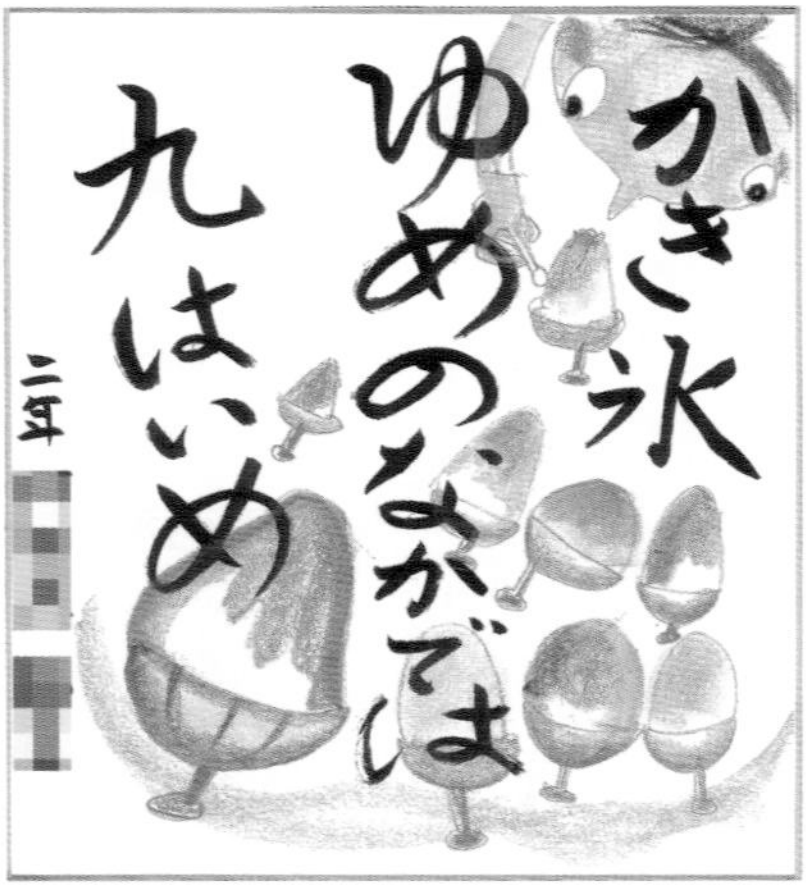
かき氷
ゆめのなかでは
九はいめ
二年 [redacted]

梅ジュース
毎日びんと
にらめっこ
三年 [redacted]

夏の夜
今年はぼくが
花火した
四年 [redacted]

初夏の朝
家族みんなで
ねっころぶ
五年 [redacted]

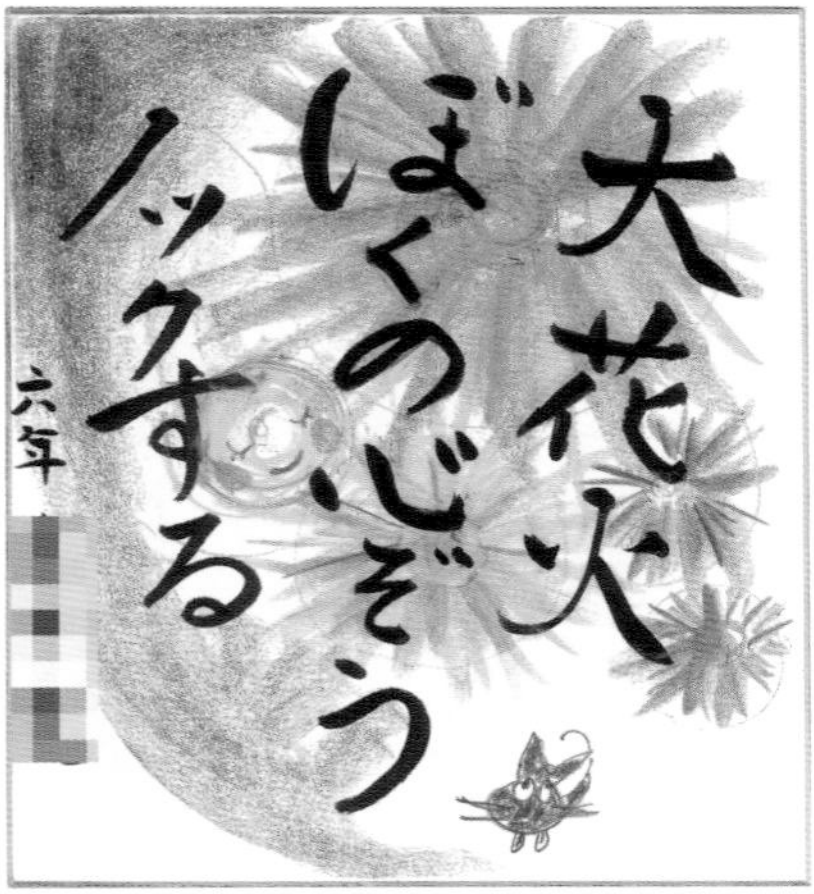
大花火
ぼくのしんぞう
ノックする
六年 [redacted]

秋

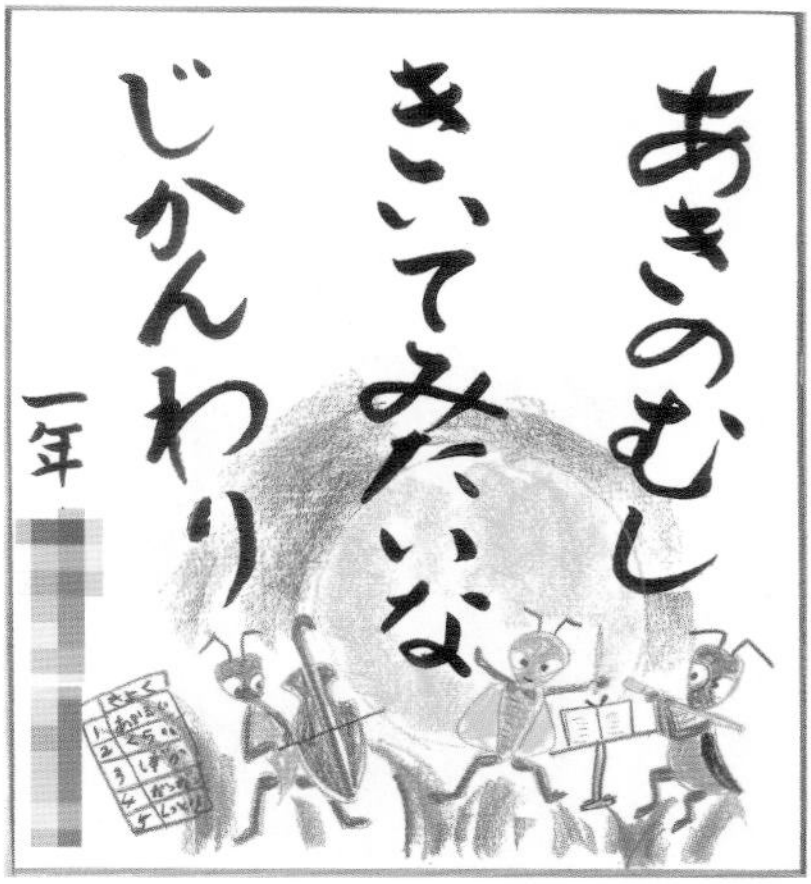
あきのむし
きいてみたいな
じかんわり
一年

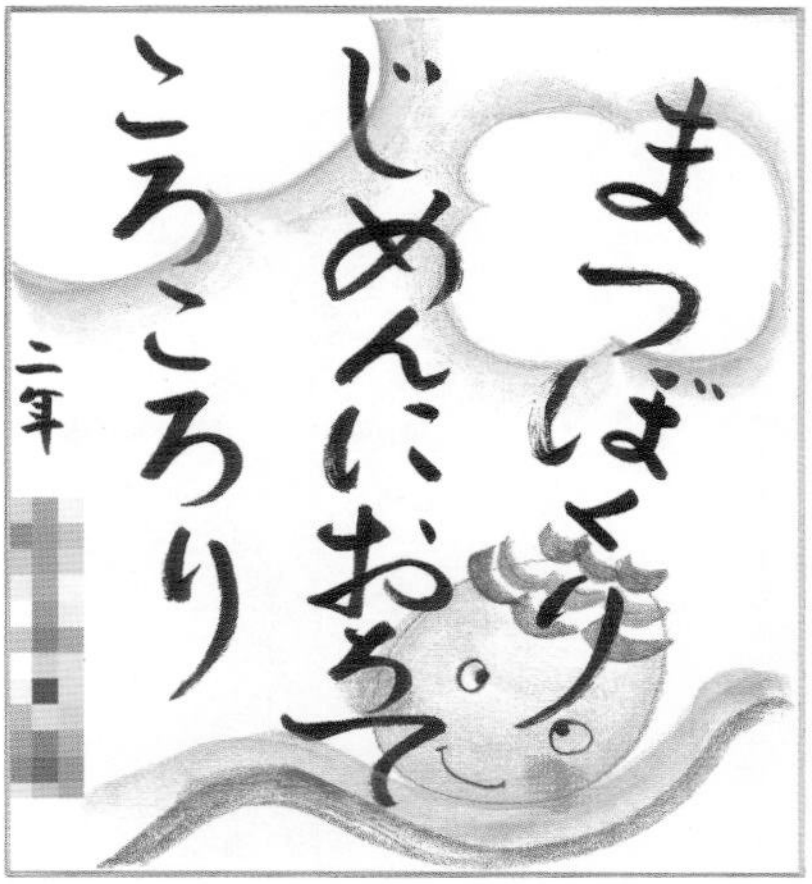
まつぼくり
じめんにおちて
ころころり
二年

カマキリは
草にあこがれ
みどりいろ
三年

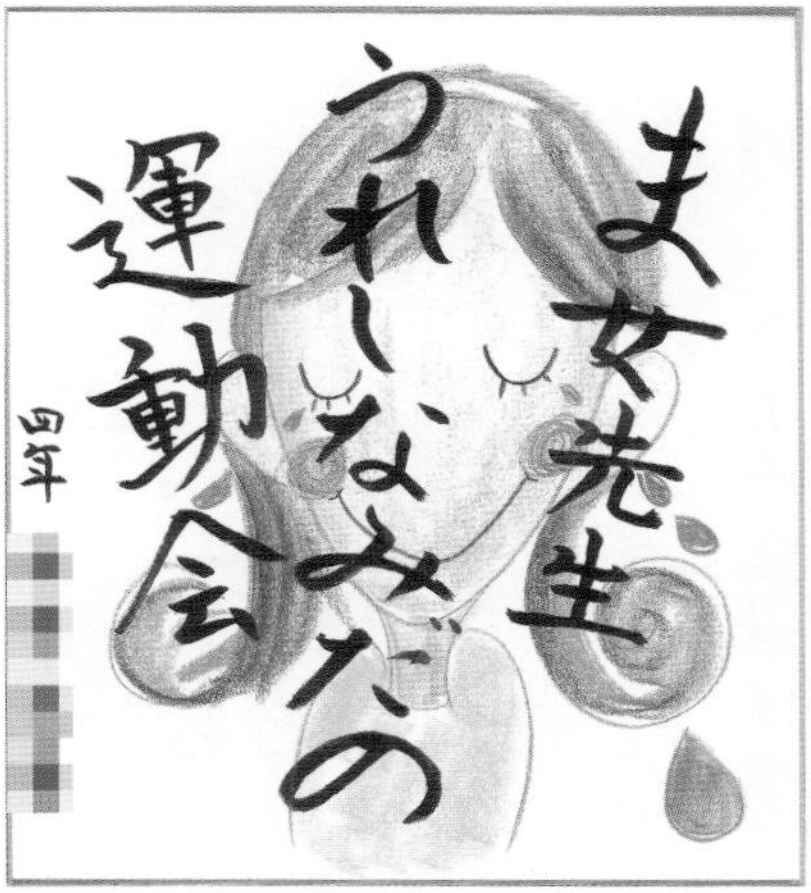
ま女先生
うれしなみだの
運動会
四年

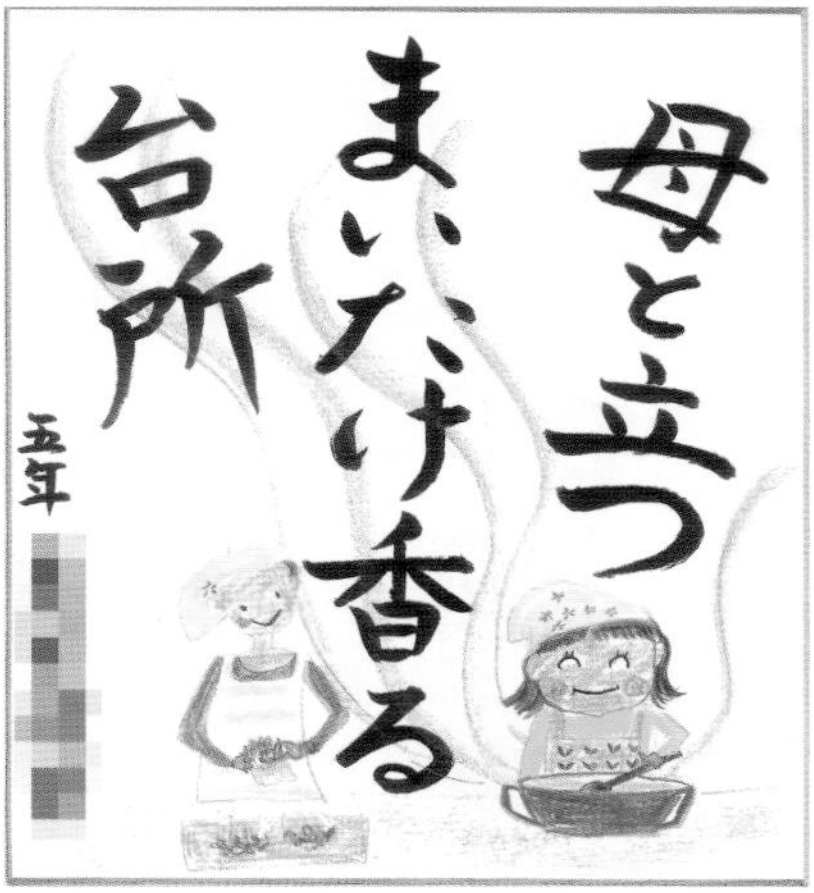
母と立つ
まいたけ香る
台所
五年

思いつき
絵をかいていく!
秋の空
六年

冬

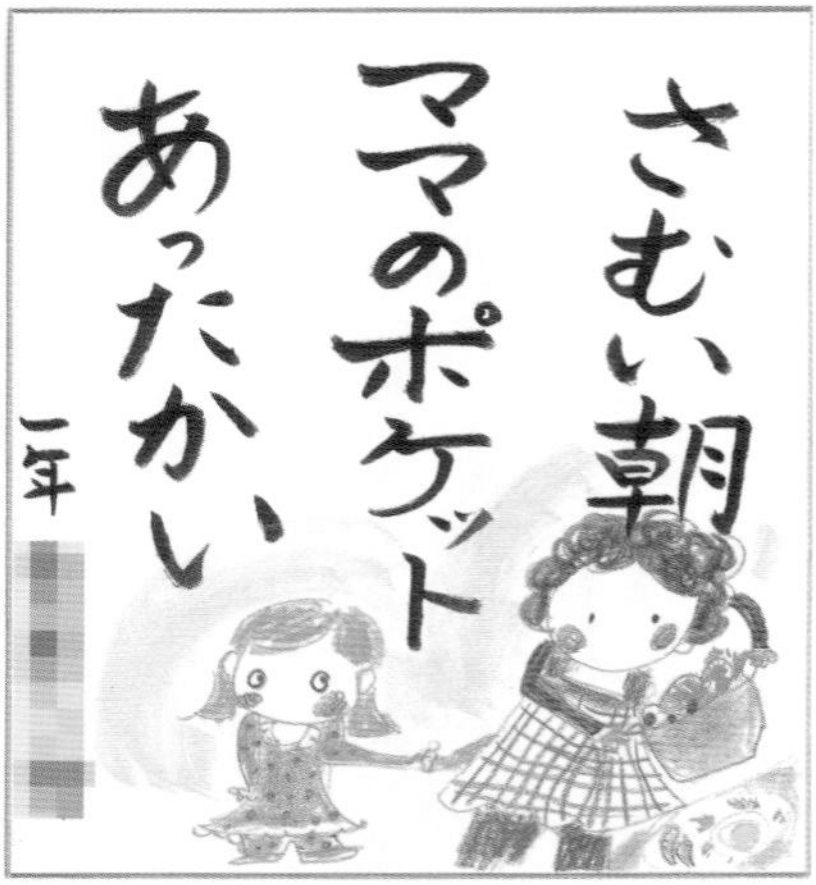
さむい朝
ママのポケット
あったかい
一年

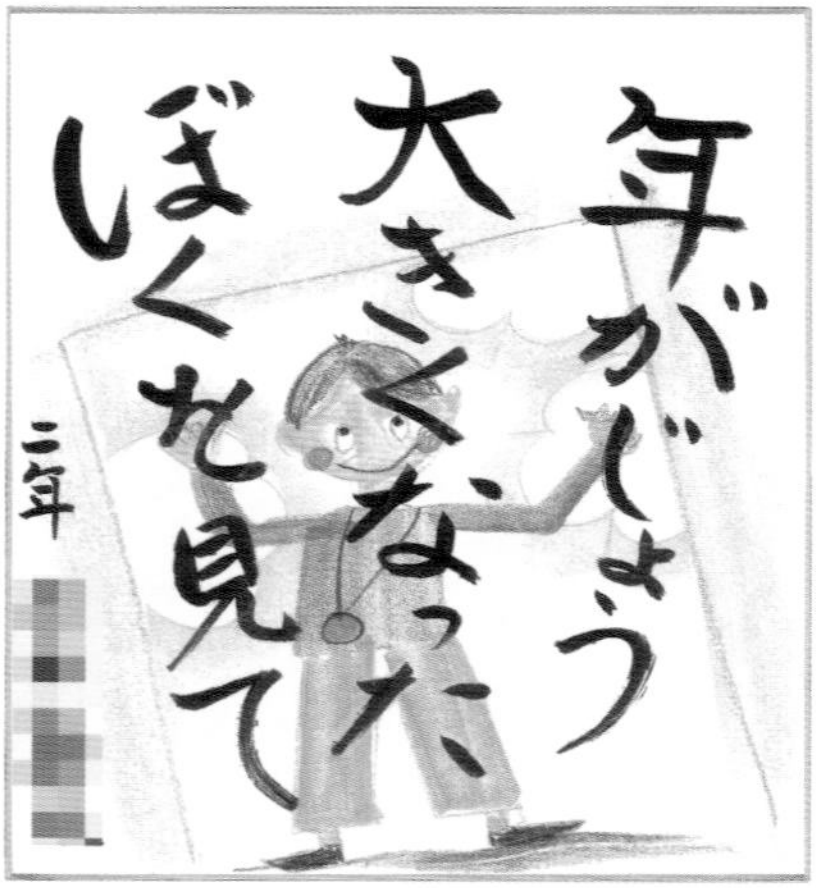
年がじょう
大きくなった
ぼくを見て
二年

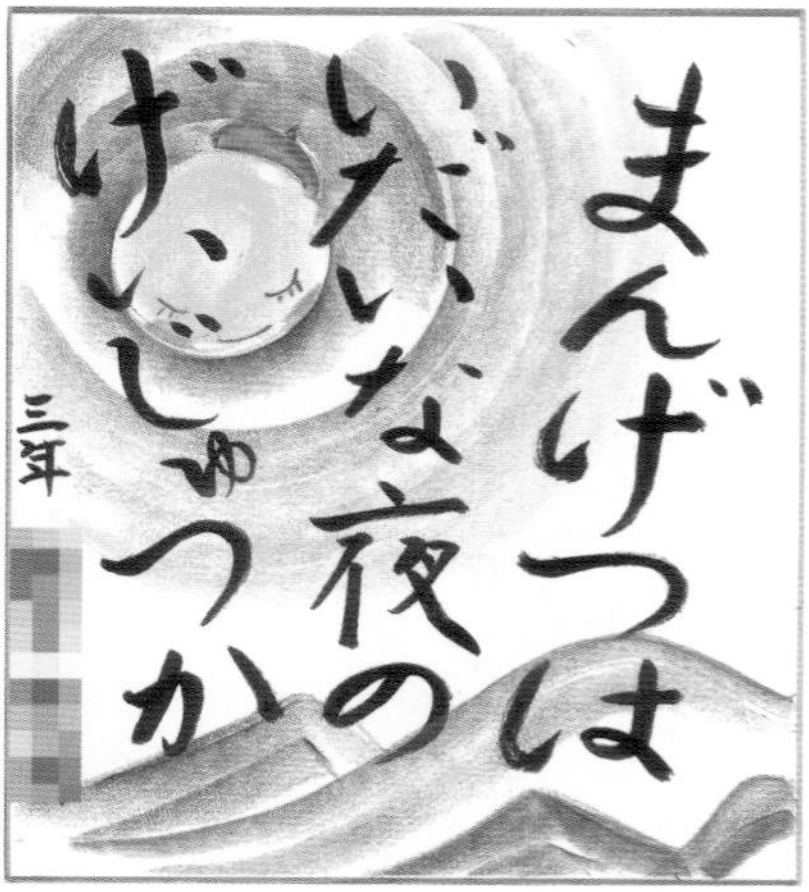
まんげつは
いだいな夜の
げいじゅつか
三年

妹に
勝たせる兄の
かるたとり
四年

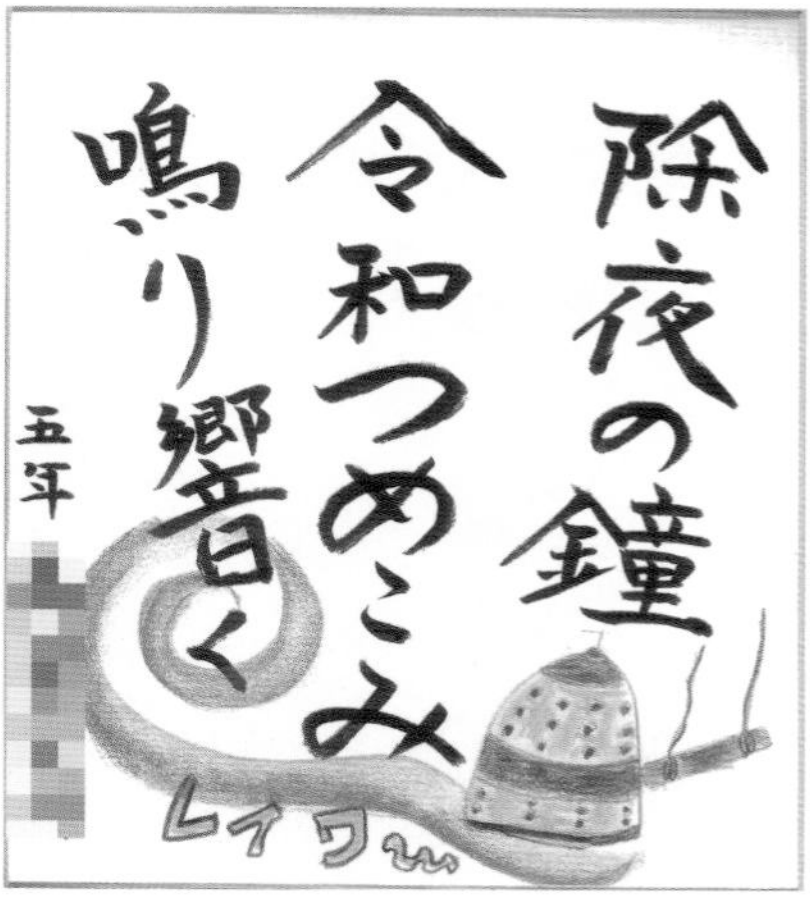
除夜の鐘
令和つめこみ
鳴り響く
レイワ
五年

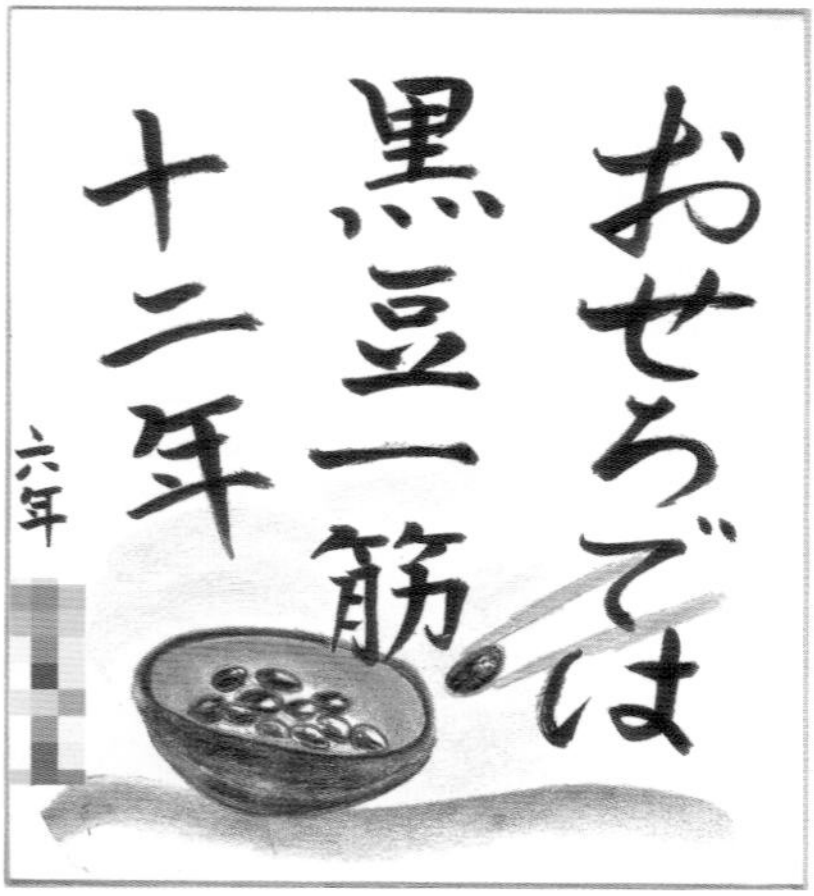
おせちでは
黒豆一筋
十二年
六年

想像の泉は創造の泉

鈴木高士

自称「魔女」こと横山悦子女史は、現在、大学において教鞭をとられているが、前職である小学校長時代に学校経営の柱に俳句を据えて、三年間、子ども達の感性を磨き輝かせる見事な教育実践を積み重ねられました。この度、その実践をまとめ出版されると聞き僭越ながら筆をとらせていただいたところです。

人間は、感じ考えたことを文字や言葉として表現する事を通して、考えを伝え、深めて、文化や歴史を創造してきました。そういう観点から、小学校という学齢期に、子ども達が俳句を通して感性を磨くことは、人間として生きる力の土台を育む上で誠に時宜を得たものであると考えております。

横山悦子女史は、女史がまだ小学校で学級担任をしていた当時、五・六年と持ち上がりの二年間、毎日、又は日に二回三回と学級便りを発行し、千号に至らんとする魔法の言葉で子ども達の心に寄り添い育てる実践をした優れた教育者です。その後、市教委指導主事、教頭としての教育実践の後、校長として、俳句を柱に子ども達の感性を磨くという学校経営をスタートさせ積み重ねたのです。

校長便りや学校便り、学校行事での校長講話等々、紡ぎ積み重ねられた魔法の言葉は、子ども達はもとより、職員、保護者、地域の方々の心に、魂となり届きました。

一年目よりも二年目、三年目と俳句や俳句を柱とする教育実践は、子ども達の感性を磨き深めます。校内コンクールで魔女校長による手がきの色紙や短冊を手にした子ども達の笑顔は、俳句活動を校内外問わず段階的に高め、俳句は各種俳句大会でも個人・団体として入賞する等、輝きました。

職員や保護者、地域の方々の俳句を柱とする教育実践への理解と協力・応援が、子ども達の感性を磨く礎となったのだと思います。子ども達は、俳句を通して身の回りの自然や社会の変化、出来事を見つめ感性を磨き、高めました。人間にとって大切な、感じ・考え・表現するという基礎を学び、柔らかで美しい心を手にしたのです。

「やってみせ、言って聞かせて、させてみせ、ほめてやらねば、人は動かじ」と、女史の故郷の偉大な先人、山本五十六氏は述べています。人を育てる上での至言だと思います。魔女校長こと横山悦子女史と小学生の三年間に及ぶ俳句活動は、子ども達の感性を磨き育み花開かせてここに本となりました。日夜、子ども達の心に寄り添いながら子育てや教育に奮闘中のお父さんお母さん、教育関係者の皆様に是非読んでいただければ幸いです。

きっと多くの子ども達や皆様の心の中に、永遠に湧き続ける表現の泉となるものと確信・期待してまえがきとさせていただきます。

令和四年春

「想像の泉」に命の水輝く
～俳句をつくって未来を拓く～

昨日、火星から転入生がやってきた
修学旅行の行き先は宇宙なんだって
百年後の学校では、
地球の命を救う対応策について
世界がひとつになって頭を捻っている

新時代をつくるのは子ども達
どんな時代になるのか
いや、どんな時代を築くのか
必要なのは時代を予測し生き抜く力
その鍵を握るのは、「ひらめき」だ

ひらめきは世界を変える
感性を磨いてひらめき力をあげよう
ひらめきの水の粒が集まると池となり
やがて、広々とした「想像の泉」となる
困った時に使うと乗り越えられる

想像の泉の正体は「生きる力」だ
いざという時のため泉に水を蓄えよう
未来をたくましく生き抜くために……
泉の水があふれると背中に羽が付く
「想像の翼」と呼ぶが、目に見えない

あらきっ子は俳句を書いて感性を磨いた
自然や動植物と対話しているうちに
目の前にいる人の心が見えるようになった
視線の先が「あなた」から「地球」へ転じ
七十九億の命を乗せた地球は瑠璃色に輝く

俳句は世界で一番短い詩
十七音だが五十音の組み合わせは無限だ
あらきっ子の命あばれる十七音
「想像の泉」に命の水輝く
春が来てこのＨＡＩＫＵ君に届けたい

目次

口絵

まえがき　想像の泉は創造の泉　鈴木高士 …… 1

「想像の泉」に命の水輝く　～俳句をつくって未来を拓く～ …… 3

プロローグ

命を凝縮した一滴 …… 12

なぜ俳句に取り組んだのか …… 13

俳句との出会い …… 15

人生は助け合い …… 16

1章　プラン

子ども達にどう伝えるか …… 18

俳句を学校経営の柱に据える …… 20

コンクールにしたわけ …… 23

審査員をどうするか……？ …… 24

三つの賞の決定 …… 26

表彰は「特別感」のあるものにしたい …… 29

2章　学校経営

学校教育目標（令和二年度）……32
行動目標……32
目指す学校の姿……33
「汗と涙」「変身　変身　大へんしん」との関係……38
俳句をつくろう「目と耳と心をはたらかせて」……40
あらきっ子俳句コンクール　ボランティア募集について……42
俳句コンクールの審査日……43
あらきっ子　みんなでがんばって「ビー玉パーティ」……44
四月の重点（令和二年度）……46
「学校経営方針と重点」を語る……48
目に見えない学力ってなあに……52

3章　先生方へどう伝えるか

魔女のつぶやき発信……56
「チチンプイプイ」誕生の号……58
「変身　変身　大へんしん」２号……59
「変身　変身　大へんしん」８号……62
やる気に火をつける先生たち……64

4章　実施

俳句のはじまり……66
穴あき俳句って……?……69
「汗と涙」着任式の言葉（一年目）……71
「感性を磨く」始業式の言葉（二年目）……72
「変身　変身　大へんしん」始業式の言葉（三年目）……73
俳句をつくる時の心がまえ・約束（上達への道）……75
俳句の書き方（一・二年生用）……78
俳句の書き方（三〜六年生用）……79
幸《しあわ》せってパイのよう……80

5章　俳句コンクール

初めての俳句コンクールはヤエザクラ賞十二人……82
審査の中で繰り広げられる会話……85
色紙をかく「ヤエザクラ賞はやっぱりすごかった」……90
子ども達の心をそろえる「掲示板の活用」……92
ある先生からの提案……95

6章　コロナ禍の俳句コンクール

緊急事態宣言中をどう乗り越えるか……?……98
今年度のめあて「変身　変身　大へんしん」学校だより4月号……104

出番待つランドセルと八重桜　～第一回俳句コンクール～　学校だより5月号　107
ランドセルはやくしょいたいいちねんせい　～第二回俳句コンクール～　学校だより6月号　109
らんどせるぼくがあるくとおとはずむ　～第三回俳句コンクール～　学校だより7月号　110
「変身　変身　大へんしん」6号　不安の正体はとらえどころのないおばけのようなもの　112
「変身　変身　大へんしん」16号　出口のないトンネルはない　114
緊急事態宣言中に発揮された「先生方の想像力」　115
「変身　変身　大へんしん」26号　体験は全ての礎　118
「変身　変身　大へんしん」13号　コロナウイルス対応で考えること　118
「変身　変身　大へんしん」29号　「休校中」の振り返りを……　119

7章　行事と俳句

行事の中で俳句を取り上げる　122
葉桜が迎えてくれた入学式　123
入学式　式辞（令和二年度）　126
創立四十周年記念式典　あいさつ（平成三十一年度）　128
「変身　変身　大へんしん」23号　創立四十周年記念式典で子ども達の笑顔輝く　128
校内マラソン記録会「八本足のダイコン」　130
運動会　開会式　あいさつ（令和二年度）　132
感動は俳句にエンジンをふかす　134
「変身　変身　大へんしん」45号　未来を照らした天使の歌声　135
修了式　あいさつ（平成三十年度）　137

卒業式　式辞（平成三十一年度）……138
「チチンプイプイチチンプイプイ」第33号「手作り感満載の卒業式」……140
卒業式　式辞（令和二年度）……141
うちの学校はまぶしい……144

8章　俳句コンクール　春夏秋冬

俳句コンクール　春夏秋冬　まずは春……146
俳句コンクール　春夏秋冬　次に夏……158
俳句コンクール　春夏秋冬　続いて秋……180
俳句コンクール　春夏秋冬　そして冬……200

9章　子ども達の成長

ジャーン！　三年間の俳句コンクールの結果……230
二つの学校賞と「あらきっ子句集」の誕生……238
プラスの連鎖は止まらない……240

10章　可視化できない成長

まず全体的な特徴から……242
子ども達の様子や言葉……243
ドラマは日々上映されている……245
大変身「未来の扉を開けた子ども達」……250

卒業文集　卒業生はまるで「トマットジャム」のよう（平成三十一年度）…… 253
エッヘン！　うちの学校自慢《じまん》…… 256

11章　保護者の皆さまからの言葉

説明と言い訳のちがい …… 258
ビッグマンに気づいた子ども達 …… 259
保護者の皆さまのおかげ …… 260
木曜日の朝は「どんぐりどんぐら」…… 262

12章　願い

地域を元気にしたい …… 264
ありがとう …… 266

13章　終わりに

あらきっ子「想像の泉」に命の水輝く！ …… 268
おちこぼれの魔女《まじょ》の話 …… 270

14章　学校だより　保護者へ向けて

子ども達のやる気に火をつける …… 272
快挙！　新木小学校が俳句で日本一「学校賞が二つも……」…… 274
子ども達の『かけがえのない命』を輝かせる …… 275

令和元年　新たな時代の幕開け「あらきっ子　俳句つくって未来を拓く」……276
「署名活動してもいいですか」全校朝礼の言葉より……277
「ヤエザクラ賞二百五十四人」どんどん増えていく……278
二学期を数字に例えると「０１２４５６８９」　全校朝礼の言葉より……279
私の宝物は、子ども達からもらった『手紙やことばたち』……281
子ども達の『かけがえのない命』を守り抜く　例えば「あらきっ子オリンピック」……281
これからのめあて「俳句コンクール」と「算数オリンピック」　全校朝礼の言葉より……283
『ベストスリーの発表』　終業式の言葉より……285
『ＷＩＴＨコロナ』を合い言葉にしっかりと「成長」……286
保護者の皆さまへ「感謝の気持ち」　子ども達の成長に学び、健やかで明るい年を
子ども達が夢と希望を持てる一年となりますように……288
『八重桜』に感謝の気持ちを伝えたくて……289
俳句をずーっと続けてほしい　全校朝礼の言葉より……290
八本の八重桜が命をつなぐ「あらきっ子　きごさい俳句大会で再び日本一」……292

ヤエザクラ賞の作品一覧……294

あとがき　あらきっ子の十七音で地球を元気にしたい……312

プロローグ

命を凝縮した一滴

「あらきっ子の取り組みをまとめませんか」

心の中で声がした。声の主は松丸数夫氏だ。初任校の校長先生であり、私を創作の世界へ導いた師でもある。

三十年前、

「自分の歩んできた道を五センチの厚さにまとめてみませんか」

と誘われ、この世界に入った。師は亡くなってから私の心に住み始め、迷い立ち止まった時にご助言をくださる。

今では人生の羅針盤となっている。

今ここに、三冊の俳句集がある。平成三十年度から令和二年度までの三年間、新木小学校全児童による「じまんの一句」と入賞句を掲載した冊子だ。この中に、三年間の合計、三千六百三十六句もの作品が掲載されている。

最優秀賞の『ヤエザクラ賞』に加え、優秀賞『ケヤキ賞』、佳作『魔女賞』が紙面を暴れ回っている。実作数は、この二十倍を超える。審査は月に一度実施され、全校で約三千句が集まった。審査数は二十八回。八万四千句にも上る。

この本は、暴れ回っている命を凝縮した一滴である。

なぜ俳句に取り組んだのか

さて、「俳句に取り組んだのはなぜか」とよく問われる。そんなとき、決まってこう答える。ひとことで言うと、「子ども達に自信をつけさせるためである」と……。

人間の心には、『ビッグマン』という名の才能が眠っている。ビッグマンの正体は、「無限の可能性」である。やればできる力があるのに、自分は無理だとあきらめて努力もしない。ほとんどの人は『ビッグマン』が目を覚ますことなく、気づかないまま生涯を閉じてしまう。「このことを子ども達に伝えたい」と思い『魔女とビッグマン発見器』（魔女シリーズ⑯巻）を執筆した。

では、どうしたら、『ビッグマン』の存在に気づかせることができるのか。様々な場面が考えられるが、多くの人は、できなかったことが努力してできるようになった時、達成感を感じた時ではないだろうか。自分にもできると感じた瞬間、「自分は案外すごい」と見つめ直し、可能性を信じるようになる。その積み重ねにより、「自分には無理」から「できるかも」へと変わり、最終的に、「この自分にできないことはない」に変身を遂げる。

『ビッグマン』の存在に気づいた子どもは、自信に満ちあふれている。無限の可能性を信じて疑わないのでいろいろなことに挑戦し、さらに自分を開花させていくであろう。あらきっ子には、一人残らず『ビッグマン』に気づいてほしい。そのために、子ども達には、「やればできる」ことを体験させたいと考えた。

次なる問いは、「体験の中身」である。簡単そうで、実は、これがいちばんの難関であった。いくら立派なことを言っても、これが決まらなければ、次の一歩を踏み出せない。体験を具体的に提示できない自分が情けなかった。そこで、頭の片隅に、「学年に関係なく、いつでもどこでも簡単に取り組めることはないか」という課題を置き、考え続けていた。

一ヶ月程したある日、ひらめいたのが、俳句である。強烈な願望が凝縮されまさに降りてきた感じだった。これが求め続けていたもの、正解だと言わんばかりに迫ってきた。不思議なことに、迷いはなかった。なぜなら、追い求めていた定義にあまりにもぴったりしていたから……。

俳句は、年齢に関係なく、常にベストを尽くすことができる。土台は感性にあるので、知識量に左右されないのも魅力だった。その上、費用もかからない。鉛筆と紙があれば準備は完了。いつでもどこでも表現することができる。さらに、たった十七音なので、作文のような負担感もない。書こうと思えば、すぐに書くことができる。そう、一石三鳥であった。

振り返ってみると、若い頃からの俳句への興味・関心に加え、過去の勤務校における取り組みの経験が背中を押してくれたのかもしれない。もし何も経験していなかったら、ひらめきはなかったであろう。そのおかげで、本校に着任した四月、学校経営の柱として、所信表明することができた。とかっこよく言ってみたものの、決まったのはわずか数日前であった。

ここで、「創句の力」について強調したい。先に、子ども達に自信をつけさせるため俳句は一石三鳥だったことは述べたが、単にそれだけではない。結論から言えば、生きる力を育むための手段として、大いに有効だということである。

現在、施行されている学習指導要領は、「生きる力」を育むという理念のもと、教育内容を充実させている。AIが目覚ましい発展を遂げている現在、知識・技能は大切であるが、それらを活用する思考力や想像力が求められている。どんな未来になるかを予測する力こそ、大切になるだろう。まさに「ひらめき」であり、必要なのは。鋭い感覚や頭の働きである。

ある本に、「遺伝子レベルで見れば、想像したことが実現できる時代である」と記してあった。思ったことを叶える能力が人間には潜在しているらしいのだ。なんて、人間はすばらしい生き物であろう。私は、その想像力やひらめきを育成できるのが、俳句であると捉えている。

これまで、「なぜ俳句に取り組んだのか」という問いに対し、自分の考えを長々と説明してきたが、ストレートに答えるなら、「生きるために必要なのは想像力であり、俳句を書くことにより磨き鍛えることができる」ということである。生きることは、自分の未来を拓くことに通じている。そこで、スローガンを「あらきっ子　俳句つくって未来を拓く」とし、活動を開始した。

俳句との出会い

私が俳句に興味を持ったのは、およそ三十年前である。

きっかけは、教員になり二校目に異動した学校で、「俳句担当」になってからだ。校務分掌に担当があるくらいだから歴史と伝統があった。千人規模の大きな学校である。全校をあげて俳句に取り組み、年度末には冊子にまとめていた。俳句を知らない私は学ぶしかなかった。そこで、全国俳句協会の勉強会に参加し、俳句の基礎基本を教えていただいた。振り返れば、これが俳句との出会いだった。

三校目に異動した学校では、前任校で学んだ俳句の知識を学級経営に生かせないかと考えた。そこで、持ち上がりの五・六年の学級において、毎月、「句会」を開き賞をつけた。その際、埼玉県の俳人より別途審査をしていただき「特別賞」として発表した。子ども達は、自分たちの評価との違いを学ぶことができた。それらをまとめて、俳句集『ちっちゃな一茶』『ちっちゃな一茶　パートⅡ』を作成した。タイトルは、もちろん、子ども達が発案した。ここで、俳句のおもしろさと奥深さを学んだ。

市をまたぎ、四校目の学校に異動すると、縁があり、そこで二度目の「俳句担当」となった。折に触れ、「俳句だより」を発行し、全国公募のコンクールに積極的に応募した。たくさんの入賞があり、学校賞までいただくことができた。この時、「鈴木高士氏」との出会いがあった。当時の校長先生である。

五・六校目に異動した学校は教頭として着任した。学校全体に俳句の楽しさを伝えるため、簡単な「俳句指導の手引き」を作成し、先生方に配布した。できた作品を、全国公募のコンクールに応募した。

ここで紹介するのは七校目。校長として着任した「新木小学校」での実践である。

人生は助け合い

この広い地球上に、
私が生まれる可能性は無限大の一。
あなたと私が出会う可能性は、
さらに難しくなって無限大の一。
それを奇跡っていう。
だから、あなたに出会えてハッピー！

悩んだ時は「助けて」って
声をあげること。
そうすれば、
たいていのことは、解決できる。
人生は、助け合い。
ひとりじゃないって教えてくれた。

1章　プラン

子ども達にどう伝えるか

では、目の前の子ども達に、どう伝えるか。次なる難問が立ちはだかった。小学生に、「俳句をつくって未来を拓く」「俳句をつくって想像力を鍛える」と言っても、抽象的すぎて今ひとつ響かない。俳句をつくるという行為と、「未来を拓く」「想像力を鍛える」という言葉が乖離しすぎていて伝わりにくいのだ。この二つの言葉の間をとりもつ何かいい言葉はないだろうか。

うーん……。また、自問自答が始まった。こんな時はチャンスだ。いつからか私は「壁」を楽しむようになっていた。集中して考え続けていると、必ずやひらめくことを体験していたからだ。たいていは、寝起きの時間が多い。夢うつつの中で、待望していた言葉が降りてきて、目が覚めると「あっ、これだ」となる。

数日経った時、突然、降りてきたのが「感性を磨く」という言葉だった。「これこれ、なんてぴったり」と興奮した。一般的に、想像力にあふれている人は感性が豊かである。そこで、人としてどこをどう成長させるかという意味合いも込め、『感性を磨く』という合言葉で推進した。

『俳句つくって未来を拓く』

↓

A「俳句つくって**感性を磨く**」

B「**感性磨い**て未来を拓く」

「俳句」と「未来を拓く」の間に、クッションとして『感性を磨く』を入れると、理解しやすくなった。そこで、Ａ「俳句つくって感性を磨く」、Ｂ「感性磨いて未来を拓く」の二つに分けて考えてみた。

低学年に「感性」は難しいが、「感じる心」と説明すればわかる。「心には、感じると反応するセンサーがついているんだ。皆さんの顔かたちが違うように、センサーの感度もそれぞれ違うもの。感度をよくするために、自然や身の回りを見つめ、発見したことや感じたことを十七音で表現しよう」と呼びかけた。

では、感性が豊かな人とは、いったいどんな特徴があるのか。感性を磨いた先に行きつくのは、「感性が豊かな人」である。そのゴールを自分なりにイメージしておく必要があった。なぜなら、あらきっ子の未来がかかっているからだ。早速、本やインターネットで調べると、次のように記されていた。表記の仕方こそ違うが、代表的なのは、次の三つの特徴であった。

①一つのことからたくさんのことを感じ取ることができる。目で見た情報だけでなく、音や香り、感触などの五感をつかってイメージをふくらませることも得意だ。

②枠にはまった考え方ではなく、自分が感じた素直な気持ちを行動に移せる。固定概念がないので、柔軟な考え方で一つの物事から多くを学び取ることもできる。

③表情や声のトーンのように誰でもわかることではなく、目に映らない心の動きや感情の流れを感じ取ることもできる。相手が求めていることを察知できるので、優しい心を持つ人が多い。

一読すると、「五感をつかって」「素直な気持ち」「目に見えない心の動き」などの言葉が、私の心をノックアウトした。だれが読んでも、感性は、「俳句を書くことで磨かれる」ことが、容易に想像できた。さらに言うと、感性という言葉は、俳句のためにあるのではないかとさえ思われた。ここで、Ａ「俳句つくって感性を磨く」という抽象的な言葉が少しだけ可視化され、うすぼんやりだが遠くに見えてきた。

ただし、ここで思考を止めてはならない。なぜなら、あらきっ子は、感性を磨いて未来を拓かねばならないのだ。

B「感性磨いて未来を拓く」のステップに行くためには、感性を磨くだけでなく思いを表現すること、つまり、行動力が求められる。

ここで、再び、感性が豊かな人の特徴について考えてみた。先に、感性が豊かな人は、想像力にあふれていると書いたが、単にそれだけではない。ひらめいたもの、イメージしたものへの願望や欲求が強ければ、それらを形にする創造力も強いのではないか……。時代の流れを敏感に感じ取り、何十年先まで見通して必要となるものを生み出すことも可能だろう。

こうして思いを巡らせているうち、「あらきっ子の未来は明るいぞ」と、うれしくなった。心の底からソーダ水が湧きあがり、体中に勇気がみなぎってくる。この年になると体力に自信はないが、心は青春真っ盛りだ。明るい未来に向かい、夢と希望に満ちあふれている。単細胞の私は、

「年齢を重ねた今だからできることがある。そう、今が最強だ」

と自分に言い聞かせ、エールを送る。応援団長は他ならぬ自分自身だ。全てが整って、

「よし、感性を磨き、『想像力』と『創造力』の二つの宝を磨いていこう」

と、気合が入った。この二つの宝は永遠だ。ゴールがないので、命の限り追い続けることもできる。人生をかけての宝探しは、奥が深く、なんて魅力的なのだろう。

俳句を学校経営の柱に据える

学校経営の柱に俳句を位置づけ、取り組むことが決まった。目的は、子どもたちに自信をつけさせるためである。そこで、「学校教育目標の重点」を次のように決定した。

「感性を磨き、新木小の児童であることに自信と誇りを持たせる」

思いが文字になり、「学校要覧」に記されると、新しい一歩が踏み出せたような気持ちになった。

学校要覧とは、学校の実態を総合的に知らせるために、各学校で作成されているパンフレットである。記載されている事項は、「学校の沿革史」「学校経営方針」「教育課程」「研究計画」「児童生徒や教職員の構成」などで、学校の様子が一目でわかるように構成されている。ひとことで言うなら、学校の名刺だ。来校者にお渡しして、広く周知したりアピールしたりする。

なぜ、自信だけでなく、「誇り」を加えたのか。それは、子ども達に、自信を持たせた先にある、誇りを感じ取ってほしいと考えたからだ。言葉が難しいので、子ども達には直接投げかけなかったが、大人（教職員や保護者・地域の皆さま）には、全てをしっかりとお伝えし、学校経営を応援してほしいと願った。

実際の場面では、最高学年の卒業生に向けて、毎年、「卒業アルバム」に、

「この新木小でつけた力を**誇り**とし、これからも**自信**を持って前進できるように……」

と記した。大人になって振り返った時、気づいてもらえるように……。また、保護者や地域の皆さまには、例えば、四十周年記念誌の冒頭の挨拶に次の文章を記した。

「俳句を口ずさみ、予測困難な未来を明るく乗り越えてほしいと願っています。本校を巣立つ子ども達は、生涯、母校を「心のふるさと」として愛し**誇り**として、国際社会の中で心豊かにたくましく生き抜いてくれるものと信じます」と……。

自信と誇りは似ているが、微妙に違う。自信は「自分を信じること」だが、誇りは「名誉に感じること」という意味で、他の人から見て価値があるというニュアンスを含む。自信の根拠は数値化できるが、誇りは根拠がなくても持つことができる。ただ自分が持とうとさえすれば得られるものだ。

日々、人は根拠なく良心に従って行動している。最終的に大切なのは、自信ではなく、「自分への誇り」だと思うのだ。子ども達には、この言葉の裏にある「他人と比べる必要はないこと」を感じ取ってほしいと願った。困った時は原点に立ち返って、前に向かって進んでいこう。

食べ物の話で恐縮だが、学校経営を串団子に例えるなら、だんごが教育活動で、俳句は串の部分にあたる。串は全てのだんごを突き通している。つまり、子ども達に関わる全ての教育活動を通して俳句の実践を積んでいくということである。

例えば、生活科の時間にサツマイモを掘って一句、「秋探し」をして一句、図工では近くのお寺を写生して一句など、どの教科でも意識さえすれば書くことができる。また、クラブや委員会、部活動などの特別活動や、給食や掃除、お昼休みだって書ける。アンテナを高くして探せば、俳句の種は無限に存在しているのだ。さらに、「運動会」や「林間学校」などの行事はそのまま季語にもなるので、学校経営の柱としてはうってつけであった。

さっそく、具体的な取り組みについて考えた。いくら、「本校は俳句を経営の柱に据えて子ども達を育成します」と断言したところで、ただのお題目である。具体的な計画がないので、誰も動かない。いや、動けない。組織を動かすためには、行動目標が不可欠だ。

考えた末、次の三つに絞った。なぜなら二つは少なく感じるし、四つは多くて覚えられないからだ。三つなら誰にでも覚えられる。また、学校全体で取り組むためには、シンプルがいちばんだ。簡単であればあるほど、長く続けることもできる。私は、何かを決めたり話したりする際、たいてい、三つに整理して話した。

特に、行動目標の中に盛り込みたい視点としては、子ども達のモチベーションを上げたり自信をつけたりすること、また、保護者の皆さまに理解し応援してもらうこと、さらに、俳句で地域を元気にすることであった。それらの目的が達成できるよう具体的に行動化したのが、次の三つである。

いもほり（生活科）

運動会（高学年・表現）

①月に一度俳句コンクールを実施する。（外部より審査員を招き入賞句を決定）
②入賞者を全校朝会で表彰する。（ヤエザクラ賞は句とイラストをかいた色紙、ケヤキ賞と魔女賞には句を書いた短冊をプレゼント）
③審査結果は学校だよりに掲載し、保護者や地域に発信する。（月に一度の学校だよりに加え「俳句の特別号」を作成し、その月の入賞句を掲載）

コンクールにしたわけ

なぜコンクールにしたのか。この点については、様々な意見があるだろう。小学生の作品に賞をつける必要があるのか。入賞しない子がかわいそうだ。自然や人などを見つめ、感動したことを十七音に表現するだけでよいのではないかなど……。しかし、賞をつけるのは、決して優劣をつけるためではない。子どもの心を耕すためである。

もし、仮に、賞がなかったらどうなるかを想像してほしい。どんな作品がよいのかわからないので、子ども達は路頭に迷うであろう。算数のように答えがひとつならいいが、俳句には十七音の表現が無限にあるのだ。評価されないまま、毎月、ただ作品を書く。その行為は惰性であり、何の発展も伴わない。無味乾燥でなんてつまらないものだろう。これを「教育」とは言わない。教育とは教え育むものである。

それに対し、賞があることで、自分の作品を振り返ることができる。賞をもらった時は、「この調子で書けばいい」と背中を押され、賞がもらえない時は、「このままではだめ」との判断材料になり、自ら学ぶであろう。入賞作品を読むことで、目指す方向は自ずと見えてくる。充電されると、次は書きたくなるものだ。そして、新たな気持ちで作品を書く。この積み重ねの中で、感性は育っていく。心が耕されていく。

これを、山登りに例えてみよう。「あの山に登るよ」と、始めに目標を示されていれば、辛くてもがんばることができる。頂上に着いた時、達成感を感じるであろう。一方、いくらなだらかな道でもゴールが示されていなければ、人は歩みを止める。目標がないと、意欲は生まれないものだ。平坦な道は汗も流れない代わりに喜びもない。

子ども達には、それぞれの心に「俳句山」を抱き、主体的に登ってほしいと考えた。切磋琢磨して、感性を磨き鍛えてほしいと思った。長く続けるためには、時として刺激が必要である。こんなわけがあり、コンクールを実施した。

次に、先にあげた三つの中で、特にこだわった点を記す。

①においては、外部より審査員を招いて審査するということ。俳人から評価していただくことで作品の質が上がる。コンクールというからには、作品で勝負する必要がある。

②においては、全校朝会で表彰するということ。全校の児童から祝福される表彰式はモチベーションが上がる。「学級」でなく、「学年」でなく、あくまでも「全校」を意識した。

③においては、俳句の特別号を作成する際、全校朝会で校長が話した言葉を、あえてそのまま掲載した。子どもと保護者のコミュニケーションツールとなったり、地域へ学校の様子を知ってもらう手掛かりになったりする。着任した際、この三つを先生方に伝えた。俳句は、子ども達が未来をたくましく生きていくために書かせること、最終的には、心に住んでいるビッグマンに気づかせるという目的があることを熱弁した。

審査員をどうするか……？

さて、審査員をどうするか。あの日、俳句がひらめいた瞬間、私の脳裏にはある方のお顔が鮮明に浮かんでいた。その方は、「鈴木高士氏」である。なぜなら、まさに適任であったから……、いや違う、適任とか不適任とか誰かを判別するという範疇を超え、鈴木高士氏その人でなければならなかった。私は心の中で、圧倒的な勢いを持って指名し、名前を連呼していた。

後日、鈴木氏に審査員の依頼をすると、恐縮しながら、最後には快く引き受けてくださった。こうなるだろうということは、初めから予想がついた。なぜなら、「子どものため」という言葉を出したら、断れないことを知っていたから……。こう書くと、私のことをひどい策略家とかペテン師と言う人がいるかもしれない。しかし、どんな手をつかってでも承諾してもらう必要があった。

なぜそこまでこだわるか。それは、「情に厚い」お人だったから……。鈴木氏ではならない所以がここにあった。もし大人の俳句なら、専門家でさえあれば誰でもよかったかもしれない。しかし、小学生の俳句となると違う。どう違うかと問われても、適切に説明できないが、とにかく簡単なことではない。もちろん、俳句の質やレベルも大切だが、それ以上に子どもを無条件に好きで、各学年の発達段階がわかっていて、一人ひとりの子どもの成長を喜んでくださる人でなければならなかった。

鈴木氏をひとことでいうなら、教育という広い畑に本気の種を蒔き、感動の花を咲かせた人である。誰からも尊敬される教育者であり、人間愛にあふれた豊かな感性を持つ俳人であり、自然を愛し動植物と対話できる唯一の人であった。また、前任校において校長として、私を導いてくださった恩師でもあった。

当時のエピソードをひとつだけ紹介しよう。私が五・六年生の担任の時、持ち上がりで学級だよりを書いた際、その全てに「応援のメッセージ」を添えてくださった。その数、二年間の合計が九百九十六枚。子どもの作文が掲載されている日には、三十四人一人ひとりにあて「励ましの言葉」をくださった。いつの日も、止まることはなかった。多忙な校長先生がここまで寄り添ってくださるとは……。千を超えるメッセージに背中を押され、子ども達はすくすくと成長した。そして、私も育てられていた。

校長の責務に、「学級だよりにメッセージを入れる」なんて文章はどこにもない。一般的には、目を通し、「印」を押せばよい事務的な作業である。ところが、学級だよりの一つひとつに目を通し、心で感じ動いてくださった。おそらく、「書かねばならない」ではなく「がんばりを認めたい」「子どもを応援したい」という率直なお気持ちが、書くという行為に走らせたのであろう。ＭＵＳＴではなく、ＷＡＮＴで動いてくださったことがうれしかった。

校長職は、担任と違って子どもと直接触れ合うことが少ない。だからこそ、言葉を通して触れ合いたかったのだ。この職を経験した今なら、私にもわかる。しかし、決して真似できない。そのことが、琴線に触れ、いつしか心の中で熟成し「情の人」となっていた。神々しいオーラを放ち存在していた。

上着の胸ポケットには、トカゲ色をした手帖が収まり、中を開くと俳句がぎっしり詰まっていた。満員電車の中で、個性の違った人が息をしているかのように見えた。どうしてそんな秘密を知っているのか……？　それは、ほんのたまに、私達に聞かせてくださったからだ。

ご退職された現在は、土を耕し畑に種を蒔き、野菜を育てておられる。季節の変わり目には、あたたかいお便りとともに、野菜や俳句が届いた。そんな氏が私の脳裏に現れたのは、至極当然のことであった。

「朝の雨紅梅にわかに色めきぬ」

「恵風に人間耕運機始動す」

三つの賞の決定

コンクールというからには、「賞」が必要である。うーん、どんな賞を設置しようか。三人（鈴木氏・教頭・私）は頭を捻った。といっても、こんな問いは胸がわくわくする。大切にしたいメッセージとしては、「四季を感じ取らせたいこと」である。できることなら、校庭の木々から選びたいと考えた。迷った末に、「特別賞　ヤエザクラ賞」「優秀賞　ケヤキ賞」「佳作　魔女賞」の三つが決まった。

鈴木氏の育てた野菜

ヤエザクラ賞

八重桜は、本校のシンボルである。四十年前、学校ができた時、通学路に植樹され、毎年、チャーミングな花を咲かせている。ソメイヨシノより開花が遅く、入学式に合わせて蕾が開く。また、花びらは八重になっており、色は鮮やかなピンク色をしているので華やかさがある。学校だよりのタイトルも、『ヤエザクラ』と命名され、現在まで引き継がれている。

ケヤキ賞

八重桜が散る頃、第二走者のケヤキがバトンを受け取る。さわやかな風が吹く度に、パロットグリーンの葉を揺らし、青空に伸び上がっていく。子ども達には、あのケヤキのようにまっすぐに伸び上がってほしいと願う。新緑は目にまぶしく、勇気と元気を与えてくれる。校章にも、三枚の葉が描かれている。

魔女賞

着任式において、黒い三角帽をかぶり、フクロウ色のドレスを着こみ、「私は魔女です。ふるさとのトンカラ山からきました」と自己紹介した。魔女シリーズを執筆していることもあり、子ども達から、「魔女先生」と呼ばれていた。

実は、ヤエザクラ賞とケヤキ賞はすんなり決まったが、第三走者の「木」がなかなか決まらなかった。学校の敷地を見回してみると、「イチョウ」や「ウメ」「ツバキ」などが植えられ、季節ごとに美しい花を咲かせたり実を付けたりしていた。しかし、今ひとつピンとこない。八重桜とケヤキの印象があまりにも強すぎて、どれを入れてもしっくりこないのだ。三つ並べてみると違和感があった。ウメを入れると八重桜が

校庭の八重桜

かすむし、イチョウを入れるとケヤキがかすむ。頼みのツバキは毛色が違った。この時、ふと頭をよぎったのは、古来、日本で親しまれてきた「松竹梅」である。この三つは、お互いに邪魔することなく自分を主張している。実によく考えられているなあと感心した。

「あとひとつ……?」

考えている中で、鈴木氏と教頭先生から「いっそのこと魔女賞はどう?」と提案していただき決定した。

あらまっ　たいへん!

先生になり、今年で三十八年
今まで、六回学校を替わったけれど、
子ども達の前で同じ自己紹介をしてきた。
「私は修業中の魔女。
ふるさとのトンカラ山から来ました。
三百二十七才。『汗と涙』を集めています。
汗と涙は、人間だけが持つ宝もの。
だから、大切にしましょう」と……。
あらまっ、たいへん、私ったら、
三十八年間、同じ年のまま……。
だけど、まあいいか。
顔のシワは増えても、
心は年をとりたくないでしょ。

表彰は「特別感」のあるものにしたい

さて、表彰はどうしようか……。一般的に、受賞者には賞状を授与するが、それではつまらない。なぜなら賞状は、うれしいのはもちろんだが、「名誉」であり、もらって終わりである。ファイルに入れて整理したり積み重ねたりして、その後、目に触れないことが多い。そうでなく、「特別感のあるもの」「一人ひとり違うもの」「いつも目に触れるもの」がいい。どうせなら、自分にしかできない何かにしたいと考えた。

「自分にしかできないことって……?」

私は、以前から、画用紙に絵を描いたり、筆で言葉を書いたりするのが好きで、誰彼構わずプレゼントしていた。もらう人は迷惑であったに違いないが、かく方の負担感は全くなかった。それどころか、楽しさが加わり心が弾んだ。そこで、ひらめいたのが「色紙」である。

最高賞のヤエザクラ賞には俳句とイラストをかいた色紙、ケヤキ賞と魔女賞には、俳句を書いた短冊をプレゼントすることに決めた。ケヤキ賞と魔女賞を区別するため、短冊の色をそれぞれのイメージカラーにした。作品をかくことで、世界でひとつの特別感が生まれる。もちろん、一人ひとり違う。また、掲示したり、時々ながめたりすることもできる。

三つの賞におけるカラーのイメージは、それぞれ、ヤエザクラ賞は愛らしい花びらの色の象徴で「ピンク」、ケヤキ賞はまぶしい葉の色の象徴で「パロットグリーン」、魔女賞は雲ひとつない空の色の象徴で「サックスブルー」とした。

イメージカラー

ヤエザクラ賞

ケヤキ賞

魔女賞

ヤエザクラ賞の色紙

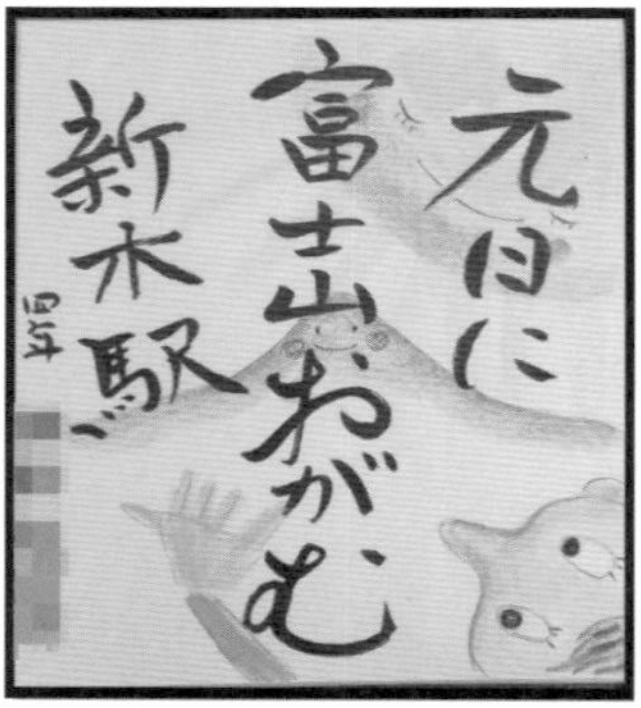
元日に富士山おがむ
新木駅
四年

ケヤキ賞・魔女賞の短冊

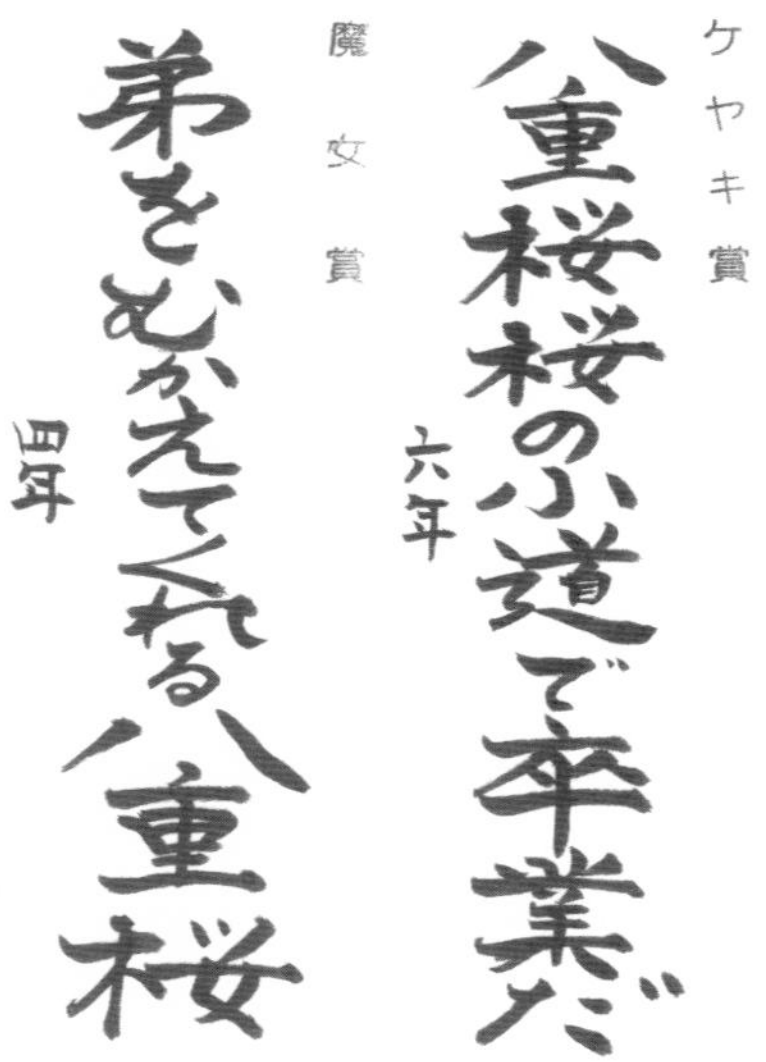
ケヤキ賞
八重桜桜のふ道で卒業だ
六年
魔女賞
弟をむかえてくれる八重桜
四年

2章　学校経営

学校教育目標（令和二年度）

心豊かでたくましく自立する子

（合言葉）
「あらきっ子　いい声　いい顔　いい姿」

◎『汗と涙』を大切に「あるべき姿」を目指す。
※あるべき姿　36ページ参照
◎『感性』を磨き、新木小の児童であることに「自信と誇り」を持たせる。
◎『大変身』で児童のやる気に火をつけ「学力向上」を目指す。

行動目標

★汗と涙（主体性）　心身共に健康でたくましい子（体）

《学びに向かう力・人間性等》
失敗を恐れず挑戦し，課題に向かって粘り強く取り組める
【キャリアの視点】
友だちと互いに助け合うことを通して，自己肯定感を持てる

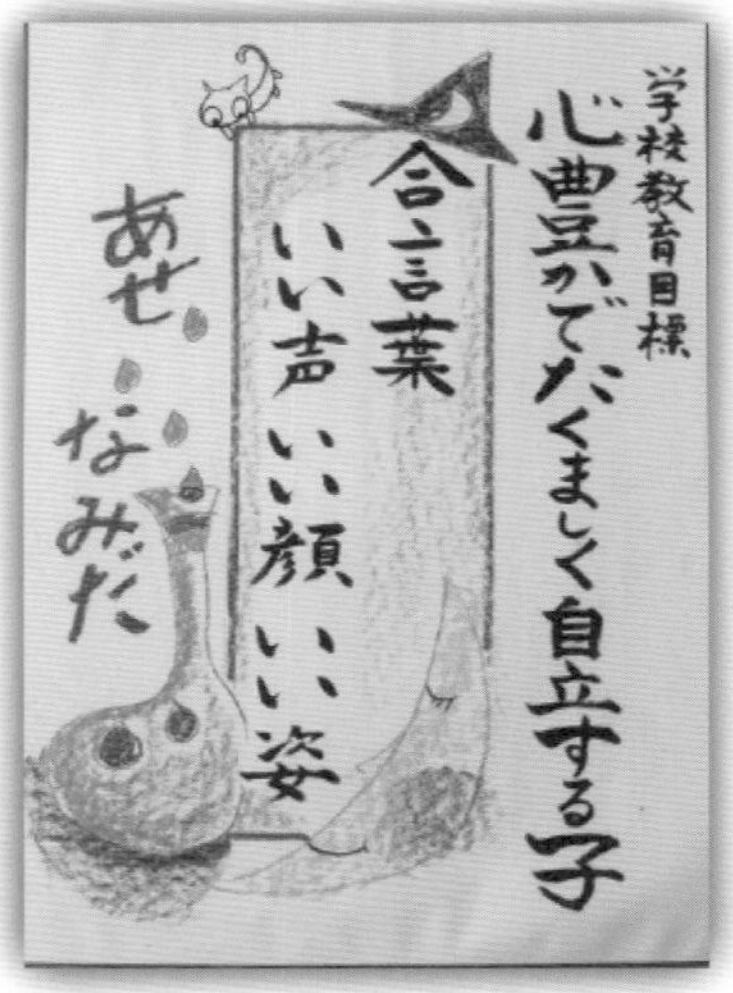

学校教育目標
各教室の正面に掲示。わかりやすくするために、イラストをつけて表現した。

★感性を磨く（思考力・表現力）　**よく働き助け合う子**（徳）

《思考力・判断力・表現力等》
自ら課題を見つけ，解決するための方法を考え，行動できる

【キャリアの視点】
自分や友だちの個性を理解し，集団や社会のために自主的に貢献できる

★大変身（学力向上）　**よく学び最後まで努力する子**（知）

《知識・技能》
思考するための土台となる基礎的・基本的な学力（語彙力・計算力）を身に付けている

【キャリアの視点】
他者と協働する良さがわかる

目指す学校の姿

○子ども達にとって楽しい学校
○保護者にとって
　安心して子どもを任せられる学校
○地域にとって誇りに思える学校
○教職員にとってやりがいのある学校

学校教育目標の重点

○グランドデザイン

Plan

中学校区：地域を愛し，自らの力で人生を切り拓き，一生懸命に生きることの喜びを見出せる児童生徒

地域・伝統　　夢・実現　　家族・仲間

≪小小連携≫
湖北小と１２歳の姿共有

≪学校教育目標≫
心豊かでたくましく自立する子
「あらきっ子　いい声　いい顔　いい姿」

≪あらきっ子の強み≫
・純粋で人なつっこい・頑張り屋
・運動が好き・協力できる

よく学び，最後まで努力する子（知）	よく働き，助け合う子（徳）	心身共に健康でたくましい子（体）

度の重点

大変身（学力向上）	感性を磨く（思考力・表現力）	汗と涙（主体性）

期目標

≪知識・技能≫	≪思考力・判断力・表現力等≫	≪学びに向かう力・人間性等≫
思考するための土台となる基礎的・基本的な学力（語彙力・計算力）を身に付けている 【キャリアの視点】 他者と協働する良さがわかる	自ら課題を見つけ，解決するための方法を考え，行動できる 【キャリアの視点】 自分や友だちの個性を理解し，集団や社会のために自主的に貢献できる	失敗を恐れず挑戦し，課題に向かって粘り強く取り組める 【キャリアの視点】 友だちと互いに助け合うことを通して，自己肯定感をもてる

取り組み

Do

【授業計画・実践マネジメント】
◎各教科の単元における知識・技能の資質能力の育成を図る
◎国語と総合的な学習の時間を中心として教科等横断的に知識・技能の資質能力の関連を図る

【時間のマネジメント】
◎朝読書や読み聞かせを通した読書活動の定着を図る（語彙力）
◎朝学習の算数ドリルを通して知識・技能の定着を図る（計算力）
◎放課後算数教室を通して，復習を図り基礎学力の向上を図る（計算力）
◎あらきっ子タイムの英語モジュール学習で知識の定着を図る（語彙力）
◎家庭学習習慣の定着を図る
◎発達段階に応じた情報モラル教育を定期的に実施し，SNSを中心とする情報モラルの啓発を図る

【人のマネジメント】
◎算数の授業でのTT方式や放課後算数教室でのボランティアの採用を図り，個別指導を図る

【学校生活のマネジメント】
☆あらキッズタイム，学級，学年での活動，行事，各教科の学習を通して，他者と関わる良さを理解できる場づくりをする
（キャリア）

【授業計画・実践マネジメント】
◎各教科の単元における思考力・判断力・表現力等の資質能力の育成を図る
◎国語と総合的な学習の時間を中心として教科等横断的に思考力・判断力・表現力の資質能力の関連を図る
◎思考をゆさぶる切り返しの問いを意識し，学びを深める実践を行う

【時間のマネジメント】
◎ふり返りの時間を設定し，学習内容の対する考えの自己変容を捉えられるようにする
◎ペア，グループ等，授業のねらいに即して対話的な活動を設定する
◎俳句づくりを通して，物事に対する自分の考えをもち，表現する力を高める

【もののマネジメント】
◎考える必然性のある問いをもたせるために資料提示や具体物の活用などの導入の工夫を図る
◎既習内容を掲示物として蓄積し，問題解決，課題意識の判断材料とする

【学校生活のマネジメント】
☆あらキッズタイム，学級，学年での活動，行事，各教科での活動を通して他者と関わる中で互いを認め，集団，社会のために何が必要か考え取り組む場づくりをする
（キャリア）

【授業計画・実践マネジメント】
◎各教科の単元における学びに向かう力・人間性等の資質能力の育成を図る
◎国語と総合的な学習の時間を中心として教科等横断的に学びに向かう力・人間性の資質能力の関連を図る
◎課題に対して見通しをもち学習し続け，ふり返りから次の学習につなげられる授業づくり（子どもも学びから設定する学習計画とルーブリック評価，発言に対するフィードバック）

【時間のマネジメント】
◎体験や他者との関わる活動（地域行事等）を通して，集団，地域や社会に参画しようとする意識を養う
◎部活動や特別活動を中心に，目的を定め，子どもが考え行動する自主的な活動を通して自己評価から自己変容を捉えられる環境づくりを図る
◎俳句づくりを通して，物事に対する自分の考えをもち，表現できる力を高める

【もののマネジメント】
◎学習成果物の掲示等を工夫し，児童のがんばりを認め共有する場をつくる

【学校生活のマネジメント】
（自己決定の場・自己存在感・共感的人間関係）
☆他者と互いに関わり，助け合うことを通して自己肯定感をもてるようにすることで，心の居場所づくりといじめ防止につなげる
（キャリア）

携協力

①学校教育目標と短期目標の共有と教育課程で連携協力を図る教育活動を明記
②学級担任と保護者の適切な連絡
③子どもの学びをHP，各お便りで情報発信
④懇談会，PTA役員会議，教育ミニ集会で教育活動の現状と課題の共有
⑤保護者，地域の方からの情報提供や評価を教育活動に反映
⑥小中でグランドデザインの共有，総合的な学習の時間の授業改善を図る，キャリアの視点での資質能力を共有する

Check

長期：学校評価（児童，保護者，職員，学校評議員），自己評価（目標申告，職務能力発揮シート），学力学習状況調査
生徒指導関係のアンケート（いじめ防止・情報モラル等），児童アンケート（達成指標の基準から年間達成率をみとる）
短期：単元末テスト，小テスト，俳句，Q-Uの判定，月行事及び年間行事の評価，PTA役員会議，日常の学習活動のおけるみとり

Action

授業改善（個別・学年会・校内研修会）・年間指導計画の見直し・教育課程の編成（単元配列表の見直し等）
業務の効率化の工夫（タイムマネジメント・校務分掌の細分化等）・年度末の学校教育目標の見つめ直し，短期目標の見直し

短期目標　発達段階に応じた階層

		知識・技能	思考力・判断力・表現力等	学びに向かう力・人間性等
新木小短期目標	全般	思考するための土台となる基礎，基本的な学力（語彙や計算力）を身に付けている	自ら課題を見つけ，解決するための方法を考え，行動できる	失敗を恐れずに挑戦し，課題に向か て粘り強く取り組める
	キャリア	他者と協働することのよさがわかる	自分や友だちの個性を理解（認識）し，集団や社会のために自主的に貢献できる（行為）	友だちと互いに助け合うことを通して，自己肯定感をもてる

		知識・技能	思考力・判断力・表現力等	学びに向かう力・人間性等
中学校	全般	≪知識≫ 知識の根本原理や法則といった定義から，知識の概念を構造化して理解できる ≪技能≫ いつでも，どんな状況でも一定の水準を保ち，なめらかに，より速く正確に処理する（より自立的に処理）	自ら課題を見つけ，解決方法を論理的，多角的に考察し，状況に応じて選択判断し，根拠を基に的確に説明したり，それを基に議論したりする	課題解決に向けて自主的に取り み，多様な考えから検討，選択し，自分の意志に基づき行動す 【誠実性・外向性】
	キャリア	他者と協働することで集団の多様性がわかる	学校や社会が実現を目指すことに対して、何を必要としているかを適切に判断し、自分にできる関わり方を考え、自主的に行動する	他者やその多様性に配慮して公 に協力することで，自分自身を 観的に捉え評価改善しながら自 をもって取り組める【協調性】
高学年	全般	≪知識≫ 事実的知識がつながることで抽象化され，その知識の概念を理解できる（○○性　） ≪技能≫ なめらかに，より速く正確に処理する（手続きは無意識に自動化され，遂行に言語が不要になる）	自ら課題を見つけ，予想や仮説を基に解決方法を発想し，多角的に考え自分の考えを他者に説明したり，それを基に議論する	課題解決に向けて主体的に，自 が考える最善の方法で検討して り組む 【誠実性・外向性】
	キャリア	他者と協働することで自己の変容がわかる	学年や学校が実現を目指すことに対して，何を必要としているかを考え，適切に判断して自主的に行動する	仲間の考えや取り組みを認め， 団の活動に主体的に関わることで，自信をもって取り組める【 調性】
中学年	全般	≪知識≫ 事実的知識のつながり（関連）がわかる（○○と□□の共通点は△△であり，違う点は◎◎である） ≪技能≫ なめらか且つ，誤りを自分で修正し正確に処理する（感覚のフィードバックや結果の知識により自ら誤りを修正できる　言語説明が困難になる）	自ら課題を見つけ，既習や経験を基に根拠をもって予想し，具体物や図などを使い関連させて考察し，的確に伝える	課題に対してよりよい解決策を え検討し続け，最後まで努力し 取り組む 【誠実性・外向性】
	キャリア	他者と協働する意味がわかる	学級や学年が目指すことに対して，その実現に向けて自らができることを判断して，自主的に行動がする	友だちのよさや考えを互いに認 ることを通して，自信をもって り組める 【協調性】
低学年	全般	≪知識≫ 事実的知識がわかる （○○は△△である） ≪技能≫ 自分の力で丁寧に処理する （言語的理解から学習する）	自ら課題を見つけ，具体物や図などを用いて比較，分類して捉え，その違いに気付き，感じたことを簡潔に伝える	課題に対して自ら働きかけ，進 で取り組める 【誠実性・外向性】
	キャリア	他者と協働することの楽しさがわかる	友だちの考えや想いに気づき，友だちのために自分から伝えたり，進んで行動する	誰とでも仲良くすることを通して，自信をもって取り組める 【協調性】

学校教育目標「心豊かでたくましく自立する子」

合言葉「あらきっ子　いい声　いい顔　いい姿」★汗と涙

○子ども達が考える「いい声とは？」「いい顔とは？」「いい姿とは？」
・まず「クラスで考え」　次に、学級→　学年→　学校　へと広げる。

いい声

① 元気で明るいあいさつ「おはようございます」「さようなら」
② 「はい」という返事
③お礼の言葉「ありがとう」
④「ごめんなさい」が素直に言える
⑤やさしい声かけ「大丈夫だよ」
⑥はげます声かけ　※人を喜ばす声
⑦気持ちをこめた歌声　校歌の声
⑧注意をする声　※まちがった友だちを諭す声
⑨言葉の使い方　※目上の人に敬語を使う
⑩心の声も大切

いい顔

① いつもにこにこ明るい笑顔　スマイル　※うれしい顔　楽しい顔
②いっしょうけんめいにがんばる顔
③まじめに真剣に取り組む顔　※夢中
④何かができるようになった時の顔　※目標達成
⑤くやし泣きをしている顔　※くやし涙
⑥感動で泣いている顔　※うれし涙
⑦やさしい顔　思いやりの顔
　※だれかを心配している時の顔　※励ましたり元気づけたりする顔
⑧協力し合う時の顔
⑨豊かな顔　※一生懸命　思いやり　いやなことを忘れる顔
⑩その場に適応した顔（休み時間と授業の区別）

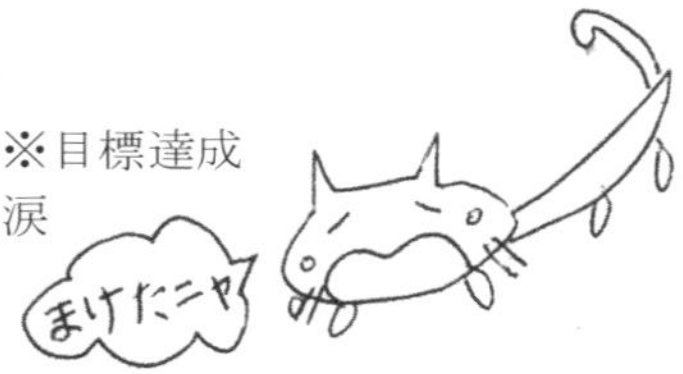

いい姿

★低学年
①勉強や運動をがんばる姿
②真剣に掃除したり係活動をしたりする姿
③みんなと仲よくする姿　※友だちを応援　※ひとりぼっちの子をさそう
④やさしい姿　困っている人を手伝ったり助けたりする姿
⑤できないことに挑戦する姿

★高学年
①助け合い・支え合う姿
②あきらめない姿　努力して勝つ姿
③礼儀正しい姿
④みんなでやり遂げる姿
⑤切りかえができる姿　めりはりがある姿
⑥自立する　自分で考えて動く

▶　**下学年のお手本になる姿**
▶　**成長している姿**　　**※「いい姿には、汗と涙がある」**
▶　**人のために行動している姿**

○合言葉「あらきっ子　いい声　いい顔　いい姿」★汗と涙

合い言葉について、各学級で話し合い、まとめたのが右の表である。

いい声には、「明るく元気なあいさつ」「はいという返事」「ありがとう」など、高学年からは、「注意の声」が挙げられた。間違っている友達を諭すことも大切だと伝えている。また、低学年のあるクラスでは、『心の声』も大切だと話し合われた。

いい顔には、「明るい笑顔」「がんばる顔」「真剣な顔」などがあった。低学年からは、『くやし泣き』が挙げられた。理由を聞くと、がんばった時、くやし涙を流す顔はすてきな顔とのことだった。

いい姿には、低学年では「勉強や運動をがんばる姿」「一生懸命な姿」「真剣な姿」など、高学年では、「助け合い・支え合う」「自分で考えて動く」「下学年のお手本となる姿」などが挙げられた。他に、『成長している姿』『人のために行動する姿』が提示されたが、なるほどなあと考えさせられた。

子ども達は偉大だ。固定概念がないので、想像力は果てしなく広がる。どこまでも思いをめぐらし、宇宙を超えてくる。お互いに意見交換をすることで刺激を受け、さらに深まった話し合いができたことだろう。そばで、見守る担任の笑顔も見えてくる。


だから、子どもってすばらしい！

だから、友だちってすばらしい！

だから、学校ってすばらしい！

『新木小学校の未来は明るいぞ！』

と確信した瞬間だった。

おそろいのポロシャツ。
背中のデザインのイラストは私、
文字はトマット先生が書いた。

「汗と涙」「変身 変身 大へんしん」との関係

今まで、「感性を磨く」について説明してきたが、ここで、少しだけ、「汗と涙の大切さ」について触れておきたい。先に学校経営のページで触れたが、学校教育目標の重点は三つあり、合言葉はそれぞれ「汗と涙」「感性を磨く」「変身 変身 大へんしん」である。この三つは、ばらばらであるようで、実は密接な関係があり切り離して考えることができない。

なぜなら、「感性を磨く」ためには、感性を磨くための土壌をつくることが大切であり、その土壌づくりに欠かせないのが、「汗と涙」であるからだ。

植物に例えるなら、よい土は美しい花を咲かせるが、やせ細った土は花を咲かせることはおろか、芽を出させることも困難であろう。つまり、土がよくないとよい花は咲かないということである。

よい土をつくるには、努力が必要だ。一朝一夕にはできない。日光に当てたり水やりをしたり、時には栄養をあげたりすることも必要である。このことを人間に例えてみると、「汗と涙を流すこと」は、まさに「日光」や「水やり」「栄養分」にあたるのではないだろうか。

汗と涙は、透明で目に見えないが、自分を成長させてくれる。一生懸命にがんばった時に流れ出す汗、目標が達成した時に流れる「うれし涙」、失敗した時に流れる「悔し涙」は、心のエンジンになる。クラスでひとつになった時に流れる涙は感動で打ち震える。

こんな土壌から生まれる「俳句」は、絶品であろう。こう考えてみると、感性を磨くために、「汗と涙」がいかに重要であるかがわかるだろう。汗と涙を流す体験をたくさん積んで、感性を磨くことが大切になる。どちらが大切か

ではなく、二つが両輪となり、よい俳句を生み出すことができるのだ。いや、未来を拓くことが可能になる。

三年目に打ち出した合言葉「変身　変身　大へんしん」は、二つが両輪になり行きついた先の子ども達のゴールである。自分の頭で考えて行動できることを目標とした。なぜなら、コロナ禍で始まった令和二年度、未来がわからないという不安の中で、自立させたいと考えたからだ。

子ども達に成長してほしいという願いを込め、「変身」という表現にした。なぜなら、子ども達は変身ものが好きだからである。いや大人だって同じ。「変身願望」は、いくつになっても消えることはない。変身には、新しい自分に生まれ変わるような、胸をときめかせる要素が含まれている。一種、魔法のような言葉だ。

なぜ、「変身」が三つもつくのか。それは、三回繰り返すことによりリズムが生まれ、楽しい気分になるからだ。子ども達には、いつも口ずさんでほしい。しかし、いちばんの理由は、願いの大きさである。子ども達には、最大限に変身してほしいから……。

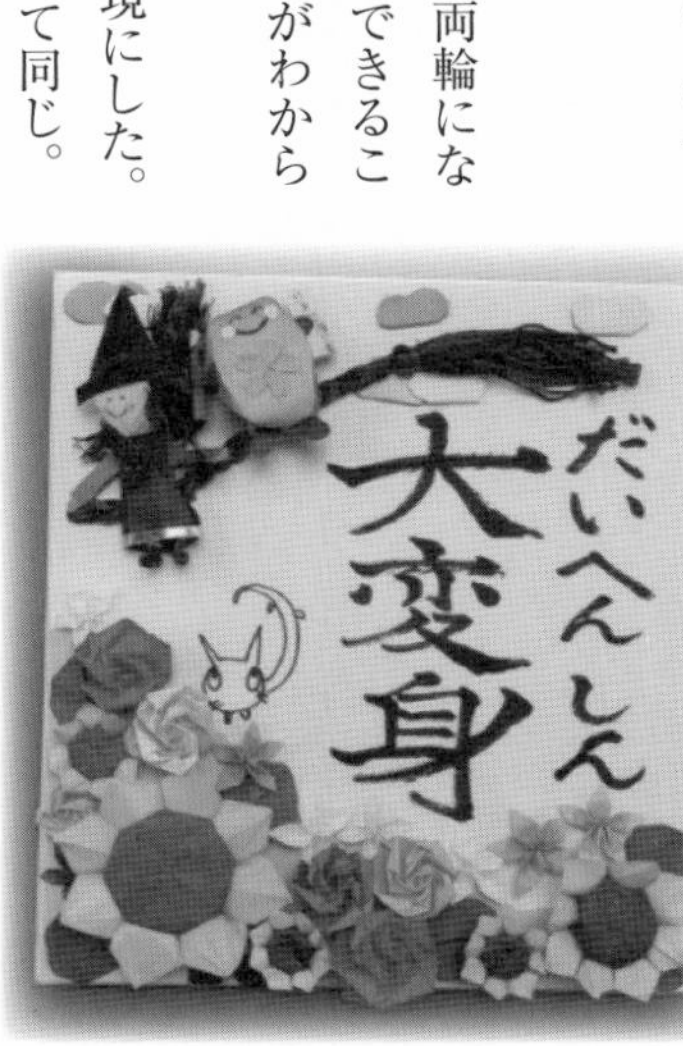

始業式において、学習や運動やお手伝いは、自分で計画を立てて行うことで大きな力をつけられることを話した。これが変身だ。毎日、続けることで「大変身」できることを伝えた。

俳句をつくろう「目と耳と心をはたらかせて」

１　目的
・学校経営の重点「感性を磨く」を達成するための一環として実施する。

２　目標
・自然や身の回りを観察し、感じたことや発見したことを俳句に表すことができる。
・つぶやいた言葉を五七五の調べに表現することができる。

３　方法
（１）月に一度、「校内コンクール」を実施する。
①　審査日について
・毎月『七日』前後を審査日とする。
②　参加の方法について
・四月は二年生〜六年生の参加。一年生は五月より参加する。
・基本は、個人ごとの応募　↓　俳句ポストへ
・ただし、夏休み・冬休み・春休みなどの長期休暇は全児童が参加する。
提出は担任が集め俳句担当者へ
③　提出日
・提出日は、毎月審査日の前日まで。
④　作り方について
・俳句担当者が、裏に「季語表」を印刷した用紙を配付する。

・学校でつくってもよし、家庭でつくってもよし。

⑤　表彰について

・入賞した児童には、色紙「作品をかいたもの」を全校集会で渡す。

・最優秀賞「ヤエザクラ賞」　優勝賞「ケヤキ賞」　佳作「魔女賞」

※序列をつけるためではなく、心を耕すために実施する。

⑥　入賞作品は、学校だよりや学年だより、学級だより等に掲載し広く紹介する。

※　審査員　鈴木高士氏（元小学校長）・校長

（2）外部のコンクールに、入賞作品を出品する。

> 俳句のルール
> ①五七五の十七音
> ②季語をひとつだけ入れてつくる。

（3）「あらきっ子句集」を作成する。

※初年度は、まだこの発想はなかったが、活動する中で、あらきっ子句集が生まれた。そこで、二年目以降、計画に加えた。

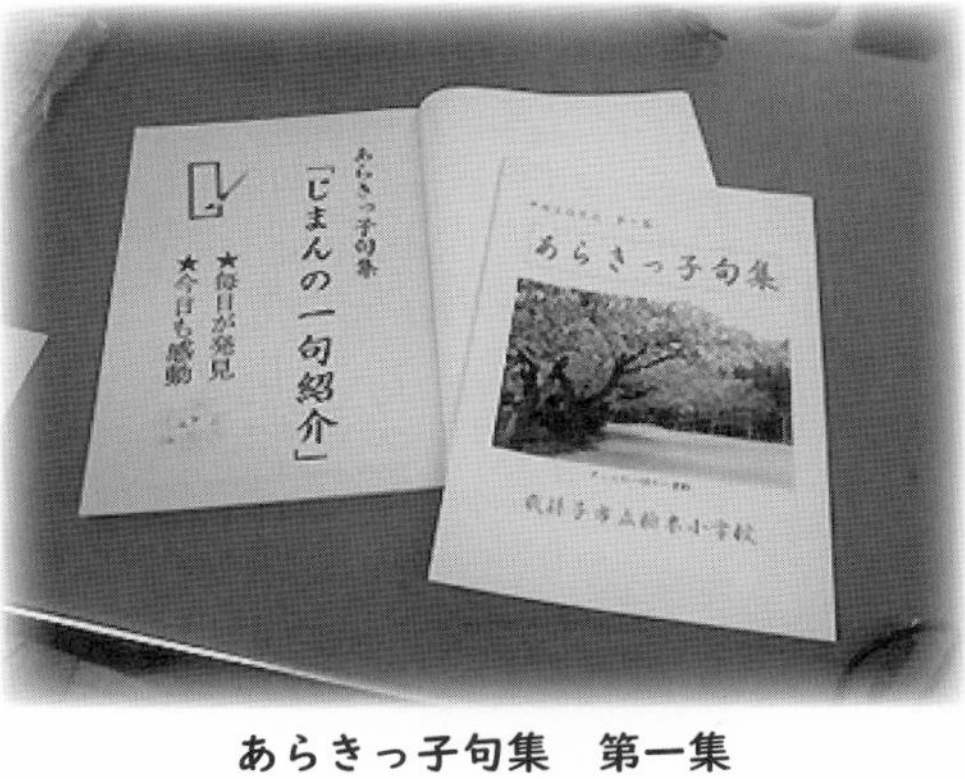

あらきっ子句集　第一集

あらきっ子俳句コンクール　ボランティア募集について

俳句コンクールを開始して一年目、作者が色紙や短冊を作成していたが、二年目になり受賞者が多くなると、校内だけで処理することが難しくなった。そこで左のような文章を作成して、ボランティアの募集をした。

本校では、昨年度より「感性を磨く」を合言葉に、月に一度俳句コンクールを実施してきました。受賞した子ども達には、短冊に俳句を書いて渡してきましたが、今年度に入り、受賞者が多くなり、校内だけで処理することが難しくなりました。

そこで、ボランティアの募集をいたします。子ども達の笑顔のために、ぜひ皆さまのお力をお貸しください。

1　ボランティアの内容

○短冊に受賞した作品「俳句」を書く。（「学年　氏名」も記す）

毎月、校内俳句コンクール終了時に、審査結果をお渡しするので、受賞作品『ケヤキ賞』『魔女賞』について、短冊に毛筆で俳句を書いてください。

※コンクールは、年に十回あります。

※選ばれる句数は、毎月、百句～百五十句ほど。コンクール結果により、多少変わります。

2　短冊づくりにかかる日数

コンクールの結果が出てから、十日ほどになります。ご都合の悪い場合は連絡をください。

3　地域の皆さまのお力をお借りしたいと考えております。どうぞよろしくお願いします。

俳句コンクールの審査日

令和２年度

回　数	実　施　日
1	令和2年　4月14日（火）
2	令和2年　5月11日（月）
3	令和2年　6月　9日（火）
4	令和2年　7月　6日（月）
5	令和2年　9月　7日（月）
6	令和2年 10月　7日（水）
7	令和2年 11月　9日（月）
8	令和2年 12月　7日（月）
9	令和3年　1月12日（火）
10	令和3年　2月　8日（月）

平成31年（令和元年）度

回　数	実　施　日
1	平成31年　４月16日（火）
2	令和元年　５月９日（木）
3	令和元年　６月５日（水）
4	令和元年　７月５日（金）
5	令和元年　９月９日（月）
6	令和元年 １０月７日（月）
7	令和元年 １１月７日（木）
8	令和元年 １２月６日（金）
9	令和２年　１月９日（木）
10	令和２年　２月７日（金）

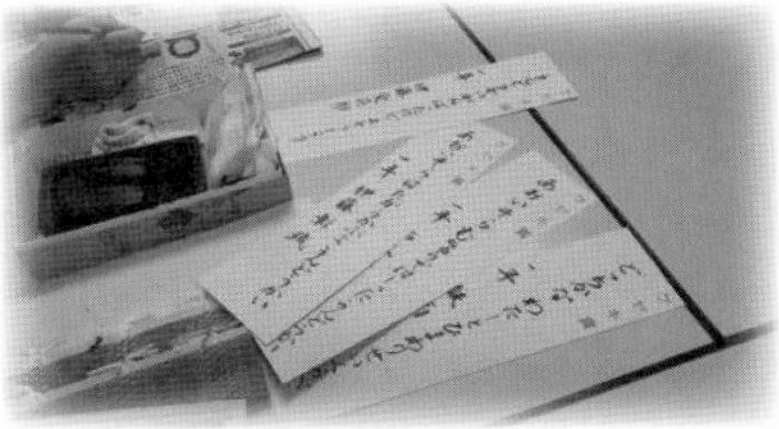
俳句を短冊に書く

平成30年度

回　数	実　施　日
1	平成30年 6月 7日（木）
2	平成30年 7月 6日（金）
3	平成30年 9月10日（月）
4	平成30年10月 9日（火）
5	平成30年11月13日（火）
6	平成30年12月10日（月）
7	平成31年 1月10日（木）
8	平成31年 2月12日（火）

あらきっ子　みんなでがんばって「ビー玉パーティ」

１　目的

・学校教育目標「心豊かでたくましく自立する子」の育成を目指し実施する。
合言葉『あらきっ子　いい声　いい顔　いい姿』※汗と涙

２　目標

・一年のスタートにあたり、学年・学級毎に長期の学年目標・学級目標を設定した上で、「学級毎に短期のめあて」を掲げ、全員で努力してできるようにする。

３　方法

①　めあての設定と実施期間について

・各学級で「短期のめあて」と「実施期間」を決め、学級委員が校長まで伝える。
・めあての内容と期間については、どちらも自由。内容の難易度により短くしたり長くしたりする。自分の学級で納得いくように決める（個人の部・団体の部）。

②　結果の報告について

・実施期間が終了したら、学級委員は校長まで結果を報告する。
達成できたら『達成賞』

③　開始日と進め方について

・五月より開始する。ただし、全校がスタートする日ではない。

・学級の実態により無理なく進める（毎週チャレンジしてもよい）。

④ 魔法のつぼについて

・校長室の「魔法のつぼ」に、達成できた学級のビー玉を入れる。

⑤ 魔法のつぼがあふれたら、ビー玉パーティを開く。

> ※「ビー玉パーティ」
> ・何がしたいか、子ども達に聞いてください。
> ・給食もパーティに……？
> ワクワクドキドキ。

（留意すること）

めあてを達成できなかった児童が、責められることのないよう配慮をお願いします。

クラスみんなで達成して「ヤッター」感を積み上げます。

クラスを成長させる手段として、活用していただけたらうれしいなあ。

魔法のつぼ

賞状（個人の部）

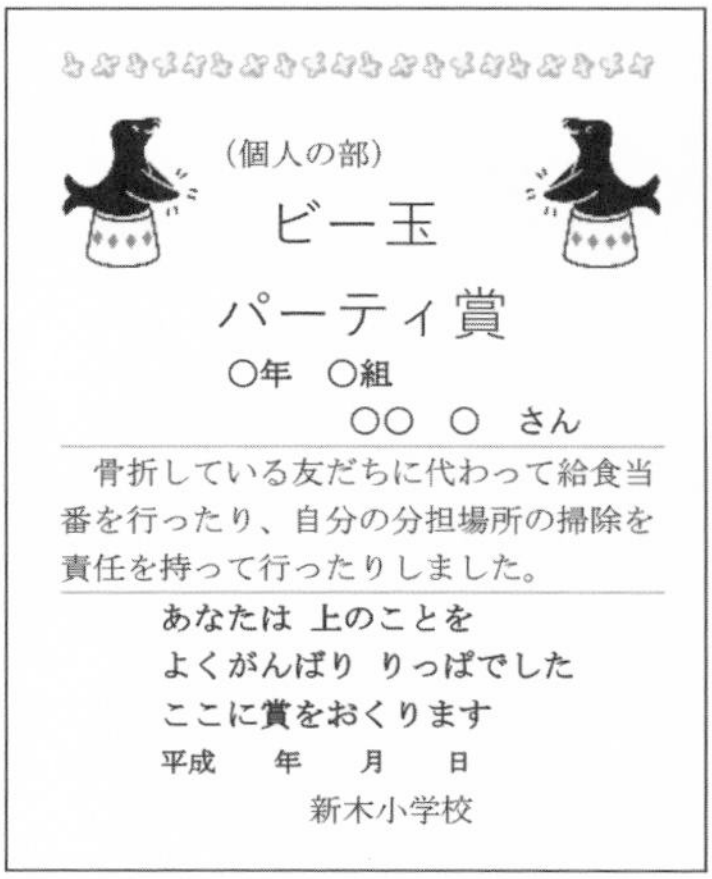

（個人の部）
ビー玉
パーティ賞
○年　○組
○○　○　さん

骨折している友だちに代わって給食当番を行ったり、自分の分担場所の掃除を責任を持って行ったりしました。

あなたは 上のことを
よくがんばり りっぱでした
ここに賞をおくります
平成　　年　　月　　日
新木小学校

四月の重点（令和二年度）

コロナ禍の影響で、これからどうなるのか見通しはたちませんが、この環境の中でも、チャレンジすることを怠らず邁進していくのが、本校の教職員です。子ども達の笑顔のために、ともに手を携えてがんばりましょう。

4月ははじまり。大切にしたい3つのこと

1　新木小学校「教職員の心得」

◆「チームワーク　フットワーク　ネットワーク」を大事にしよう。

①チームワークとは、何でしょう。ワンチーム、よく使われる言葉です。しかし、ただの掛け声に終わっていないでしょうか。単なる仲良しのことではありません。あえて言えば、お互いに「補う」ことです。

②フットワークとは何でしょう。「考えて悩むより実践する方が早い」という意味があります。しかし、それだけで掲げるのではありません。問題を先送りにしないという意味合いで掲げます。

③ネートワークとは何でしょう。「学校教育は学校だけでできるものではない」という意味があります。しかし、それだけで掲げるのではありません。人とのかかわりを大切にする意味合いで掲げます。

2　「日々の授業」はすべての土台

◆「大変身」で児童のやる気に火をつけ「学力向上をめざそう」

授業が楽しくなれば、学力は向上する。
授業が楽しくなれば、生徒指導が充実する。
授業が楽しくなれば、家庭との信頼関係が確立する。

課題を解決する最大の方策は、「授業改善」である。
「授業改善」とは、子どもの意欲に火をつけることである。
子どもがわかるまで教師があきらめないことである。

3　人権感覚が研ぎ澄まされた職員室にしたい

職員同士、子どもへの対応、保護者、お客さまなど、子どもだけでなく、保護者にも差別を許さない強い姿勢を示したい。

学年目標（令和二年度）

「学校経営方針と重点」を語る

平成三十年四月二日、転入職員を迎え学校経営がスタートした。「一年の計は元旦にあり」と言うが、学校においての元旦は四月一日だ。この年は、一日が日曜日だったので、二日になった。職員代表から歓迎の言葉を受けほっとしたのも束の間、次の瞬間には職員会議が始まった。会議において、学校経営の方針と重点について説明した。

私が語ったのは、およそ次のような内容だ。話す内容は箇条書きにメモしておき、当日はふくらませて話す。次に紹介するのは、メモである（メモをそのまま掲載）。

学校経営方針と重点の骨子については、毎年、大きく変わるものではない。一年目には、「感性を磨く」についてまだ整理されていなかったので、二年目のスタートにあたり、新たに加えて話した。それが、【重点⑥　俳句を書いて感性を磨く】である。

・教育は「天が与えた才能を引き出すこと」といった先人がいる。人間は、だれしも力を持っている。それに気づかせることにより自信を持たせ磨き高めていく。一言でいうと、子ども達の「命」を輝かせる仕事である。この仕事に就いたことに誇りを持ち、喜びを感じ、生活をしてほしいと願う。

・イチローの高校時代の野球部監督の言葉が鮮烈だ。「やらされている百発よりやる気の一発」。子ども達の勉強も同じ。子ども達がいやいや勉強しているのでは何の進歩もない。意欲を持って勉強すれば短時間でも身に付く。「意欲・魂」に火をつけてほしい。私自身、子ども以上に意欲を持ち、子ども達を認め励まし、輝かせることを続けていきたい。

・今年は三十九周年。組織として三十九年間の積み重ねをしてきた。新木小を育てる土台は組織力である。先生方一人ひとりの力が学年の力になり、それが全校になり、家庭・地域へと広がっていく。これが大きな教育の力となる。保護者や地域と協力しながら教育にあたっていきたい。

学校経営の重点について　次の六点に重点を置く。

① 合言葉「あらきっ子　いい声　いい顔　いい姿」

一年生から六年生まで、目を閉じても言えるようにしたい。三つの重点、行動目標も変わらない。「いい声とは」「いい顔とは」「いい姿とは」。昨年度、全校で考えた結果を掲載している。学級の扉を開く日に、必ず伝えてほしい。

② 「汗と涙」のすばらしさ

汗と涙は、心を持った人間だけが持つ宝もの。透明で目に見えないが、自分を成長させてくれる。一生懸命に走ったり掃除をしたりする時に流れ出す汗、目標が達成した時に流れる「うれし涙」、失敗した時に流れる「悔し涙」は、心のエンジンになる。クラスでひとつになった時に流れる「感動の涙」は美しい。日々の生活の中で、汗と涙を大切にしてほしい。

③ 「不登校をゼロにしたい」

経営の基本「児童の心の声を聞くように努める」

これを全児童の声ととらえ、「不登校をゼロにしたい」と考えている。生活環境が起因しており、一筋縄ではいかないが、組織で対応し減らしたい。

「原因をつきとめそれを解決すれば、学校に戻れるようになる」というものではない。実は、本人もよくわかっていない場合が多い。学校では、「その子の今を認める」ことが大切。「その子をどうやって変えようか」ではなく、「学校の何を変えたら、その子は来たくなるか」を考えたい。コーディネーターを中心に、みんなでアイディアを出し合って取り組んでいきたい。「今日のあの子はどうかなあ」。子どもの様子を見に行くので、いつでも入れるよう教室のドアを開けておいてほしい。

④「チーム新木小」

経営の基本「組織力で問題解決に取り組む」

困っている先生がいたら声を掛け、助け合って生活したい。「一人はみんなのために。みんなはひとりのために」。教員人生を新木小で過ごせたことに誇りが持てるよう、先生方同士の絆を深めてほしい。

不安を抱えている講師の皆さん、「皆さんは一人ではありません。困ったことがあったら先輩の先生方に何でも相談してください」。かつて、教師をやめようという危機が何度かあった。周りの先生方が支えてくださったおかげで今がある。

事務員さんも栄養士さんも職員会議に参加し意見してほしい。

⑤ 報連相

失敗した時や困った時は、管理職に報告してほしい。私の人生は失敗だらけだった。自分だけで判断して動くと、保護者から連絡があった時に守れない。

保護者からの手紙は学年主任と管理職へ朝一番に見せてほしい。対応を一緒に考えていく。

※　二年目のスタートにあたり、⑥を新たに加えた。

⑥ **【俳句を書いて感性を磨く】**

「感性」とは「感じ取る力」、「感性」とは「いかに物事を深く考えるか、いかに深く見ることができるか」に通じている。感性を磨くためのステップは三つある。

一　観る　二　思考する　三　表現する

本校では昨年度より「俳句」を実施してきた。ただし、定義づけがなかったので、今年度はきちんと意義を押さえた上で、継続したい。

自然や身の回りを見つめて、発見したことや感じたことを十七音で表す。自然や、家族・友だちを見つめる中で、目に見えない心が可視化されるようになり、思いやりの心も育成されていく。

目に見えない学力を大切にしたい
① 人を大切にする力
② 自分の考えを持つ力
③ 自分を表現する力
④ チャレンジする力

（メッセージ）

さて、先生方、いろんなことに挑戦してみませんか？

常識なんてどこにもありません。学級経営、自分の校務分掌などを確認して、やってみたいことを考え挑戦してください。心配な場合は、ご相談ください。

一度しかない人生だもの。後悔しないように生きましょう！

「やらないで後悔よりやって後悔」という諺もあります。失敗したら、次に生かせばよいのです。

1に「挑戦」　2に「失敗」　3・4がなくて　5に「再挑戦」。

「失敗してもいい。『普通』になるな」

あらきっ子　感性磨いて未来を拓く

「感性って何」と問われた時、決まってこう答える。
感性とは、感じ取る力。
いつでもどこでも誰でも磨くことができる。
深く思考することで違う価値を生み出す。
予測困難な未来を生きる子ども達にとって、
もはや、今まで通りは通用しない。
自分で考え、判断し、生きぬく力が必要となる。

感性を磨くためのステップは、
「観る」「思考する」「表現する」の三つだ。
このステップを踏むために、『俳句』を設定した。
感性を磨くために、俳句づくりをスタートした。
あらきっ子には、自信と誇りを持ち、
明るい未来を切り拓いてほしい

目に見えない学力ってなあに

本校では、『目に見えない学力』を定義している。

「人を大切にする力」「自分の考えを持つ力」
「自分を表現する力」「チャレンジする力」の4つだ。
周りの人を大切にしたいという温かな気持ち。
自分の頭で考え思いを持ったり、表現したりすること。
未知の領域に自分から挑戦しようとする意欲。
これらは、「未来を切り拓くための基盤」となる。

言われてするのではなく、自ら行動を起こす姿は、
子ども達の一生の宝物になるだろう。
しかし、育成するには粘り強さと時間が必要だ。
間違いなく「目に見える学力」の土台となる。

特効薬は『愛情』。
無償の愛を与えられた子どもは、人を愛する大人になる。
あらきっ子の目に見えない学力は急上昇中。
先生方の挑戦は続く。

※目に見える学力は「テストの点数」など。

学校経営をイラストで表現

我孫子市立新木小学校

1　学校経営

○一つ目　**特色ある学校づくり**
重点目標「感性を磨く」を掲げ3年目

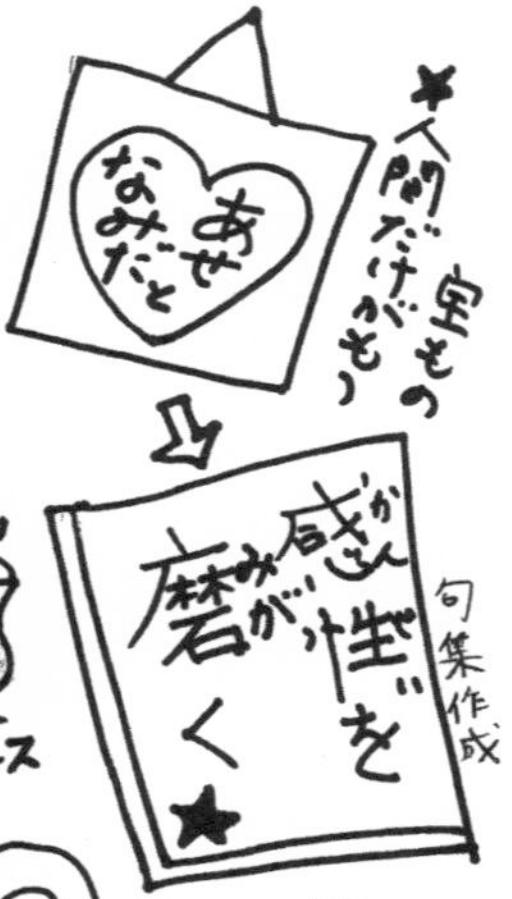

総合的な学習の時間において

○二つ目　**信頼される学校づくり**
合言葉「発信」

合言葉「ともかく動こう」

○三つ目　**教育力の結集**
合言葉「子どものやる気に火をつける」

2　教育内容の管理

○合言葉「変身変身大へんしん」

3　職員の管理・育成

○一つ目　**不祥事防止研修の充実**

○二つ目　**勤務時間の適正管理**

○三つ目　**教職員の人材育成**

4　コロナ禍により学んだこと

①学校の重要性を再認識できたこと
②ＩＣＴ推進の必要性
③臨機応変に行動を起こすこと

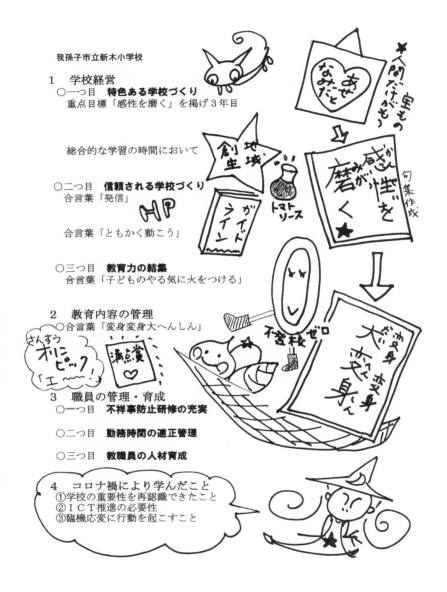

3章　先生方へどう伝えるか

魔女のつぶやき発信

着任してすぐに、学校経営の方針と重点について説明したものの落ち着かなかった。

「先生方は、果たして理解してくれただろうか」

「この私を受け入れてくれるだろうか」

「新学期に向けて、やる気のスイッチが入っただろうか」

言葉だけが独り歩きして空回りしているような……。そう、不安のお化けが私の心を占領し、息をするのさえ苦しくなった。その時、心で声がした。

「あんた、校長の経験も実績もないのに、自分一人でやろうとするから苦しいの。もう少し力を抜いて先生方の力を借りたらいい」

そこで思いついたのが、「校長だより」ならぬ「魔女のつぶやき」だ。日頃、感じていること、思いや願いを記して発信した。行事に行き詰った時は、目標を明確にして困っていることをオープンにし、アイディアを募集した。助け合って行事を乗り越えた際には「感謝」の気持ちを記した。ここでは、校長としてよりも、一人の人間としてうれしい気持ちを素直に表現した。

ふと気づくと、みんなで支え合いながら「チーム」ができあがっていた。着任した時に感じた不安のお化けではなく、「力を合わせたら何でも乗り越えられる」という安心感であふれていた。

今は、チームは作るものではなく、同じ目標に向かって努力した結果、自然にできているものだと感じている。因みに、一年目は「チチンプイプイ」は四十七号、二年目は「チチンプイプイチチンプイプイ」は三十七号、三年目の「変身　変身　大へんしん」は六十二号を発信した。

さて、魔女のつぶやきのタイトル「チチンプイプイ」は魔法の呪文の言葉だが、ある日、間違えて「チチンプリプリチチンプリプリ」と表記したことがあった。ある先生から、「魔女は怒っているのですか」と言われ赤面した。こんなおっちょこちょいはよくあった。

学校はみんなでつくるもの

ほんとうの「チーム」って……？
楽しいだけのなかよし集団じゃだめ。
何でも言い合えること。

ベクトルの先にあるのは、
「子どもの成長」ただひとつ。
年齢や経験年数、立場なんていらない。

うちの学校は、「チーム」になれたかな？
そんな心配はちっともいらなかった。
だって、みんながつくってくれた。

ここで、「魔女のつぶやき」を紹介しよう。「チチンプイプイ」誕生の号だ。「はじめの一歩」の校長だよりである。着任して初めの頃は、何をどう表現しようか悩んだが、続ける中で、自分のスタイルが確立されていった。常に、「気負わないように」とだけ言い聞かせていた。

三年目の四月、コロナ禍で世の中が委縮する中、先生方に「野菜サラダをつくろう」と呼びかけた。先生方一人ひとりの個性を大切に、いろんなことに挑戦してほしいと願ったからである。先生方の反応があまりにユニークだったので、その時の校長だよりを併せて掲載する。

「チチンプイプイ」誕生の号

私は「修業中の魔女」。年齢は三百二十七才。心を持った人間になるために、人間界で修業しています。好きなものはメロンパン。趣味は「汗と涙を集めること」。日本一すてきな学校に着任し幸せ気分最高！　皆さんとの出会いに運命を感じています。

一生懸命に努力はしているものの、おっちょこちょいなので、あっちこっちで失敗して奇声をあげています。全員の先生方と、毎日、話す時間がないので、感動や心のつぶやきを発信していきたいと思っています。

○新木小学校の先生方ってすごい！

「すてきな出会い、笑顔あふれる職員室」

四月二日、新木小学校にどきどきしながら足を踏み入れました。転入職員十二名。初日は幾分緊張したものの、先生方の笑顔と温かさに包まれ、一週間ですっかり新木小の一員になれました。

出会いは、ときめきます。わくわくどきどきします。緊張で心臓が爆発するような、てれくさいような、喜びと不安がつまってひとことでは表現できません。

○チーム新木小

「ひとりはみんなのために　みんなはひとりのために」

この言葉が大好きです。新しい学級を持った時、たいてい出会いはこの言葉からスタートしました。子ども達にとってクラスが楽しくなければ学校生活はエンジョイできません。私達新木小の職員にとっても全く同じです。職員室が楽しくなければ、学校はつまらなくなります。全員の先生方が心の手をつなぎ、すてきな職員室にしたいと思っています。

一人ひとりが、この言葉をかみしめ、助け合って生活していきましょう。だれかが忙しくしていたら、「目配り・気配り・心配り」を願います。まずは、「入学式」を成功させるために、心を一つにして進んでまいりましょう。

（校長だより　平成三〇年四月九日）

「変身 変身 大へんしん」2号

一人ひとりちがってみんないい「野菜サラダを目指す」

皆さん、野菜サラダは好きですか。野菜には、いろいろな種類がありますので、ひとことでは答えられないかもしれませんね。

人参には人参の味、大根には大根の味、アスパラにはアスパラの味があります。同じように、新木小学校の先生方も、お一人おひとりに個性があり、キラキラと輝いています。私は、その個性を大切に、学校経営をしたいと思っています。

決して、ミキサーに入れてミックスジュースにしてはいけません。混ぜたらまずくなるに決まっています。そうでなく、バランスのよいサラダを目指します。一つだけで食べてもおいしいけれど、サラダにして組み合わせると心がときめいて、さらにおいしくなる、そんな組織です。

さて、どんなサラダができるでしょう。

○子ども達に目標を持たせてほしい

コロナ禍対応で、部活動やいろいろな行事が削減されています。なぜなら、今は、「命」が最優先されているからです。命があれば、長い人生、なんだって取り戻すことができます。命がなくなってしまったら……。そう考えると怖いです。

だからこそ、子ども達に目標を持たせてください。「一生懸命になれるもの」を見つけることで輝かせてほしいのです。

（校長だより　令和二年四月三日）

◆上の写真は、校長室のドアにかけた表示札。六年生と修学旅行で日光へ行った際、「日光彫」で作成したもの。

幸せな学校をつくる

全校朝会で、子ども達に今年のめあてを伝えた。

「変身　変身　大へんしん！」

変身の決め手は、学習・運動・お手伝いの3つ。

自分から進んで行ったら、変身できる。

毎日続けることで、あっぱれ「大変身！」。

同じことを、先生達に伝えた。

「変身　変身　大へんしん！」

目標に向かって努力して、大変身してほしいこと。
一に挑戦　二に失敗　三・四がなくて　五に再挑戦。
だって、失敗は成功の貯金なんだ。

私の目標は、「幸せな学校をつくること」。
その鍵を握るのは、
子ども達と先生達が大変身すること。
今から、わくわくが止まらない。

こんな学校どこにもない

あのね、アボカドにはアボカドの味、
バジルにはバジルの味があるように、
一人ひとりの個性が輝く学校をつくりたいの。
だって、四十種類の野菜をジュースにしたら、
まずくて飲めないでしょ。
先生達に、好きな野菜を一つ決め、
素材と大きさは自由にして、
目標を書いてもらった。
フェルトを縫い合わせてアスパラをつくったり、
スポンジを切ってクルトンをつくったり四十人四十様だ。

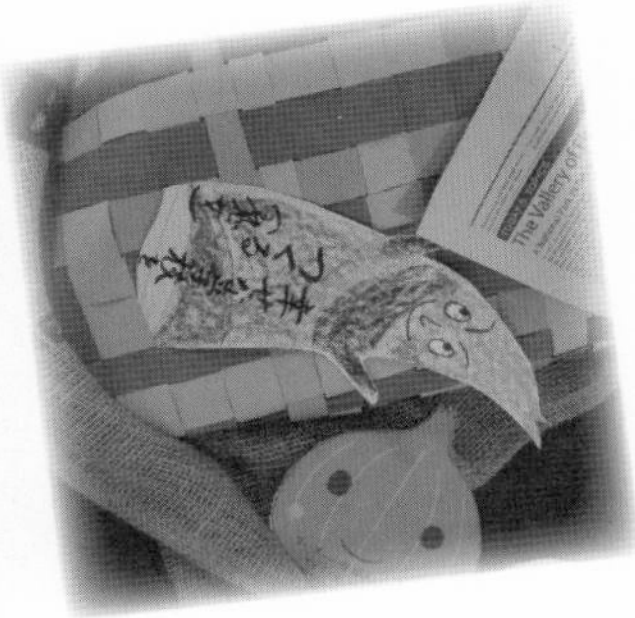

パプリカ先生が、ワンピースをリサイクルして、
魔女の洋服をつくったり、
バスケットを工夫したりして、
野菜サラダを盛りつけた。
今、職員室の正面に貼ってある。
「あっぱれ」
お客さんは、みな、口をそろえて驚く。
こんな学校、きっとどこにもないだろう。
そんなこと、聞かなくたってわかる。

「変身 変身 大へんしん」8号

私は、出会いの日、先生方に、一人ひとりの個性を大切にしたいとの思いから、「好きな野菜を一つ決めて、目標を書いてください」とだけお願いしました。そうしたら、『でっかい作品』ができあがりました。これは、もう作品を超えて「芸術」の域に入っています。日本中、どこを探したって、どこにもない宝もの。だって、新木小の先生方全員の「勇気」がつまった野菜サラダなんですもの……。

私は、先生方の目標を全て読み、心に受け止めました。一年たったら、実行できているか自己評価をして、みなさんでパーティをしたいなあと思っています。

魔女の目標は、「幸せな学校を創ること」です。そのために、何が必要かというと、「あらきっ子と職員全員が自分

の目標をクリアーして『大へんしん』することです。職員室の正面に掲げますので、疲れた時には、これを見て、自分を励ましたり、仲間と声を掛け合ったりして、一丸となって進んでまいりましょう。

○みんながリーダー　自分勝手に「やりたいことやろう」

目安箱に「やりたいことリスト」が集まりました。職員室後方に掲示してあります。この中から、自分のやってみたいことを見つけて、リーダーに立候補して推進してみませんか。企画・運営は全ておまかせです。「自分は企画力がないから無理……」なんてあきらめないでください。全員がリーダー。どんどん挑戦して、どんどん失敗しましょう。

周りの人は、行動を起こしている人を応援してください。

（校長だより　令和二年四月二十日）

やる気に火をつける先生達

市内陸上競技大会で六連覇達成！
県の吹奏楽コンクール二年連続金賞受賞！
「あこがれの先輩達を超えたい」と願って、
子ども達は真剣に取り組んできた。

先生達は、決して連覇しなさいとは言わず、
一人ひとりの伸びを認め励ましてきた。
「強くなりたい」「うまくなりたい」と願って、
子ども達は歯をくいしばって取り組んできた。
大晦日に学校へ行くと、自主練習をしている姿があった。

今年は、七連覇、三年連続金賞の高みを目指していたが、
大会やコンクールは中止になり、目標を失った。
でも、先生達はあきらめなかった。
人生で大切なことは、一位をとることではなく、
よりよく生きることだと教えてくれた。

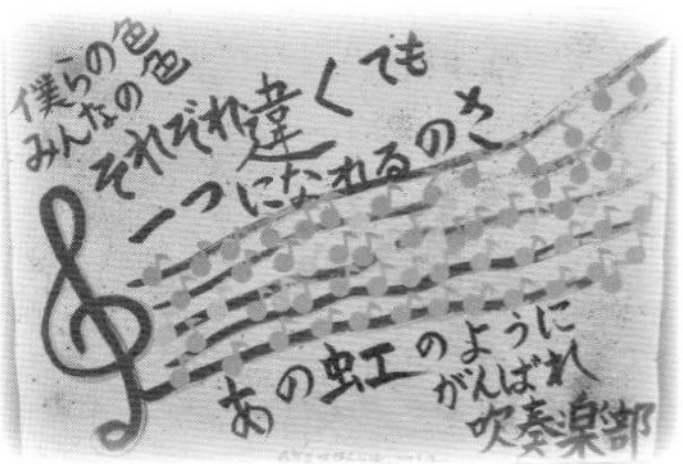

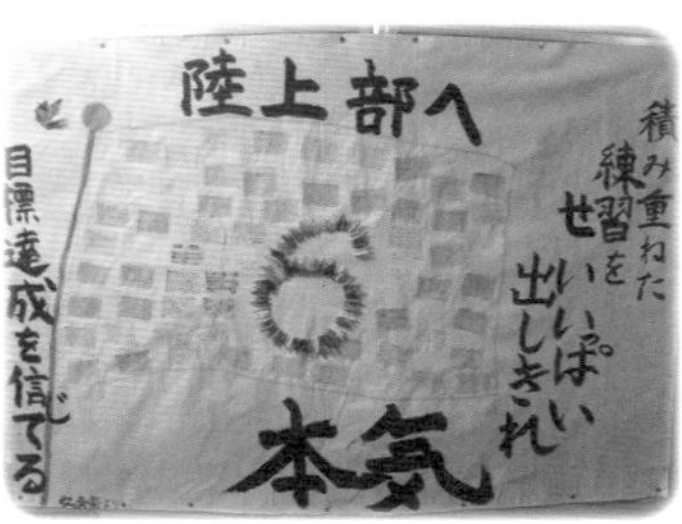

「子どもたちから、子どもたちへ」応援メッセージのたれ幕

4章　実施

俳句のはじまり

「五七五と言ったら何でしょう」

ある日、全校朝会で子ども達に尋ねると、あちこちから「俳句」の声。

「そう俳句です」と言って続けた。

「突然ですが、皆さんにうれしいお話があります。今年度、全校で俳句に挑戦することになりました。めあては、感じる心を磨くためです。心には、感じると反応するセンサーがついているんだ。皆さんの顔かたちが違うように、センサーの感度もそれぞれ違うもの。感度をよくするために、自然や身の回りを見つめ、発見したことや感じたことを十七音で表現しましょう」

私が言い終えると、

「えっ……?」

子ども達は、口々につぶやくと、みな驚いた顔をしている。

「今月のお題は、『運動会』です」というと、ある子が、

「無理だよ。だって書いたことないもん」と言った。

「そう、突然、そんなこと言われても困るよね。だって、俳句の作り方がわからないのに、書けるわけがない。そこで、今日は、俳句を知っている人も知らない人も一緒に、みんなで一句つくってみましょう」（といいながら、紙を出す）

うんどうかい○○を追い抜きゴールする。

「○の中には、どんな言葉が入ると思いますか?」

数人が首をかしげながら、手を挙げている。

指名すると、低学年の児童が「人」、
中学年の児童が「自分」と答えた。

マイクを通す二人の子どもの声は震えていた。

「どうして」と問う意地悪な質問にも、
しっかりと答えた。すごいぞと言うように、
自然と体育館に拍手がわいた。

「うんどうかい人を追い抜きゴールする」

「どうして人と思ったの……?」

「前の人を抜いてうれしかったから……」

「いいね、かけっこで前の人を抜いたんだね。

運動会って、人と競うからね。

もしかしたら、一位になったのかもしれないね。
○○さんに拍手を送りましょう。他にある?」
「うんどうかい自分を追い抜きゴールする」

「どうして自分と思ったの……?」

「戦う相手は他人じゃなくて自分だから……」

「そうか、順位はわからないけれど、自分と戦っていたんだね。自分を追い抜きって、すごい言葉だね。昨日の自分とは違うんだ。○○さんに拍手を送りましょう。他にある?」

と問うと、体育館はシーンと静まり返った。

高学年の児童はどうかと視線を向けてみたが、誰もいなかった。これ以上思いつかないのに、拷問のような沈黙が

全校朝会の様子

流れた。しかし、子ども達は必死に何か絞り出そうとしていた。

私は、こんな時間が好きだったので、しばし沈黙を楽しんだ。果たして「この沈黙を破るのは子どもか、私か……?」、心の中で賭けを楽しんでいた。沈黙は黄金の時間だったので、破るのに時間をかけた。

これこれ、これでいい。私はひとり心の中で拍手喝采した。しかし、こんなことは誰も知らない。当たり前のことだ。私の心の中で上演されている「ひとり芝居」など知る由もない。

しばらく経ってから、「皆さん、今日は空欄の中に言葉が二つも入ってすばらしい作品ができました。」というと、子ども達はようやく緊張から解放されて、ほっとした表情になった。結局、沈黙を破ったのは私だった。残念ながら、子ども達からは手が挙がらなかった。

「ある子が、こんな言葉を入れたんだ。『風』を入れるとどう」

「うんどうかい風を追い抜きゴールする」

と言って続けた。

「どうですか。風を入れてみると、順位はわからないけれど、走った後のさわやかな気持ちが伝わってきませんか。俳句は、自分の心を言葉にするものだから、正解はひとつとは限りません。だから、みんなにはいろいろ考えてほしいと思っています。始めは思いつかなくても、書いているうちに簡単につくれるようになります」

次に、ステージの上を指差して言った。

「できあがったら、この赤いポスト『俳句ボックス』に入れてください。このポストは、校長室の前に立っています。今、俳句ポストさんは、お腹がすいてたおれそうです。なぜなら、食べ物は皆さんが書いた俳句です。まだ、一句も入っていないのでフラフラです」

俳句を投函する子ども達

こうして、本校で俳句が始まった。時は、平成三十年五月三十一日のことであった。その日の午後、「ポストくん、元気になったかなあ」と心配して、俳句を入れに来る子もいた。ポツリポツリやってきて、一週間ほどすると千句ほどになった。

穴あき俳句って……？

穴あき俳句とは、作品の一部を空欄にした俳句である。空欄に入る言葉を自由に考え、俳句を完成させる。この方法は、俳句の初期指導として最適である。そこで、全校朝会では、穴あき俳句を取り入れた。長所を次に挙げる。

○俳句の一部だけをつくるので、取り組みやすい。
○言葉を選んでいく過程で、場面をイメージする力が培われる。
○いろいろな言葉に関心を持ち、言語感覚が磨かれる。
○友だちの作品と比較しやすいので、選句眼が磨かれる。

こんな手軽さから、穴あき俳句を使い指導される先生もいた。中でも、スタートしたばかりの頃、教頭先生は俳句の専門家で、この手法を使い子ども達の感性を磨いてくれた。子ども達はいろんな言葉を入れ、まるで俳句をクイズのように楽しんだ。

（虫食い俳句　例）
・春の風〇〇〇〇してる帰り道
・ミニトマト〇〇〇〇〇〇ならんでる
・星空に〇〇〇〇〇〇の〇〇〇〇〇

初期段階における興味づけは有効であった。また、思いつかない子にとっての「ヒントカード」にもなった。ある日、六年生の男の子が穴あき俳句を持ってやってきた。側に三つくらいの言葉が書いてある。

「校長先生は、どれがいいと思いますか？」

「君はどれがいいと思うの？」

と尋ねると、一つ指差した。私は興奮して、

「それすごくいい。君は俳句の天才だ」

と言った。すると、その男の子は、

「なんだか俳句が好きになりました」

と、うれしそうに笑った。

何かを実施する時、想像力をはたらかせ、できない場合の対応、「手立て」を限りなく考えておくことが必要だ。その手立てがたくさんあるほど、どの子も生き生きと活動できるようになる。こんな時、「教育って想像力なんだよなあ」としみじみ思う。言葉を自由自在に操れるようになると、自然と言葉が降りてくる。


さて、先に、「感性を磨く」ためには、「汗と涙」「変身　変身　大へんしん」が密接に関係していること、切り離して考えることができないことを述べた。子ども達の育成においては重要な合言葉である。子ども達にはこの三つにつ

いて、簡単にわかりやすく説明する必要があった。

「一年の計は元旦にあり」という諺を学校現場に置き換えると、元旦は四月一日に当たるが、子ども達にとっては始業式である。そこで、始業式において、めあてを提示した。わかりやすくインパクトを与えるために、「合言葉を書いたカード」を見せたり、小物を提示したりしながら説明した。

次に掲載するのは、始業式のメッセージ三年分である。一年目は「汗と涙」、二年目は、それに「感性を磨く」を加え、三年目は、さらに「変身変身大へんしん」を加えた。

「汗と涙」着任式の言葉（一年目）

私は、故郷のトンカラ山から人間界へ修業にきた「魔女」です。年齢は三百二十七才。

「日本一、元気でがんばる子ども達のいる学校へ、チチンプイプイ……」

と呪文を唱えたら、なんと新木小の校庭に着地しました。門をくぐったら、元気な子ども達が、五百人もいてびっくりしました。あんまりうれしいので、ひみつを話します。これを見てください。（ガラス瓶を見せる）私の宝ものです。

さて、この瓶の中には、透明な水が入っています。魔女界では、この水をかけると動かないものが一瞬にして生きものになるのです。

「さて、魔法の水の正体は何だと思いますか」

難しいようなのでヒントを三つ出します。

ヒント一「いくら透明でも、ただの水ではありません」

ヒント二「人間の皆さんならだれでも持っているものです」

ヒント三「ちょっとしょっぱいです」

魔法の小瓶

（あちこちで「汗」や「涙」の声が聞こえる。）

そうです。正解は「汗と涙」でした。一生懸命走ったり、掃除をしたりすると汗が出ます。また、うれしいことがあったり、悲しいことがあったりすると涙がでます。汗と涙は心を持つ人間だけが持つ不思議な水です。汗と涙は自分を成長させてくれます。

最後にお願いです。新木小学校の皆さん、先生方、汗と涙をたくさん流してください。

（学校だより　平成三十年　四月五日）

「感性を磨く」始業式の言葉（二年目）

あらきっ子の皆さん、春休みは楽しくすごせましたか？（ハーイの声）大きなけがや事故もなく花丸が十こ、百点満点でした。みんなで大きな拍手をしましょう。

さて、今日は新しい年の始まりです。大切なことを三つお話ししますので、しっかり聞いてください。

一つ目です。学校には、あらきっ子ががんばるための合言葉があります。覚えていますか。ヒントは、「いい」が三つつきます。最高学年の六年生の皆さん、お手本を示してください。さんはい。（いい声・いい顔・いい姿）すばらしいです。

それでは、みんなで言ってみましょう。「いい声・いい顔・いい姿」。声がそろっていてすばらしいです。昨年、全校のみんなで「いい声・いい顔・いい姿」とはどうあるべきかを話し合いました。その姿に向かってがんばりましょう。教室に入ったら、担任の先生から聞いてください。

二つ目は、「汗と涙の大切さ」です。

一生懸命に床を拭いたり、全力で走ったりすると汗が流れるでしょう。でも、力を抜くと汗は流れませんね。そう、がんばった時に流れる汗は、自分を成長させてくれるのです。

こんな経験をした人はいませんか。マラソン大会に向けて一生懸命に練習したのに、当日、ころんでしまい順位が下がってしまった。そんな時はがんばった分だけ「くやし涙」が流れるでしょう。でも、心の中では、「次はがんばろう」って誓うはずです。このように、くやし涙はエンジンとなり、自分を成長させてくれるのです。

三つ目です。今年は、もう一つ、がんばることを加えました。それは、「感性を磨く」です。「感性」を簡単に言うと、「感じる心」、つまり「心」です。心には、感じると反応するセンサーがついています。皆さんの顔かたちが違うように、センサーの感度もそれぞれ違います。感度をよくするために、自然や身の回りを見つめ、発見したことや感じたことを十七音で表現しましょう。

そのために、あらきっ子は俳句を書きます。これからも、自然や身の回りを見つめ、発見したことや感じたことを十七音で表現してほしいと思います。

（学校だより　平成三十一年　四月五日）

「変身 変身 大へんしん」始業式の言葉（三年目）

くしゃみをするとつばがとびますが、その中に住んでいるコロナ怪獣もいます。そう、人にうつさないために、また、怪獣の入った空気を吸いこまないために、マスクをつけるのです。今日は、校長先生がお話の中で、いくつか尋ねる場面がありますが、小さな声でつぶやくだけで大丈夫です。

今、世界中でコロナ怪獣が大あばれしています。大きな怪獣だったら、近づかないし、逃げ出すことで助かりますが、目に見えないほど小さいので、どこにいるかわかりません。

コロナ怪獣の好きな場所は、狭い場所に人がたくさん集まっておしゃべりをするところです。だから、学校は長い間お休みになりました。残念ながら、怪獣は減るどころかどんどん増え続けているので、もしかしたら、また、お休みになるかもしれません。でも、「命」があれば、いつだって学校にきて勉強をすることができます。今はしんぼうの時です。みんなでがんばって乗り越えましょう。

あらきっ子の皆さんは、お休みの間、大きなけがや病気・事故もなく花丸が十こ、百点満点でした。みんなで大きな拍手をしましょう。

さて、お休みが長かったので、復習します。学校には、あらきっ子ががんばるための合言葉があります。（いい声・いい顔・いい姿）

すばらしいです。「いい声・いい顔・いい姿」でした。

パンパカパーン　これから、一年間がんばる三つのめあてを発表します。

一つ目は、一生懸命にがんばると流れるものがあります。そう、「汗と涙」です。掃除したり走ったりすると汗が流れます。涙には、うれし涙だけでなく、「悔し涙」もあります。涙はエンジンとなり、自分を成長させてくれる尊い水です。今年度も「汗と涙」を大切にしてください。

二つ目は、「感性を磨く」です。あらきっ子の皆さんは感性を磨くために、俳句を書いてきました。今年も書きます。俳句を書いて心をピカピカに磨き上げましょう。

三つ目は、「変身、変身、大へんしん」です。今年は、学校が休みになり、家庭で生活することが多くなりました。自分で何をやるか考えて学習したり、運動をしたり、時にはお手伝いをすることも増えたのではないでしょうか。学習や運動やお手伝いは、自分で計画を立てて行うことで大きな力がつきます。これが変身です。毎日、続けることで「大変身」することができます。がんばって、がんばって、がんばりぬいて大変身しましょう。

最後にうれしいお話です。「東京オリンピック・パラリンピック」が来年に延期になったので、新木小において、「オリンピック」を開催したいと考えています。どんなオリンピックかって……？　それは、算数です。（あちこちから、エーという声）

テストの範囲は前の学年の教科書から出します。かけざん九九は完璧にして、みんなで「大変身」しましょう。これでお話を終わります。

（学校だより　令和二年　四月六日）

算数オリンピック……？
東京オリンピックが延期になった。
子ども達の悲しみは止まらない。
だって、聖火ランナーの伴走者まで決めて、
みんなで応援に行くはずだったのに……。
絶対に、オリンピックを中止にしたくない。
ならば、本校でオリンピックを実施しよう。
その名は、『算数オリンピック』だ。
百点をとったら、「金メダル」ならぬ「満点賞」。
先生達の願いはただ一つ。
全員に賞状をあげて算数を好きにさせたい。
子ども達ががんばるから、
先生達もがんばる。

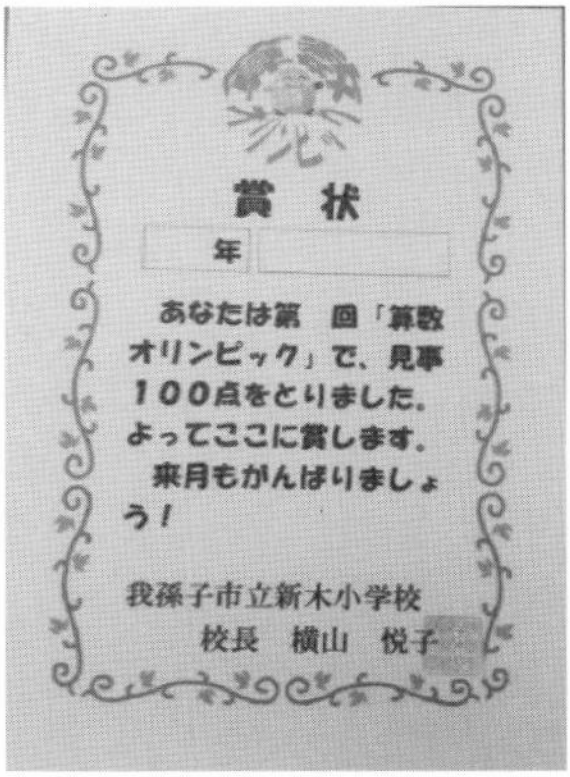
賞　状
年
あなたは第　回「算数
オリンピック」で、見事
100点をとりました。
よってここに賞します。
来月もがんばりましょ
う！
我孫子市立新木小学校
校長　横山　悦子

俳句をつくる時の心がまえ・約束（上達への道）

1　「5・7・5」のリズムで生活の一部を切り取ってつくる。
※「触って、見て、聞いて」発見したこと・気づいたことを言葉にする。（五感を使う）
2　季節の言葉「季語」をひとつだけ入れる。

※「あつい」「さむい」「すずしい」など気温に関する言葉は、できるだけ使わないようにする。

3　自分の気持ちを表す言葉は、できるだけ使わない。

※次の言葉は、使わないようにしましょう。

うれしい　かなしい　たのしい　さみしい　つらい　かわいそう
おいしい
つまらない　きれいだな　きもちいい　おもしろい　たいへん

4　あたりまえのことは説明しないようにしよう。

・暑い夏（夏は暑い）
・黄色いひまわり（ひまわりはたいてい黄色）

5　一枚の映像が浮かぶような言葉をえらぶ。（何かをしている場面＋季語ひとつ）

※　五感
視覚　目（どんな色・形）
聴覚　耳（どんな音）
嗅覚　鼻（どんなにおい）
味覚　舌（どんな味）
触覚　皮膚（どんな手ざわり）

俳句をつくるステップ

①　入賞作品を多く読む
②　季語をひとつだけ決める
③　一枚の絵や場面を思い浮かべながらつくる
④　「5・7・5」のリズムでつくる
⑤　できあがったら、六つのポイントを確認する

俳句づくりのチェックポイント

□　季語をチェックする（二つ以上ないか）

□ ありきたりの発想でないか
□ 気持ちを表す言葉を使ってないか
□ 動詞（動きを表す言葉）が二つないか
□ 三段切れになっていないか
□ 説明句になっていないか
夏の夜　星がいっぱい　光ってる（星は光るもの）→△
（例）星祭《ほしまつり》百点取ったじゅく帰り

上達のポイント　高学年
・浮かんだものをどんどん言葉にして俳句ポストへ入れる
・たくさんメモして俳句貯金をする
・一度つくったものをつくりかえてみる
・作品を鑑賞しあう

上達のポイント　低学年
・今日のできこと「5・7」に5文字の季語をくっつける。
・生活科で「発見したこと」を言葉にする。
「俳句をつくる時の心がまえ」「俳句の書き方」はスタートする時、教頭先生が作成してくださった。

１・２年生用

俳句の書き方（一・二年生用）

～人にもいきものにもやさしい人になろう～

はいく（５・７・５）を作ってみよう！

～すてきなはいくができたらコンクールにおうぼします～

つくるまえに・・・ルール】

1 **「５・７・５」のリズムでつくる。**
（れい）ななふしは　えんぴつになり　うごかない　◇「ななふし」なつのことば
にんじんは　オレンジいろの　ロケットだ　◇「にんじん」ふゆのことば

2 **きせつのことば（「きご」）を１つだけいれる。**
※「あつい」「さむい」は、つかわないようにしましょう。
（れい）あさがおが　ねじりはちまき　さくじゅんび　◇「あさがお」あきのことば
かまきりが　じまんのかまを　ていれする　◇「かまきり」あきのことば

3 **じぶんのきもちをあらわすことばは、できるだけつかわない。**
※下の９つは、ぜったいにつかわないようにしましょう。
×うれしい　×かなしい　×たのしい　×さびしい　×つらい
×かわいそう　×おいしい　×つまらない　×ありがとう

4 **ならったかん字は、できるだけつかってかきましょう。**

はいくをじょうずにつくるために】

1 **ひらめいたことばをたいせつにしよう。**
（れい）かたつむり　へやにこもって　かんがえる　◇「かたつむり」なつのことば

2 **はっけんしたことをことばにしてみよう。**
（れい）あかとんぼ　ちずのないそら　とんでいる　◇「あかとんぼ」あきのことば

3 **せいかつのなかからつくってみよう。**
（れい）たけのこよ　ぼくもとれるぞ　このギプス　◇「たけのこ」なつのことば

4 **ひとのつくったものをかんしょうしてみよう。**
※このあと、しょうかいします。

きせつのことば（きご）のれい】

ぶらんこ　しゃぼんだま　春のかぜ　ゆきとけて　かざぐるま　たんぽぽ
なのはな　レタス　クローバー　さくら　ひなあられ　つばめ
にゅうがくしき　うぐいす　ひばり　かえる　みみず　やどかり
チューリップ　えんそく　あじさい　春のあめ　春の空　春の朝
つゆ　とかげ　あり　ゆうだち　かみなり　いなびかり　キャンプ
ゆかた　ひがさ　サングラス　サイダー　はだし　カブトムシ　トマト
夏の朝　海　かきごおり　くさむしり　さくらんぼ　たけのこ
夏の空　にゅうどうぐも（６文字）　むぎわらぼう　ひやけどめ
プール　ビーチサンダル　はんずぼん　ゆうだち　あじさい　つつじ
ほたる　かたつむり　てんとうむし　もんしろちょう（６文字）

これいがいにも、たくさんのきせつのことば（きご）があります。おうちの人といっしょにたのしいはいくをかんがえてみましょう。

3～6年生用

～人《ひと》や自然《しぜん》・命《いのち》を大切《たいせつ》にできる感性豊《かんせいゆた》かな人《ひと》になろう～

☆俳句（5・7・5）を作ってみよう！

～すてきな俳句ができたらコンクールにおうぼします～

【作るまえに・・・ルール】

1　「5・7・5」のリズムでつくる。

（れい）たいふうが　すぎてあおぞら　たかくなる　◇「たいふう」秋のことば
秋空に　一番近い　キリンの目　◇「秋空」秋のことば

2　季節のことば（「季語」）を1つだけ入れる。

※「あつい」「さむい」などは、できるだけつかわないようにしましょう。

（れい）なの花を　カメラの中に　とじこめる　◇「なの花」春のことば
どこまでも　追いかけてくる　滝の音　◇「滝」夏のことば

3　自分のきもちをあらわすことばは、できるだけ使わない。

※今回は、下の９つは、つかわないようにしましょう。

×うれしい　×かなしい　×たのしい　×さびしい　×つらい
×かわいそう　×おいしい　×つまらない　×ありがとう

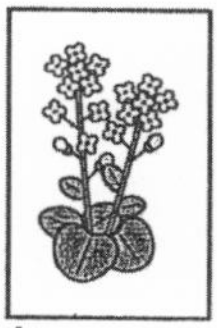

4　あたりまえのことは説明しないようにしましょう。

×暑い夏（夏は、暑い）　×黄色いひまわり（ひまわりは、たいてい黄色）

【俳句を上手に作るためのヒント】

1　ひらめいた言葉を大切にしよう。

（れい）草むしり　ぼくは地球の　とこやさん　◇「草むしり」夏の季語

2　発見したことを言葉にしてみよう。

（れい）こいのぼり　今日はぼくにも　風が見え　◇「こいのぼり」夏の季語

3　生活の中から作ってみよう。

（れい）友だちと　けんかしたまま　夏休み　◇「夏休み」夏の季語

4　人の作ったものを鑑賞してみよう。

※このあと、しょうかいします。

【季節のことば（季語）の例】　※印は、季語と意識しないで使ってしまうので注意

（春の季語）

ぶらんこ（※）　しゃぼん玉　春の風　チューリップ　風ぐるま　たんぽぽ
なの花　レタス　クローバー　さくら　ひなあられ　つばめ
風光る（※）　春の星　風車（「回る・くるくる」という言葉は、ＮＧ）

（夏の季語）

梅雨　とかげ　あり　夕立（ゆうだち）　かみなり　キャンプ　ミニトマト
ゆかた　日がさ　サングラス　サイダー　裸足（はだし）　カブトムシ
プール　海　あじさい　入道雲（雲の峰）　花火（打ち上げ花火・線香花火）
涼しさ　若葉　滝（修学旅行俳句注意）　虹（にじ）　かき氷　五月晴れ
夕焼け（※）　登山　あまがえる　せみの声（せみしぐれ）　いちご　ひまわり
日焼け　金魚　きゅうり　風鈴　うきぶくろ　すいか　アイス
梅雨晴れ　きもだめし　汗（あせ）　ほたる　たけのこ　くらげ
さくらんぼ　十薬（どくだみの花）　かたつむり　ごきぶり　てんとう虫

※これ以外にも、多くの季節の言葉（季語）があります。インターネットなどで調べてみましょう。

幸せってパイのよう

ヤエザクラが満開に咲いて、
風が吹くとチラチラと舞って、
子ども達がおいかけっこすること。

柿の木に甘い実がたわわにみのって、
たくさんのお客さんに差しあげて、
残った実をカラスがつつくこと。

テストで100点とったり、
逆上がりができたり、けんかしたり、
学校に、子ども達の声が響き渡ること。

幸せは、
パイのように何層にもなって、
じわりじわりと心に広がっていく。

5章　俳句コンクール

初めての俳句コンクールはヤエザクラ賞十二人

記念すべき第一回コンクールが実施されたのは、平成三十年六月七日のこと。鈴木氏を招き校長室で行われた。総数千百十七句の作品の中から、入賞者が決定した。

五月二十日に運動会が実施されていたので、季語は「運動会」であふれた。また、全校朝会で、事前に、今回のテーマは「運動会」と伝えていたこともあった。もちろん、運動会以外の季語もよしとした。テーブルの上には、学年毎に束になった俳句が積みあがっている。見慣れない光景に息をのんだ。審査員は、鈴木氏と教頭先生と私の三人だ。

まず、それぞれが、全ての作品に目を通し、心に留まった作品に付箋を貼っていく（教頭先生は前日までに審査済み）。シーンとした時間が流れる。私はというと、「これでいいのか」と自問自答しながら作業した。専門家ではないので、審査には不安がつきまとった。しっかりとした基準があればいいが、点数化できないので、自分の感性に任せて貼っていく。付箋一つで受賞が左右されると思うと震えた。だからこそ、細心の注意を払って作品を何度も読んだ。

ふと見ると、鈴木氏はさくさくと作業している。俳句の専門家なので迷いがないのであろう。「コンクールは鈴木氏がいれば大丈夫」と気持ちが楽になった。長い時間をかけて一次審査は終わった。

次に、付箋の数により賞を決定していく。これが二次審査である。原則として、一つは「魔女賞」、二つは「ケヤキ賞」、三つが「ヤエザクラ賞」とした。なぜ原則かというと、付箋が二つ以上の作品を、再度みんなで吟味するからだ。「ケヤキ賞のままでいいか」「ヤエザクラ賞の可能性はないか」、付箋が三つの作品は、「ヤエザクラ賞にふさわしいか」などである。三人が会話していく中で、切り取られた光景にうっすらと色が付き始める。意見や感想を述べ合う中で、イメージが確かなものとなると、鮮やかな色彩を伴って現れた。それが、ストレートに落ちてきた時、心の中で叫んでいた。

「ああこれ、これこそヤエザクラ賞にふさわしい！」

ヤエザクラ賞には王者としての風格があった。ケヤキ賞や魔女賞とはひとあじ違う。それは素人の私にもはっきりとわかった。

最後に、付箋の貼られた作品に三種類の判子を押印した。審査後、「ヤエザクラ賞」「ケヤキ賞」「魔女賞」の三つが混乱しないためである。これが基になり、入賞一覧表が作成される。付箋が一つとれてしまったら、ヤエザクラ賞の作品が一段階下がってケヤキ賞になってしまう。そんな悲惨な事態を引き起こさないようにと……。判子は、葉と花びらの中に、名前の「悦」を入れた。

全てが終わり、気づいたら夕方だった。朝九時にスタートした審査だが、終わったのは午後四時を過ぎていた。この日、審査は丸一日かかった。何をするにもはじめは時間がかかるものだ。しかし、「実施できた」という達成感が疲れを吸い取り、心は五月の空のようにさわやかだった。時間が経つほどに喜びが大きくなって、大草原を走り回りたい衝動にかられた。あの日の感動は今でも忘れられない。

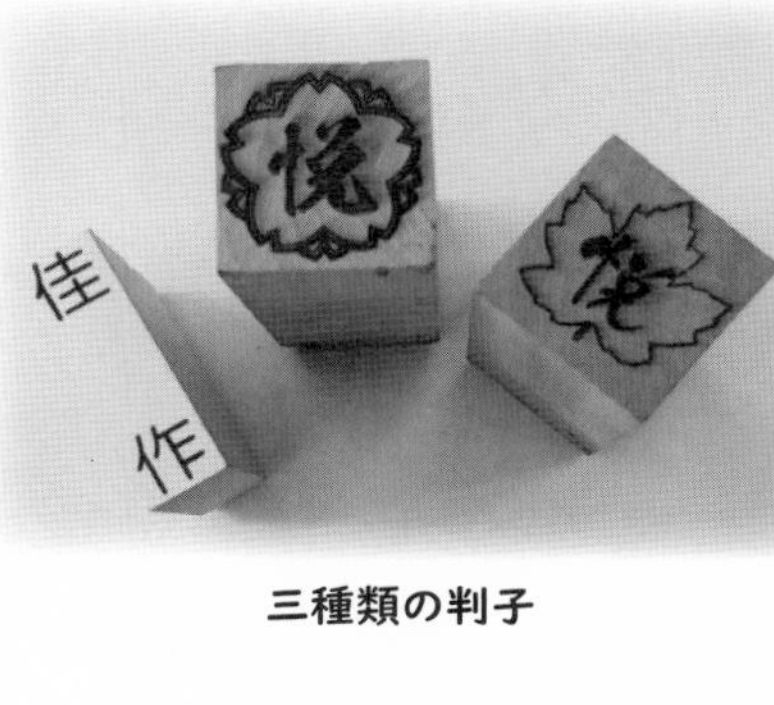

三種類の判子

コンクールの結果は、ヤエザクラ賞が十二人、ケヤキ賞が二十五人、魔女賞が四十五人、合計八十二人の子ども達が入賞した。あたたかい作品、清々しい作品、一瞬の情景を映し取った作品などが選ばれた。入賞率は十七パーセント。この数が基準となり審査が進められた。

ヤエザクラ賞の中から、運動会が季語の作品五句と審査員のコメントを紹介しよう。

「ありんこをふまないようによーいドン」二年　平成三十年度

白い線にアリが歩いていたのだろうか。やさしい視線に胸がキュン。

「うんどう会空までとどけぼくの声」二年　平成三十年度

力いっぱい応援している様子が伝わってくる。

「おべんとううんどう会のたからばこ」二年　平成三十年度

こんなこと言われたら、お家の人は泣いちゃうね。

「運動会わんぱく台風いっちょく線」三年　平成三十年度

「わんぱく台風」、「いっちょくせん」の言葉から勢いや緊張感が伝わってくる。

「運動会じんせい初のよんれんぱ」四年　平成三十年度

えっ、四年間負けなし……？　こんなこともあるんだ。

どの俳句も、明るくさわやかで、作者のやさしい視線が見えてきた。

ところで、「素人の私が審査員に入っているのはなぜ」「専門家ではないのなら、無理してやらなくても……」という声が聞こえるので、ここで説明したい。簡単に言うと、いくら専門とはいえ、外部の審査員だけに任せるのは、無責任だと考えたからである。あらきっ子の作品を審査するためには、やはり本校からも代表がいた方がいい。それが、新木小ならではの、俳句コンクールというものだ。そこで、時間に余裕のある管理職が加わった。例えば、こんなことがあった。

「運動会汗を流して魔女のびん」五年　平成三十年度

この作品の中に出てくる「魔女のびん」とは、私が校長室においている「魔法のつぼ」のことだ。その中には、ビー玉が入っている。ビー玉の正体は、汗と涙である。子ども達が汗や涙を流した時、校長室にビー玉を入れにやってくる。「友達とけんかしちゃった」「なわとび大会で負けてくやしい」「さかあがりができた」など……。四月の着任式で、子ども達には、「汗と涙は人間だけが持つ宝物」「流すことで成長できるからたくさん流そう」と呼びかけていた。

この作品が、第一回俳句コンクールでヤエザクラ賞を受賞した。「魔女のびんとは？」。これを理解するには、現場の視点が必要であろう。もちろん鈴木氏は、私の経営を理解していたのでヤエザクラ賞に選定してくださった。

【おまけの話】

選出された俳句は、外部の俳句コンクールに出品した。出品するにあたり、十三名の先生方が俳句にチャレンジしてくださった。この積み重ねの中で、先生方も俳句に興味を持つことができた。


世界初「汗と涙のパーティ」

ある日、ビー玉があふれて、なんとっとっと……、全校で、『汗と涙のパーティ』を開催した。全校の子ども達と先生方が手を取り合い、汗を流して遊んだ。

令和元年、二月五日のことだった。

汗と涙のパーティ

審査の中で繰り広げられる会話

二年目、教頭先生が転任したため、審査員は鈴木氏と私の二人になった。一人減ったので、審査方法を少しだけ変更した。審査は、第三次まで実施した。

一次審査においては、二人が、賞に値する作品にそれぞれの色の付箋を付けた。二次審査においては、付箋が二つの作品を吟味し、その中から「ヤエザクラ賞」を決定した。その際、付箋が二つの作品は「ケヤキ賞」、付箋が一つの作品は「魔女賞」とした。

三次審査は、ヤエザクラ賞に決まった作品が、「果たしてヤエザクラ賞を与えるにふさわしいか」議論した。時として、ヤエザクラ賞からケヤキ賞に落ちたり、ケヤキ賞からヤエザクラ賞に上がったり、ほんとうに稀だが、魔女賞からヤエザクラ賞に二段階上がる作品もあった。その際、一つひとつの作品について、意見や感想を自由に述べ合って決定した。会話する中で、鈴木氏から「こども俳句の醍醐味」をたくさん教えていただいた。一方的に指導を受けるのではなく、言葉の端々から自然に学び取る方法である。

二年目になると、不安のお化けが小さくなった。鈴木氏が、「魔女の感性でいいよ」と背中を押してくださったからだ。言葉ではっきりと言われたわけではないが、勝手にそう感じ取っていた。その場の空気というものは、言葉以上にいろんなことを教えてくれる。

自信を持たせてくださったおかげで、自分の感覚で作品を選ぶことができた。二人の感性は同じではないので、それぞれ違った作品が選ばれていく。それでいいのだ。それがいいのだ。おかげで、たくさんの子ども達の可能性を広げることができた。なんて心地よかったことであろう。

しかし、不思議なもので、とびぬけて力のある作品は一致した。一読すると、心に迫ってくる何かが違う。圧倒的にビリビリ痺れたり、圧倒的にキュンキュンしたり、圧倒的に清々しい気持ちになったりした。作品の発するエネルギーが爆発的なので、万人の心のセンサーを鳴らした。ヤエザクラ賞は、そんな力のある作品群である。

ある時には、子どもの作品をもとに、家族の話をしたり、学校生活の様子に触れたりした。家族が出てくる作品を少しだけ紹介しよう。

「まだかなあすいかをもったおじいちゃん」　一年　令和二年度　（第五回コンクール）
「弟と手ぶくろ分けて手をつなぐ」　二年　平成三十一年度　（第八回コンクール）
「ぼくの家せみにまけないにぎやかさ」　三年　平成三十一年度　（第五回コンクール）
「おまつりでママのえがおも花火だな」　四年　令和二年度　（第五回コンクール）

「梅を見てここで一句と母が言う」　五年　平成三十一年度（第九回コンクール）
「祖母の庭『し』の字のきゅうりへそまがり」　六年　平成三十年度（第三回コンクール）

作品を一読すると、それぞれの家庭の様子が見えてきた。ストレートに伝わってくる。鈴木氏は、そのたびに、「温かい家庭が見える」と言って目を細めた。

「おじいちゃんはすいかを育てているのかな？　食べたくてたまらない気持ちがうまく表現できているね」「手袋を忘れた弟に片方だけ貸して、二人が手をつなぐ。お兄ちゃんのやさしさが伝わってくる」「にぎやかな様子をセミの声と比較するとはおもしろい。何人家族なのかなあ」「笑顔が花火なんて言われたらお母さんは泣いちゃうね」「ここで一句とは……。母子の光景が浮かんでくるよ」。最後の作品は、一読すると声をあげて笑った。「たくさんのきゅうりの中には、たまにあるんだよ」と語気を強くする。ご自身の経験と重ね合わせ作品に寄り添われた。

反対に、文字が乱雑だったり、用紙に心配な言葉（ちくちく言葉）が書かれていたりすると、「この子は大丈夫ですか」と心配もしてくださった。教育者なので、勘が鋭い。担任に様子を聞いたり、本人に声をかけたりして大事に至らずに済んだ。たいていの場合は家庭や学校生活において問題を抱えている場合が多くあり、事件や事故を未然に防ぐことができた。そう、俳句コンクールを広義で捉えると、生徒指導としての機能も十分に持ち合わせていた。

ある日、こんなことがあった。鈴木氏は、付箋を付け終えても審査の手を止めず、作品とにらめっこしていた。不思議に思った私は声をかけた。

「その学年はもう終わったのではないですか」

「見落としがないか確認しています」

この調子で、鈴木氏の審査はたいへん几帳面だった。一度付箋を付け終えた学年も初めから読み返し、見落としがないか何度も確認されていた。「全ての作品に目を通す」という責任感に加え、「よい作品を選び取る」という審査員魂が感じられた。たとえ審査に慣れても、その姿勢は全く変わらなかった。そのお姿を見て、私は何度心を引き締めたことであろう。

また、いつも最後には、

「学校経営の中で心配な子やがんばっている子がいたら、教えてください」

とおっしゃった。また、

「子どもの伸びは、側にいる魔女にしかわからない」

とも言われた。子ども達に自信をつけさせることが目的だったので、お言葉に甘えて、「魔女賞」に加えることがあった。


数日前、こんなことがあった。四年生の男の子が校長室にやって来て、

「校長先生、俳句たくさんつくったよ。見て！」

と言って、紙を差し出した。見ると、俳句でうめつくされている。

「すごいね。こんなにつくったんだ。ゆっくり読ませてもらうね」

私が目をぱちくりさせて言うと、男の子は、

「がんばったでしょう。次こそはヤエザクラ賞がとれるかなあ」

と、心配そうに言った。私は笑顔で、

「次のコンクールが楽しみだね」

と言うと、恥ずかしそうに校長室を出て行った。俳句を数え上げると五十句ほどあった。紙はしわくちゃでノートを破いた跡があり、努力が伝わってきた。しかし、残念ながら、どれもパッとしなかった。それは、何度読み返しても同じだった。あの子の笑顔を思い出すと心が痛かった。

コンクール当日、当然のように鈴木氏からの付箋は付かなかった。もちろん、私の付箋もない。審査がほぼ終わり

に近づいた頃、いつものように、あの黄金の言葉が発せられた。
「心配な子やがんばっている子がいたら教えてください」
鈴木氏の言葉が、まるでドラのように響いてきた。
「そうだ、あの子のがんばりは私しかわからないのだ」
そう思ったら居ても立ってもいられなくなった。たくさんの俳句の中からノートの切れ端を探し出すと、初めから丁寧に読んでひとつを決めた。鈴木氏に見せると、「いいね」と笑った。この日、あの子の作品が「魔女賞」に輝いた。この賞には、一生懸命努力した人に与えられる栄誉が含まれている。

この児童がどんな思いで作品を書いたのか、思いを馳せてみればわかる。五十句はすぐにつくれる数ではない。おそらく、ヤエザクラ賞を夢みて、相当の努力をしたに違いない。

「一生懸命にがんばったら賞がもらえた」という経験が自信を生み、他の活動への原動力になるとしたら、賞を与えることは妥当であろう。その証拠に、その児童はさらに努力を重ね、ある日、とうとうヤエザクラ賞を獲得した。もし仮に賞がもらえなかったら、「自分には才能がない」とあきらめてしまっただろう。子どもの審査においては、時として教育的配慮が必要である。ただし、これは、「校内コンクール」だからこそ、できたことだ。

審査が終わると決まって、「おまけの話」もした。おまけとは言っても、これが新米校長にとって「第二の本題」でもあり、至福の時間となった。月に一度のコンクールを利用して、学校経営の相談もさせていただいたのだ。なんて、よくばりな一日であっただろう。

三年間、二十八回、鈴木氏は一度も休まず笑顔で作品を読み審査してくださった。子どもの心に種まきをされている教育者だからこそ、子どもの目線に立ち感性を丸ごと受け止め審査してくださった。

色紙をかく「ヤエザクラ賞はやっぱりすごかった」

三年間、ヤエザクラ賞の色紙をかいてきた。数え上げたら、六百七十一枚。保護者や地域の皆さまから、折に触れ、「校長先生、たいへんですね」と声をかけられたが、実は、「たいへんだ」と思ったことは一度もない。それどころか、幸せな時間を過ごすことができて感謝している。俳句を読み、情景を想像しながら楽しんでかいた。想像することは、私にとって至福の時間だった。

不思議なことに、絵がかけない俳句は一枚もなかった。よい作品は、一瞬の情景が切り取られているので絵に表現しやすいことを知った。

俳句コンクールは、毎月七日前後に実施した。その結果を担当者が受け取りパソコンに入力し一覧表を作成する。それを受け取り、色紙と短冊をかく作業を開始した。翌月の全校朝会で表彰するため、準備期間は十日前後であった。後ろを振り返っている余裕はなかった。

色紙をかく

毎月、「今月は何枚かく」と気合を入れ、空いた時間を見つけてかいた。空いた時間とはいっても、学校にいる時間は子ども達や先生方とのコミュニケーションを大切にしていたので、たいていは休日に作業をした。土日の二日間あれば、かき終えることができた。気づいたら、色紙は六百七十一枚になっていた。ただそれだけのことである。

一年目は、色紙と短冊を全て一人でかいていたが、二年目からは、地域のボランティアの方が応援してくださった。そのおかげで、私は、色紙だけに集中することができた。詳細は、後半の「地域への広がり」で紹介する。

三年分の色紙を並べてみると、気づくことがあった。知らないうちに、少しずつ変わっていった。どう変わったか。

スタートしたばかりの頃、色紙に俳句を大きく書き、じゃまにならないように隙間にイラストを添えていた。ところが、二年目の秋頃より、イラストの面積が広くなった。「隙間に添える」という意識から、「色紙全体をキャンバスに」という意識に変わった。そして、三年目になると、イラストを先に描き、その上に俳句を書くというように順番が変わった。

どちらがいいかは別として、月日の中で自然に変化してきた。判断基準である、子ども達の「笑顔を増やしたい」を追求してきた結果である。書く順番、「俳句が先かイラストが先か」など、はじめから計画することなどできるはずがなかった。後で気づいたことだが、休校になった頃より、色紙のイラストは、一段と色合いが濃くなっていた。子ども達にコロナ禍に負けてほしくないという気持ちがクレヨンを持つ手を強くしたのだろう。

うれしかったのは、色紙へのクレームが一件もなかったことである。「私のおじいちゃんは杖をついてないよ」「ランドセルの色はブルーなのに……」「パパは眼鏡をかけているよ」など、気づけば最後まで誰も言ってこなかった。イラストが正しかったとは思えない。なぜなら自分勝手に想像しているので、間違っていた可能性の方が高いのだ。それでもなかったのは、内容以上に、ヤエザクラ賞を受賞した喜びが勝っていたからであろう。反対に、子ども達からお礼の言葉をたくさんもらった。保護者の方からも、喜びの言葉をいただいた。その言葉に背中を押されかき続けることができた。

「幸せの泉」見つけた！
もう何枚かいたかなあ。
俳句コンクールを実施して、今年で三年目。
最高賞の『八重桜』には色紙を渡してきた。
一年目百二十四枚
二年目二百四十枚

三年目三百七枚
合計すると六百七十一枚にもなった。
俳句を読み、想像してイラストを描いていく。
この作業は、背中に翼をつけてくれた。
描かせてもらったおかげで、
時を超え、空を飛び、
「幸せの泉」を見つけることができた。

子ども達の心をそろえる「掲示板の活用」

各教室の真ん中には、たいてい黒板がある。担任の頃、子ども達には、「黒板はみんなのノートだから大切にしよう」と呼びかけた。

さて、全校児童にとっての黒板は、どこに設置しよう？「みんなが、毎日、見る場所」がいい。探してみると、すぐにいい場所を見つけた。これ以上はないと断言できた。なぜなら、そこは、昇降口の正面の掲示板だったから……。ここなら、子ども達は一日の中で、朝・夕の二回は必ず通る。それに、授業を外で実施する場合や、休み時間外へ遊びに行く際にも通るのだ。

前年度までは各種ポスターが掲示されていたので、掲示板の担当者に確認して、『俳句コーナー』を設置してもらった。学校経営の柱「感性を磨く」取り組みを発信するのだ。これ以上大切なものはない。子ども達の未来のために、余計な遠慮はいらない。

学校を車に例えるなら、ここは「エンジン部」だ。いちばん大切な場所にしたいと考えた。例えば、俳句が思いつかない時、友達とけんかした時、テストでひどい点数をとった時など、ここに来ると、充電できる。みんなの俳句を読んでいるうちに、「やる気スイッチ」が自然と入って、エネルギーをチャージできる場所にしたいと考えた。私は、

「この掲示板を最大限に活用して、子ども達の感性を磨いていこう」

と決心した。「環境は人をつくる」というではないか……。環境が子ども達に及ぼす影響について、大きな意味があることは長年の経験から感じ取ってきた。なぜなら、若い頃より校務分掌で掲示板を担当し、繰り返し子ども達の反応を見てきたからだ。掲示板は申し分のない大きさで、私を興奮させた。

「よし、学校のエンジン部は自分で作成しよう」

と気合が入った。さすがに、何のイメージもないまま、担当者に丸投げすることはできなかった。ただ費用も時間もない中で、「心に響くあたたかい雰囲気を醸し出したい」と思った。

次の5点に留意して作成した。

①あらきっ子が「ひとつ」になれるもの
②がんばることが見えるもの
③心をゆさぶるもの
④つい見たくなるもの
⑤変化があること（同じものは見ない）

まず、鮮やかな色と大胆な形で子どもの目と心を惹きつけよう。次に、簡単な言葉で

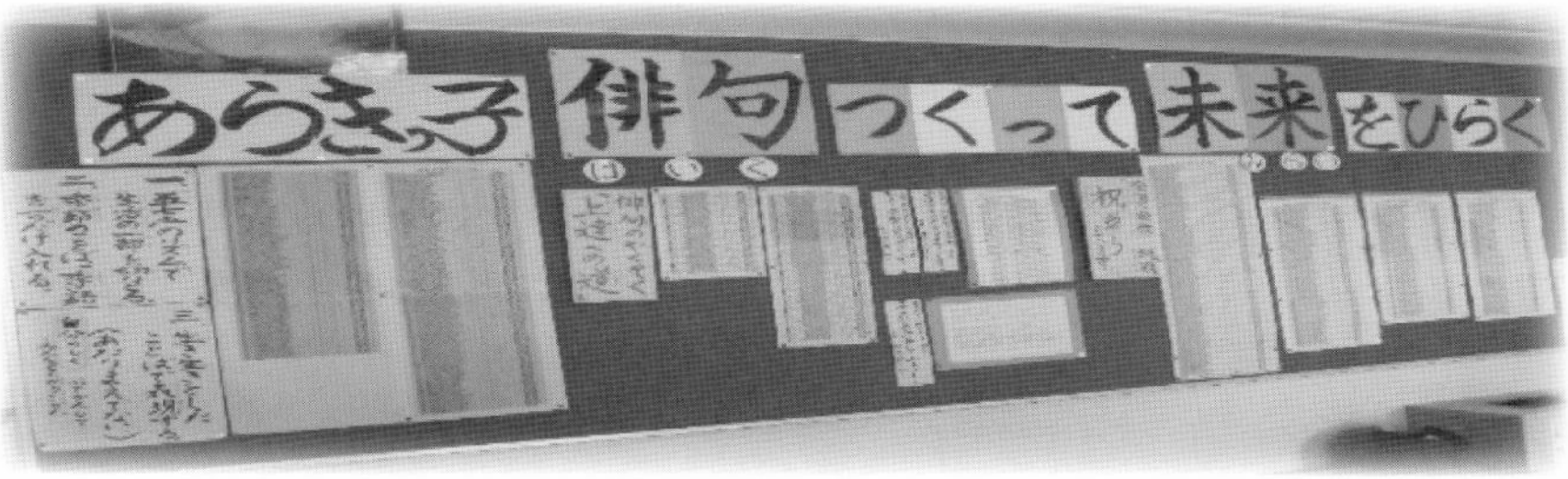

掲示板　俳句コーナー

呼びかけよう。仕上げは、内容の工夫をして、俳句への興味・関心を持たせよう。ここまで考えると、わくわくした。いちばんすてきな掲示板を使っている以上、最大限の工夫をしたいと考えた。

実際の掲示板の使い方を写真とともに記す。

【①あらきっ子が「ひとつ」になれるもの】

真ん中の上方に、スローガン「あらきっ子　俳句つくって　未来をひらく」、右上には、合言葉の「感性を磨く」を掲示した。色の工夫をしてわくわく感を表現した。

【②がんばることが見えるもの】

左側には、「俳句のやくそく『上達への道』」と題してつくり方を掲示した。

・五七五のリズムで生活の一部を切り取る
・季節の言葉、季語をひとつだけ入れる
・生き生きとした言葉（あたりまえでない）で表現する

【③心をゆさぶるもの】

全国俳句コンクールで入賞した作品を掲示した。

【④つい見たくなるもの】

掲示のメインは、俳句コンクールの結果一覧表の掲示である。毎月、コンクール結果が張り出されると、子ども達は自分の名前がないか確認しに集まってきた。

【⑤変化があること（同じものは見ない）】

右から左へ向かい、一回から十回までのコンクール結果を掲示した。一年目の上に二年目、二年目の上に三年目と積み重ねて掲示したので、捲ると三年分全てを見ることができた。令和二年度、最後のコンクールが終わった時、三千六百三十六句が一同に掲示された。圧巻であった（写真はスタート時のもの）。

結果を見に集まる子ども達

この掲示板がいちばん密になるのは、毎月、コンクール結果が張り出された時であった。子ども達は、自分の名前がないが確認した。ある日は、入賞した子ども達が、私の手をひき、「校長先生、こっちに来て。私の俳句がヤエザクラ賞に選ばれたの。見て！」と、笑顔で教えてくれた。

保護者の方や地域の方が来校した時も、昇降口の前に掲示されていたので、広く周知することができた。人の集う黄金の場所、「昇降口正面の掲示板」の活用は大成功に終わった。

ある先生からの提案

俳句コンクールを実施して一年が終わろうとした時、教育課程検討会で、ある先生から次のような提案があった。「俳句が季節の変化を味わうという目的であるなら、コンクールは春夏秋冬の四回でいいのでは？」というものだ。

教育課程検討会とは、次年度に向けて、今年度の取り組みを振り返る委員会である。各学校においては、校長や教員等が学習指導要領や教育課程についての理解を深め、教育課程の開発や経営（カリキュラムマネジメント）に関する能力を養うことが求められている。

検討内容を明確にするなら、多様な教育課程を編成・実施することで子ども達が力をつけているかが焦点である。わかりやすく言うと、「未来を拓くために俳句を実施しているが、子ども達が成長できているか」が話し合いの鍵となる。

提案してくださった先生のご意見に、頷きつつ私は続けた。

「コンクールは四季を味わうという目的だけではありません。自己肯定感を上げるため、自信をつけさせるために実施しています。ですから、月に一度なのです。挑戦する回数が多いほど自信をつけるチャンスも増えます。少ないと負担は減るかというとそうでもない。時間があるのでじっくり考えるため、落選した場合は落胆も大きくなるでしょう。自分には才能がないとあきらめてしまうくらいだったら、やらない方がよかったことになる。ですから、回数は多い方がいいのです。また、時間はあまりかけない方がいい。私は、食事をするように俳句をつくらせたいと考えています。食事は減らすと体に支障がでます。今はパワーが必要ですが、習慣になれば、負担もなくなるでしょう。さらに、一句詠まないと気になって眠れないとか、希望がわき上がらないなんてね。それくらい生活に必要な存在になってほしいと願っています」と……。

このような対話や話し合いを通して、学校がひとつのチームとして機能していく。積み重ねる中で、さらに絆を深め、助け合える集団として成長していく。そう考えると、先生方からのご意見は、たいへん貴重であった。自分を弁護し、

「なぜ、こんな提案を……？」

と相手に矛先を向けた瞬間、組織の成長はたちまち止まる。しかし、矛先を自分に向けてみると、ようやく気づくのだ。しっかりと説明責任を果たしていなかったことに……。経営者として、私は未熟だった。そこで、「どんな小さな意見にも耳を傾けよう」と決めた。

話し合いのベクトルの先は、ただ一点「子どもの成長」だけである。立場や年齢、経験年数などは関係なしに、感じたことは口に出して話し合う。子ども達の成長を本気で願う集団は、一人ひとりの教師力に磨きをかけ、チーム力を強くした。

6章　コロナ禍の俳句コンクール

みんなで手をとりあおう
地球に、『怪獣』がやってきた。
目に見えないほど小さいが大きい。
図鑑の隅から隅を探してもいない。
正体不明の怪獣は、
全ての学校を休校にした。
時を止め、子ども達から笑顔を奪った。
残された時間はないよ。
みんなで、手をとりあおう。
地球が家族となって笑いあう日のために。

緊急事態宣言中をどう乗り越えるか……？

令和二年度は、始業式（四月六日）の後、緊急事態宣言が発令され休校でのスタートとなった。

「俳句コンクールを実施するためにはどうしたらよいか」

二日前の始業式で、子ども達に「俳句を書いて感性を磨こう」と呼びかけた矢先のことだった。子ども達との約束を守るためにも、コンクールを実施したい、いや、しなければならなかった。

「うーん……」。

俳句の種は至る所にころがっている。わざわざ学校に来なくたって、自宅で書けるのだ。課題を整理してみると、意外にも簡単に出口が見えてきた。「たいへん」と感情が入ってしまうと、事実に暗雲が立ち込めて「できない」に着地してしまう。整理した結果、やるべきことはただひとつ。「俳句の用紙を自宅に届け、回収する」、それだけだ。先生方は、子ども達の課題を自宅に届けたり回収したりしていたので、その中に入れてもらった。ただし、担任の先生方の労力たるや、ひとことでは表現できない。全部の家庭を訪問するのに時間がかかった上に、感染リスクを抱え相当の気苦労が伴った。

休校中、俳句コンクールは二回実施された。

第一回　四月十四日　ヤエザクラ賞二十九人　ケヤキ賞　四十七人　魔女賞二十七人、合計百三人

第二回　五月十一日　ヤエザクラ賞三十三人　ケヤキ賞　六十四人　魔女賞　七十人　合計百六十七人

第一回目の作品は、始業式に回収したので、二年生から六年生までの参加、第二回目は、一年生も参加し全校児童で実施することができた。入賞率は、一回目が二十四パーセント、二回目が三十九パーセントとなり今年度の最高を記録した。

第一回俳句コンクールでは、コロナ禍においても、「八重桜」の季語であふれた。

二年「まっぴんくさくらのいろでゆたかだな」

二年「さくらさくこうえんの空ピンクいろ」

四年「花いかだ船頭さんは小人たち」

四年「自転車で桜たくさん見放題」

四年「学校に行けば行くほどさくらさく」

五年「八重桜ぼくらの気持ちのせて咲く」

五年「春の山桃のチークでオシャレする」

六年「愛犬がさくらと一緒におにごっこ」

六年「桜さき母の心もピンク色」

六年「出番待つランドセルと八重桜」

いい、いい、どれもいい、やっぱり「桜」は春の季語の王様だ。一年「さくらのいろがゆたかだ」という感性、「こうえんの空がピンクいろ」に見える感性、ともにぴりぴりした。四年「学校に行けば行くほど」の作品は、ゴールは学校の桜並木なんだね。なるほどと感心した。五年「八重桜」の作品は、気持ちをのせて咲くという表現がいい。あらきっ子の願いを受け止め、美しく咲き誇る八重桜が見えてきた。五年「春の山」は、「桃のチーク」のアイディアがみごと。目の前に光景が浮かんでくる。

一読すると私の心もさくら色に染まった。六年生「出番待つ」の作品は、世の中のことをピッタリ言い当てているので、学校だよりにて紹介した。

四年「春風にスカートふわりひめになる」

「ひめになる」という発想がすてき。夢いっぱいの作品だ。ちょっぴりいたずらな春風がやってきて、スカートをフワッともちあげる。その情景を、「ひめになる」と詠んだ。声に出したら一瞬にして回想された。私の頭には、八重桜色のドレスをまとった作者が見えてきた。

続いて、第二回俳句コンクールからいくつか紹介しよう。

一年「ランドセルはやくしょいたいいちねんせい」

二年「あまガエルぼくといっしょにのどじまん」

二年「じてん車でなの花見つけてひと休み」

三年「お手つだいレタスはどこまでむいていい」

アマガエルの声を聞いて一緒に歌ったり、自転車で土手をサイクリングしたり、お手伝いをしたりと、たとえ学校に来られなくても元気に活動する子ども達の姿が見えてきた。三年生の「レタス」の作品に大笑い。どこまでむいても終わりがない、どうしたらいいの。子どもの疑問がそのまま言葉に表現され、ヤエザクラ賞となった。自分なりの気づきや発見がよい俳句を生む。一年「ランドセル」の作品は、新入生の気持ちを代弁していたので、入学式と学校だよりにて紹介した。

二年「こうえんにふりだす雨もさくらいろ」
四年「うちの庭小さい花も春をよぶ」

よく見ている。いや、ただ見ているのではない。心で感じているのだ。「さくら色の雨」とは、なんて美しい表現だろう。どんな小さい花だって、咲いたら春がやってくる。ともにすごい発見だ。二句とも、見ようとしている人にしか見えない景色だ。

五年「八重桜あなたを指名かたに乗る」

どきっ。「あなたを指名」という発想がすてき。選ばれているという自尊心で幸せになる。こんなこと考えたこともなかったよ。あなたは、本当に十一歳か……？

六年「ぶらんこと心が共にゆれる春」

なるほどなあ。コロナ禍の不安をぶらんこの揺れと重ね合わせ、実にうまく言い当てている。たった十七音で、すっきりとまとめあげている。こんな裏技が使えるなんて……。

これまで、コロナ禍の俳句コンクールの作品をいくつか紹介してきた。

一読してわかったのは、自宅での生活を余儀なくされても、子ども達は表現を楽しんでいたということだ。その証拠に紙の中で作品が暴れ回っていた。たとえ動くことを制限されても、「心まで束縛することはできない」ということの表れだろう。いや、動けないからこそ、反対に、心の翼を羽ばたかせ自由自在に飛び回ったのかもしれない。いずれにしても、子ども達の作品を読み、健全な子ども達の心を感じると、休校への不安は吹き飛び、いつしか幸せ気分最高になった。その時、以前からの思いをさらに強くした。

俳句があれば、あらきっ子はたくましく生きていくことができると……。

一方、校庭の八重桜は、コロナ禍の恐怖に目もくれずすました顔で、例年と同じ、愛らしくて美しい花を咲かせた。桜を見上げ、一日も早く子ども達にこの桜を見せてやりたいと願った。

コロナ禍でも、鈴木氏は、計画通り来校し審査をしてくださった。その結果を基に、教頭先生はボランティアに短冊の依頼をし、教務主任の先生と俳句担当の先生が協力して一覧表を作成・印刷して全保護者に配布した。また、入賞者には色紙と短冊を、担任の先生から届けてもらった。気づけばみんなの力が集まってみごとに実現できていた。

振り返ってみると、全国的に、行事を縮小したり中止にしたりする中、本校は、例年通り全ての行事を実施することができた。これを奇跡と言わずして何と言おう。三年経って感じていることがある。それは、「奇跡は起こるものではなく起こすもの」ということだ。先生方の本気が集まって、奇跡を引き寄せた、と考えるなら、本校の奇跡は必然であった。

世界中が緊急事態だからできないのではなく、「子ども達との約束を守り抜くために、どうしたらよいか」を先生方に問い、常に、自分の心に問うていた。

奇跡は起こすもの

うちの先生達はすごい。
だって、難問を次々と解決していくんだ。
しかも、笑顔いっぱいにね。
どうしてそんなことができるかって？
だって、来る日も来る日も、
子ども達のために何ができるかって考えている。
だけど、それだけじゃ不可能の壁は崩れない。
うーん、何だろう。
わかった！　その正体は、「本気」かな。
だけど、ただの本気じゃないよ。

もしも、本気に度合があるとしたら、
本気の中のど真ん中、「ど本気」なんだ。
四十人の「ど本気」が集まり「奇跡」を生みだしている。
本校では奇跡は必然なり。
だって、「起こるものではなく、起こすもの」だから……。

緊急事態宣言が全面解除されたのは六月一日のこと。新たな日常が、静かにスタートした。未知のウイルスが上陸し四ヶ月。県内の感染者は九百人を超え、四十四人の命を奪った。その頃、私は、毎朝、仏壇に手を合わせるのが日課になった。

本校で分散登校がスタートしたのは、五月二十八日・二十九日であった。この日、感染による心配を理由に欠席した児童は一人もいなかった。この結果をもたらしたのは、先生方一人ひとりの努力によるものが大きかった。日記にコメントを書いて励ましたり、一人ひとりに手紙を書いたり、家庭訪問して保護者の不安や心配事を聞いたり、感染防止のグッズをつくったり……。何も行動しなかったら、成し遂げられない目標であった。

一斉登校がスタートしたのは、六月二十二日のことであった。

次に、コロナ禍の俳句コンクールの様子を「学校だより」と「校長だより」にて紹介する。保護者には学校だよりを、職員には校長だよりを書き、何より安心感とエールを送りたいと願った。

今年度のめあて「変身 変身 大へんしん」 学校だより4月号

今年度のめあては、「変身 変身 大へんしん」です。始業式の日、このめあてを子ども達に話しました。その際、色紙を提示しました。

この色紙のデザイン、実は、本校十二代目の校長先生が作成してくださったものです（もちろん、中の言葉は、私が決めて書きますが……）。「ひまわり」は、明るく元気なあらきっ子を表現されたそうです。空には魔女が飛び、ほうきには、なんと新木小のマスコットキャラクター「アラッキー」が乗っているではありませんか。「あらきっ子、こんな時だから、がんばって」と、ここまで応援の声が聞こえてきます。見ているだけで、幸せな気持ちになります。実は、昨年も、その前も送り続けてくださっています。

それだけではありません。『四十周年記念誌』を送付しましたら、歴代の校長先生方と繋がって、次々と応援メッセージが届きました。今、多くの皆さまが、あらきっ子を応援してくださっています。あらきっ子が家庭で一生懸命にがんばっているので、職員も負けるわけにはいきません。

この苦難を乗り越えるために、今こそ心をひとつにして、「あらきっ子のために、できること」を考えて行動していきたいと考えています。まずは、四月十四日（火）～二十四日（金）の間、担任から、お子さんの健康や学習の進捗情報を確認するために、電話連絡をさせていただいております。その際、不安なこと、心配なことがありましたら、お伝えください。

（学校だより　令和二年度　四月）

おかげさまの心ぐるぐる

昨年、うちの学校は四十歳になった。
記念誌を作成して、歴代の校長先生にお送りしたら、
すてきなお便りが、次々と届いた。
「あらきっ子、こんな時だから、がんばって」
と、エールをたくさんもらった。
十二代目の校長先生は、直接ご指導いただいた大先輩だ。
ご退職と同時に故郷の九州に戻られたが、
新年度のスタートに合わせ、色紙を贈ってくださった。
色紙には、夢いっぱいのデザインが施されている。
「この中に、今年度の『合言葉』を書いてください」
一年目「あせとなみだ」
二年目「感性を磨く」
三年目「大変身」と書いた。
私は新米の十六代目。
先輩達のおかげで、ここまでこれた。
「おかげさま」の心がぐるぐる回って、
フラフラのよっぱらいみたい。

生きるって

「三ヶ月の休校は、どっち?」
A「我慢を強いられたいやな時間」
B「生きていく上で貴重な体験」
どう捉えるかは、考え方次第で大きく変わる。
うちの先生方はみな、
Bになるように導いてくださった。
学力だけでなく、『こころ』を育てている。
水やりを欠かさないから、ぐんぐん伸びる。
どんな経験も不必要なものはない。
みんな、大切なものばかり。
だって、「生きる」ってそういうことでしょ。
「死」さえ、受け入れるしかありません。

出番待つランドセルと八重桜
～第一回俳句コンクール～　学校だより5月号

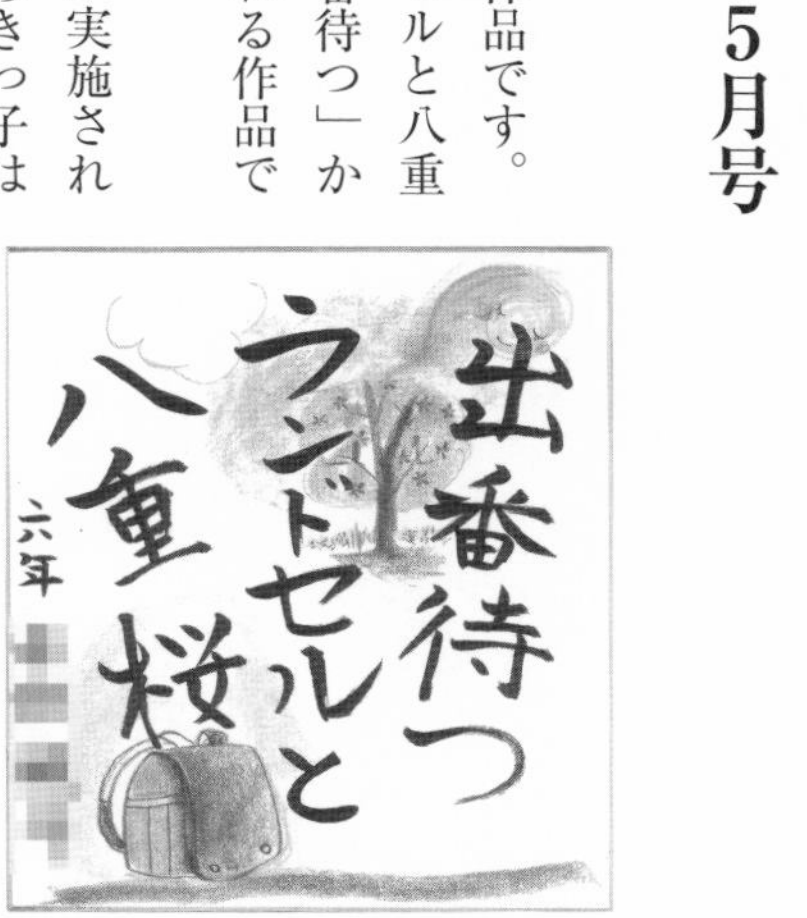

出番待つランドセルと八重桜

これは、第一回俳句コンクールでヤエザクラ賞に輝いた「六年生」の作品です。学校に行くことができない悲しさを、「寂しい」と表現せず、ランドセルと八重桜を主語にして、「出番待つ」と書き出したところがみごとでした。「出番待つ」からは、作者の期待、明るい未来が感じられ、読者の心にも光を投じてくれる作品です。

四月十四日（火）、審査員の先生をお招きし、第一回俳句コンクールが実施されました。六日（月）の始業式に、提出された作品です。約一ヶ月間、あらきっ子は学校にこそ来られませんでしたが、すばらしい作品を生み出していました。その証拠に、紙の中で作品が暴れ回っていました。自宅での生活が余儀なくされる今、とどまることなくこうして感性が磨かれていることをうれしく思いました。自然や身の回りを見つめ、発見したことや感じたことを自分なりのことばで表現しています。

「感性を磨く」とは、物事を深く考える力に繋がっています。こうした環境にあっても、俳句が「力強く生きていく力」となっていることもうれしく感じられました。家庭学習が進まず、不安を抱えておられる保護者の皆さま方のお声をたくさんいただいております。もちろん、「知識・理解」は大切ですが、あまり心配する必要はありません。それよりも大切なのは、自分の考えをしっかりと持ち表現できること、「思考・判断・表現力」ではないかと思っています。それらは、予測困難な未来を生き抜くために必要な力です。私は、そのアイテムのひとつとして『俳句』を捉えています。今回、ヤエザクラ賞は二十九人もいました。因みに、ケヤキ賞が四十七人、魔女賞が二十七人、合計

する と百三人も……。びっくり仰天です。

なお、二回目のコンクールは、五月に実施予定です。次の登校日五月七日（木）に集めますので、生活の中で気づきや発見がありましたら、書き留めておくようご指導をお願いいたします。登校日が延期になった場合は、集める方法を考え、ご連絡いたします。

ところで、一年生も、参加してみませんか。よかったら、保護者の皆さまと一緒に参加してください。大人は子どもの発想にはかないません。ぜひ、つぶやきを拾って十七音にしたててください。

あらきっ子が家庭で一生懸命にがんばっているので、教職員も負けるわけにはいきません。この苦難を乗り越えるために、今こそ心をひとつにして、「あらきっ子のために、できること」を考えて行動していきたいと考えています。


（学校だより　令和二年度　五月）

人を愛せる大人に

俳句を作り続けて三年目。
子ども達の作品は、発見と驚きに満ちている。
読むたびに、
砂漠のように乾いた心を潤してくれる。
ふじさんのゆきにシロップかけたいな
壮大な発想にどぎもを抜かれる。
今まで書いた作品数は、八万句を超える。
書き続けたら、富士山を超えるかもしれない。
休校でも作品が届く。

感性は休みなく、思考を続けている。
さらに、心の中を見つめ、
人を愛せる大人になってほしいと願う。

ランドセルはやくしょいたいいちねんせい
～第二回俳句コンクール～　学校だより6月号

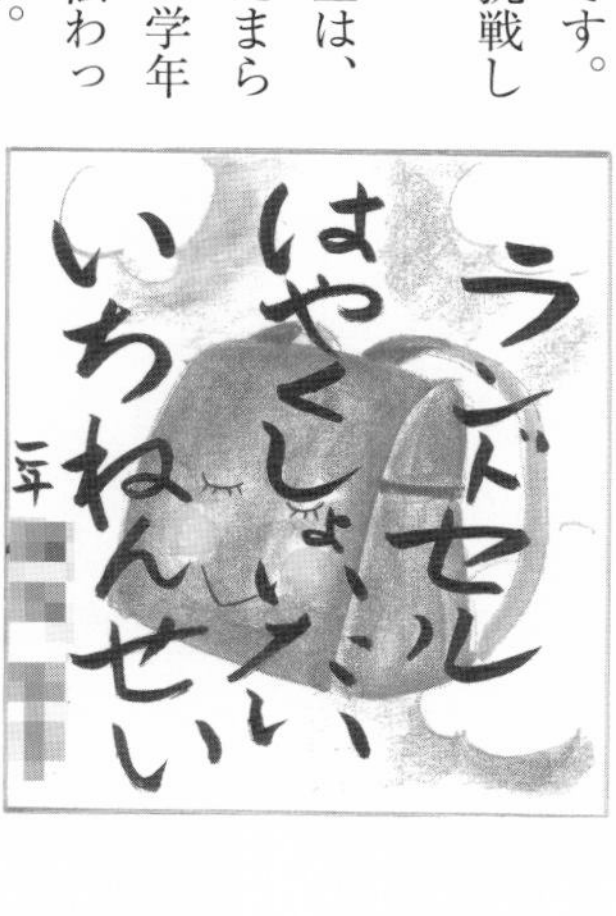

ランドセルはやくしょいたいいちねんせい

これは、第二回俳句コンクールでヤエザクラ賞に輝いた「一年生」の作品です。学校に一度も登校していないのに、まだ平仮名も習っていないのに、俳句に挑戦したことをうれしく思いました。

楽しみにしていた入学式が一回ならず、二回も延期になってしまい、一年生は、なかなかランドセルを背負うことができません。ランドセルを背負いたくてたまらない、作者のはやる気持ちが、素直に表現できています。「いちねんせい」と学年にしたことで、自分だけでなく、他のお友達も同じ気持ちなんだということが伝わってきます。六月二日に再延期した入学式は、絶対に実施できると信じています。

さて、二ヶ月間の休校を終え、ようやく出口が見えてきました。「出口のないトンネルはない」という諺がありますが、少し先に明かりが見えてきました。出口といっても、新型コロナウイルス感染拡大の収束を意味するものではありません。私の目指す出口とは、学校に子ども達が登校すること、「日常の生活」です。しかし、日常の生活とは言っても「分散登校」であり、学校でも「新しい生活様式」が求められています。

本校では、感染拡大を防ぐために、「感染症対策マニュアル」と「学校再開に向けたガイドライン」を作成いたしました。「あらきっ子の命」を守り抜くために、自分達ができる最大限の準備をしようと、話し合ってできた冊子です。保護者の皆さまにも読んでいただき、共通理解しながら進めてまいりたいと願っています。ご心配なこと、お気づきの点がありましたら、お伝えいただければ幸いです。

合言葉は、『みんなで守り抜く子どもの命』です。学校・家庭・地域が一丸となり、感染拡大を防ぐための環境を整えたいと思っています。子ども達のために、どうぞお力をお貸しください。この苦難を乗り越えるために、今こそ心をひとつにして、行動していきたいと考えています。

最後になりましたが、長い間、家庭学習の支援をありがとうございました。ご指導いただいたおかげで、子ども達があきらめずに最後までがんばることができました。家庭でしか得ることのできない「体験」をしたり、自分の心を見つめたりして、心も体も一回り大きく成長したことは間違いありません。これは、普段したくてもできない経験です。ピンチをチャンスと捉え、これからも、子ども達とともに力強く進んでまいります。

（学校だより　令和二年度　六月）

らんどせるぼくがあるくとおとはずむ
～第三回俳句コンクール～　学校だより7月号

らんどせるぼくがあるくとおとはずむ

これは、第三回俳句コンクールでヤエザクラ賞に輝いた「一年生」の作品です。六月二日に入学式が行われ、ようやく学校に登校できるようになった喜びが巧みに表現されています。第一回の俳句コンクールから第三回までに、「ランドセル」の季語が入った作品の応募がたくさんありました。

第一回ヤエザクラ賞（四月）出番待つランドセルと八重桜（六年）

第二回ヤエザクラ賞（五月）ランドセルはやくしょいたいいちねんせい（一年）
第三回ヤエザクラ賞（六月）らんどせるぼくがあるくとおとはずむ（一年）

　改めてこれらの俳句を読んでみると、世の中の様子が手に取るようにわかります。学校が長い間休みだったこと、入学式が実施されたこと、分散登校が始まったことなどが、しっかりと伝わってきます。無駄な言葉がありません。子ども達はなんて偉大なのでしょう。

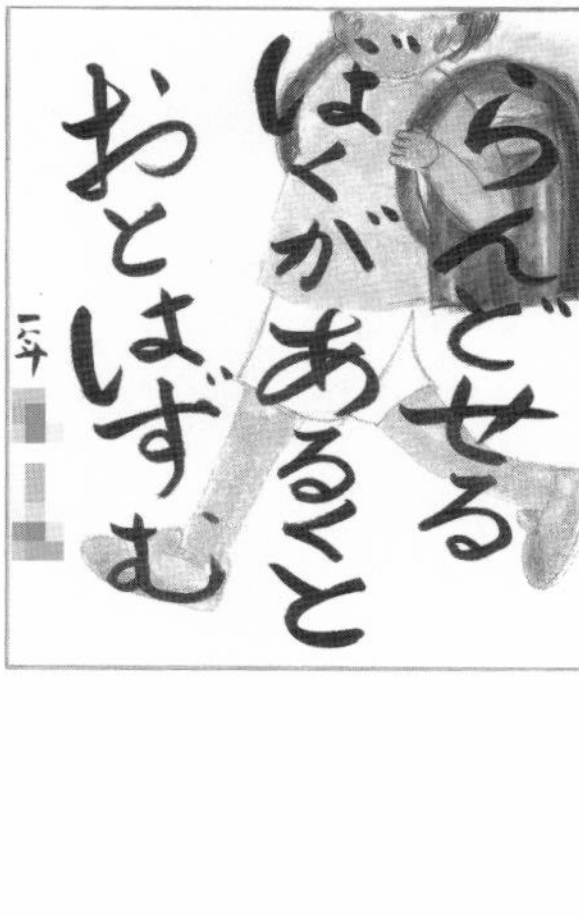

　さて、今日から七月が始まりました。ほんとうだったら、東京オリンピックまであと一ヶ月の盛り上がりを見せていたはずでした。でも、ちっとも寂しくはありません。あらきっ子は元気いっぱい。なぜなら、一斉登校が始まったからです。当たり前の日常がこんなにもうれしいなんて……。校舎は子ども達の声を聞き、幸せ気分最高でしょう。過去四十年を振り返っても、こんなことは一度もありませんでしたから。

「東京オリンピック」は延期になりましたが、本校では、毎月、『算数オリンピック』が実施されています。子ども達は、やる気満々です。なぜなら、百点の子ども達には、「満点賞」が配布されるからです。ゴールは、単に成績を上げるためではなく、「算数を好きにさせること」「自己肯定感を上げること」です。教職員は、全員に賞状が配布できるよう、一人ひとりに寄り添い指導をしております。

　過日、生活様式を見直し、「ガイドラインの改訂版」をお配りしました。お子様とともに読み、一日の生活リズムをご理解いただき主体的に行動していただければと願っています。

（学校だより　令和二年度　七月）

【記憶は消えるもの、ならば記録をしよう】

　コロナ禍は、教育界において、実にたくさんのことを示唆してくれた。子ども達の様子を見て考えたこと、これから考えなければならないことは、すぐに文章にして先生方に伝えた。忙しさにかまけ、何も記録しておかないと人間はすぐに忘れてしまう。「喉元過ぎれば熱さを忘れる」。この諺のように、「新型コロナ災禍」もあと何年かしたら人間の意識から消えてしまうのだろう。それが怖い。記憶は曖昧だが、記録は事実であるから歴史をまたいで引き継がれていく。

私の発行している「校長だより」などは大河の一滴にもならないが、一人の人間が一つの学校を預かり悪戦苦闘した事実は、これから学校運営をしていく先生方に引き継がれていく。そう思うと、校長だよりの記述は、とてつもなく意味あるものに思えた。

併せて、先生方には、子ども達に「コロナ禍の苦難」について書かせてほしいとお願いをした。この記録が、百年先の未来において役立つ時がくる。子から孫へと記録は引き継がれていく。

「変身　変身　大へんしん」6号
不安の正体はとらえどころのないおばけのようなもの

「もしかしたら、臨時休校が伸びるかもしれない」

テレビや新聞を見ていると、不安はどんどん大きくなっていく。世界的なパンデミックは百年に一度起きているという。一九一八年に流行した「スペイン風邪」は人口十六億人のうち、五億人が感染したと言われている。人類の三分の一が感染し世界で約五千万人から一億人が死亡。日本では、三十九万人が死亡している。

こんな事実を知ると、不安はますます募るばかりだ。不安の正体は、とらえどころのないおばけのようなものだから、自分が思考をやめない限り止まらない。百年前より、医学は数段も進歩しているし、「緊急事態宣言」により、日本人は誠実に努力している。絶対に、近い未来において収束するであろうと信じている。

そこで、私は未来を描くことをやめた。日本人一人ひとりが努力した結果を受け止めるのみである。子ども達は、長い人生において、一年間、学校に行かなくたって、生きていれば何でもできる。

○うーん、こうなったら逆転の発想だ

では、教育者として、私達は何をすべきか？　ここ二ヶ月間は、学校に子どもが来ていない。最悪、この先一年、子ども達が、学校に戻ってこられない場合だってあり得る。

提案①子ども達に、学校へ来た時、「教える」という考えをやめたらどうだろう。分散登校であるなら、登校は、今までの半分となる。学校へ来ない時、つまり「自宅で何をやらせるか」に焦点を当ててみる。自力でできないところを学校で補っていく。

提案②「自分の個性・力を伸ばす」ことに時間を使ってみる。新学期のスタートにおいて、早くも「長期休暇」がきたと考え、才能を開花させるのもよい。

ここで、大切なことは、これを悪いことと認識しないこと。教師は真面目な人が多いので、教育以外のことをしている自分を非難しがちだ。心は明るくても暗くとも、時間はどんどん過ぎていく。どうせだったら、心豊かに生活したい。

○情報型社会が速度を速めるが、学校は……

「自宅で仕事ができる」「自宅で勉強ができる」

近い未来において、わざわざ学校や会社に行かなくても、学んだり仕事をしたりできる社会が当たり前になるのだろうか。コロナウイルスのパンデミックは、非接触型の地球を生み出した。このような世界には『汗と涙』は存在しない。おそらく『感性』もいらない。『大変身』もない。いやはや、悲しい……。

（校長だより　令和二年四月十三日）

「変身 変身 大へんしん」16号　出口のないトンネルはない

三月三日（火）から七十五日間の休み（五月三十一日までカウント）を終え、ようやく出口が見えてきました。出口といっても、コロナウイルス感染拡大の収束ではありません。私の目指す出口とは、学校に子ども達が登校すること。「日常の生活」です。

今まで誰もが経験したことのない長いトンネルの中で、世界中の人々がもがき苦しみ、耐えてきました。先週、長野県に住む親戚の訃報が入り、向かおうとすると葬儀の参列にストップがかかりました。身近な人の死が降りかかってきた時、三桁の死者（世界では六桁）の数の重みを今さらながら痛感しております。「出口のないトンネルはない」という諺がありますが、ようやく、少し先に明かりが見えてきました。カウントダウンです。出口に立った時、誰もが暗いトンネルに二度と入りたくないと願うでしょう。

○新木小の先生方の想像力はすごいぞ

その環境をつくるのは、新木小の先生方の想像力です。先生方の努力次第で、絶対に次のトンネルを避けることができるはず……。そう信じています。クルトン先生の想像力で、新木小スタイルの「感染症マニュアル」「学校再開に向けたガイドライン」ができました。これを熟読して、行動してまいりましょう。心をひとつにして、「子ども達の命を守り抜く」という視点に立ち、活用することが大切です。

また、トマト先生の発案で「図書の貸し出し」、レタス先生やゴーヤ先生の発案で「一年生の学校探検」も実施することになりました。面白いアイディアです。少しずつ収束に向かっている現在、三密を防ぐ工夫があれば何でもできますね。そのためには、想像力が必要です。

「一に挑戦　二に失敗　三・四がなくて　五に再挑戦」。一人の先生の行動が、他の人の心を動かし組織を変えていきます。気づいたら、自ら行動してください。

○第2回俳句コンクールで、三十三人がヤエザクラ賞に……。一年生の応募もあり心弾みました。入学前から俳句をつくっていた児童もいたそうです。今回は、特に、二年生と三年生の入賞者が多くありました。
○若い先生方が、学びたいことを話し合い、指導主事を要請し研修をしている姿をうれしく思っています。どんどん企画運営して筍のように伸びてください。やればやるほど、「指導力」はつくものです。自分を磨くのは、他ならぬ「自分」です。
○医療従事者の保護者の方より、先生方へ「マスクのお礼」が届きました。感謝の気持ちは確実に伝わっています。

（校長だより　令和二年五月十七日）

緊急事態宣言中に発揮された「先生方の想像力」

緊急事態宣言中、特に意識したのは、教職員一人ひとりの「想像力」であった。なぜなら、百年に一度のパンデミックを経験している人は、この世に誰もいないのだ。今ある常識は通用しない。だからと言って、ただ怖がっているだけでは何も進まない。自分の頭で思考し判断し動くしかない。しかし、自分一人の力には限界がある。となれば解決策はひとつ。先生方に助けてもらうしかなかった。「三人寄れば文殊の知恵」というが、本校には四十人もの教職員がいて、アイディアの宝庫だった。一人ひとりが自分にできる「挑戦」を提案し、みんなで心を寄せ合い動いた。

「自分の校務分掌において何ができるか」
「自分の学年の子ども達に何ができるか」

正解がない中、自由自在に思考し挑戦してくださった。一人のアイディアが次につながり、プラス思考でいろいろなことに挑戦できたように思う。一学期に実施した例をいくつか挙げる。

・新木小スタイル「感染症マニュアル」「学校再開に向けたガイドライン」の作成
・部活動だよりの発行（吹奏楽部「心をひとつに」、陸上部「ほんとうの勝利をめざして」）

・マスクをつくって学童の子ども達にプレゼント（臨時休業中）
・いのちの掲示板の作成（臨時休業中）
・若い先生方による「研修会」の実施　指導主事要請（臨時休業中）
・日時を指定して図書の貸し出し（臨時休業中）
・校庭のだいだいを使い「マーマレード」づくり（臨時休業中）
・一年生の「学校探検」（入学式以前に、親子で実施）五月二十六日
・二年生の「町たんけん」（密にならないよう親子で実施）七月二日
・四年生の「落語講演会」（体育館を使用して離れて座る）六月二十九日
・陸上部「百メートルタイムトライアル」六月十八日
・児童会「新しい学校生活」の動画作成　七月一日　放映

一学期は先生方のアイディアが炸裂して、様々な挑戦ができたことに驚いた。

まさか本校オリジナルの「感染症マニュアル」「学校再開に向けたガイドライン」が作成できるなんて……。さっそく市内の校長会で紹介し、他の学校でも活用してもらった。まさか、命の掲示板ができるなんて……。階段を上ったところに、命のメッセージがまるで絵本のように繰り広げられ、心をポカポカにした。まさか児童会が動画を作成して子ども達に呼びかけるなんて……。「新しい生活様式」が十七音でまとめられて、学校全体に広がっていった。

ほんものに触れる

四年生の国語の教科書に、古典落語がある。

単元の導入で落語家が登場したら、心を摑まれるだろう。

「体験は全ての礎」

理屈をいくら並べたって、「ほんもの」にはかなわない。

ご縁があった「くま八ちゃん」に電話をすると、
二つ返事で来てくださった。扇子と手ぬぐいの使い方や、
そばとうどんのすすり方の違いなど実演してくださった。
語りが始まると、会場は笑いに包まれた。
私も久しぶりに大笑いして、
心は突然『梅雨明け宣言』をした。
ラストには、子ども達もミニ落語を行った。
一斉登校が始まって六日目のことだった。

一学期から一人ひとりが前に向かって動き出していたので、二学期は、自然と加速して、行事の準備に取りかかった。各学年の校外学習は当然のように実施され、もちろん全校行事の「運動会」や「音楽集会」も例年通り実施することができた。

ただ、実施する前、校長だよりで、先生方に次のように呼びかけた。三ヶ月前から、実施することを宣言し、アイディアが欲しいことを伝えていた。一学期に、本校の先生方の工夫やアイディアは他に類を見ないほど独特ですばらしかったので、その力を借りたいと考えたのだ。

苦難を乗り越えるには「とてつもない想像力」が必要だが、本校の先生方はそれらを持ち合わせている。どんな秘策を出してくるのか想像するとわくわくした。数ヶ月たっても、「コロナ禍における学校行事の対応」において、マニュアルがないということも私を勇気づけていた。

「変身　変身　大へんしん」26号　体験は全ての礎

コロナ禍で、全国的にいろいろな行事が中止になりました。そんな中、本校では行事を見極め、実施するための秘策を駆使し実施してきました。さて、二学期は、大きな行事の柱として、十月十日「運動会」、十一月十三日「音楽集会」を予定しています。『WITHコロナ』を合い言葉に、新しい生活様式を取り入れながら、二つの行事を成功させたいと考えています。コロナ禍は、百年に一度の苦難と言われています。でも、それを乗り越えることができたら、感動も百倍です。この学校にいて、先生方と一緒に生活をして、「本校の先生方の英知を結集すればできないことは何ひとつない」との思いを強くしました。アイディアを募集します。運動会では「汗と涙の感動」を、音楽集会は「音を楽しむ喜び」を感じさせたいと願っています。体験は全ての礎。行事の取り組みを通して子ども達を成長させていきましょう。

（校長だより　令和二年七月十六日）

「変身　変身　大へんしん」13号　コロナウイルス対応で考えること

ピンチをチャンスと考え、次の提言をしたい。

①「学校の存在意義」を再認識する。
休校により、初めは喜んでいた子ども達も、今は「学校に行きたい」と訴えるようになった。まさに、渇望している。学校は、子ども達の学びにとって必要な場である。

②ＩＣＴの推進は重要課題。
オンラインによる環境が整っている児童は、学びが安定していた。本校では、ｅライブラリーの活用率は四年生が

充実。それを踏まえ、授業の中でICTの推進をする必要がある。遠隔授業を含めた教育のICT化は進めるべきであるが、ICTを導入すれば学校に来なくていいと安易に考えてはならない。学校生活の中でICTの活用をすることで、子ども達はバランスよく育っていくのだと考える。

③業務の断捨離をしよう。

ふるいにかける機会とし、必要な会議、研修、行事などを見極めたい。業務も断捨離が必要である。

④臨機応変に行動する。

今、自分にできることは何か。常識にとらわれず良いと思うことを行動する。

最後に「大変身をあきらめないこと」。あきらめたら、終わり。足元からどんどん崩れていく。人は未知の経験から学ぶ。コロナ禍の収束が見え、乗り越えた時、さらなる提言をしたい。忘れないうちに……。

（校長だより　令和二年五月七日）

「変身 変身 大へんしん」29号 「休校中」の振り返りを……

二学期のスタートにあたり、休校中の「振り返り」をしたいと思います。なぜなら、この経験を次に生かさなければならないからです。次は、いつやってくるかわかりません。もしかしたら、すぐかもしれません。

一学期、休校が続いた時、私達が期待した子どもの姿はどのような姿だったでしょうか。まちがっても、寝食を忘れてゲームに没頭し、昼夜逆転した子どもではないはずです。毎日、規則正しく早寝早起きをし、自分で学習の計画を立て、いろんなことに挑戦する子どもの姿ではないでしょうか。

始業式の朝のことです。ある保護者より、子どもがゲームに没頭し学校に行きたがらないという連絡が入りました。子どもが甘えているのでしょうか。それともさぼりぐせがついてしまったのでしょうか。いずれにしても、これは家庭だけに任せることのできない問題です。

では、学校ですべきことは、何でしょう。やはり、「生きる力」を身に付けさせたいと思うのです。見える学力ではなく、見えない学力です。数値で評価される能力にばかり目を奪われ、効率よく「教える」ことを重視し、数値で表すことのできない「生きる力」を育むことを軽視してはいないでしょうか。

本校では、四月に「見えない学力」を四つ定義し、先生方に発信しました。

①人を大切にする力

②自分の考えを持つ力

③自分を表現する力

④チャレンジする力

覚えているでしょうか。常に、この四つを心に留め、次に休校になった時、期待した姿が実現できるといいなあと思っています。子ども達には、「予測不能な時代を生き抜く」ための教育がしたいと願っています。

（校長だより　令和二年八月二十四日）

7章　行事と俳句

行事の中で俳句を取り上げる

学校は様々な行事があり、子ども達はたくましく成長している。入学式や一年生を迎える会、運動会に、音楽集会に、各学年の校外学習、それから持久走記録会に、まだまだある。ラストは卒業を祝う会と卒業式だ。

俳句をはじめて一年ほど経った時、「そうだ、いろんな機会を通して俳句を紹介しよう」とひらめいた。「子ども達に俳句をもっと身近に感じさせたい」と考えていた矢先のことだった。身近に感じ取らせるためには、頻繁に使うことと大切だ。生活用品は、活用することで花開く。新しいカップを買っても、使わなかったら意味がないではないか。その時、「よし、積極的に俳句を使おう」と決めた。

それでは、どんな機会が効果的だろうか。子ども達の俳句は勢いがあり、ストレートに響いてくる。私がつまらない話を長々とするより、集中して聞くであろう。全校朝会は勿論のこと、できれば、保護者の皆さまにも聞いてほしい。ならば、学校の三大行事である「入学式」「運動会」「卒業式」などがよいだろう。

実際には、この三つを意識しつつ、全校朝会や学校だよりにて積極的に活用した。この章では、俳句を活用した行事のあいさつ文や式辞などを紹介する。なお、「四十周年記念式典」においては、講師の先生を招聘して、初の「全校俳句講演会」を実施したので、その時の様子を校長だよりでも紹介する。

まず、三大行事を中心に、この三年間で取り上げた俳句を紹介する。

◆主な行事と俳句

入学式　式辞

○ランドセルはやくしょぃたいいちねんせぃ　一年　令和二年度（第二回コンクール）ヤエザクラ賞

運動会　開会式

○くやしいな運動会の一点差　　　五年　平成三十年度（第一回コンクール）ケヤキ賞

前年は、一点差で白組が勝ちました。赤組の皆さん、今年は優勝旗を手にして、白の連覇を阻止しましょう。白組の皆さん、今年も優勝旗を手にして、連覇しましょう。（平成三十一年度　運動会）

○次こそは負けられないぜ運動会　　　二年　平成三十一年度（第三回コンクール）ケヤキ賞

前年は赤組が勝ちました。白組の皆さん、今年は優勝旗を手にして、赤の連覇を阻止しましょう。赤組の皆さん、今年も優勝旗を手にして、連覇しましょう。（令和二年度　運動会）

修了式

○「ありがとう」思いをのせた春の風　　　五年　平成三十年度　じまんの一句

卒業式「式辞」

○れいわはつそつぎょうせいはお兄ちゃん　　　三年　平成三十一年度（第十回コンクール）ヤエザクラ賞

○旅立つ日みんなの顔にサクラ咲け　　　六年　平成三十一年度　じまんの一句

○卒業を祝う喜び春まんかい　　　六年　令和二年度　じまんの一句

葉桜が迎えてくれた入学式

令和二年度の入学式は、一生忘れられない。なぜなら、コロナ禍の影響のため、二度も延長され、実施されたのは六月二日、のことだったから……。ピンクの桜でなく、黄緑の葉桜が迎えてくれた。式の数日前、新一年生のヤエザクラ賞を前に、「どの俳句を詠もうか」と私は頭を捻っていた。

どうして入学式の前に新一年生の俳句があるのか。それは、コロナ禍でも俳句コンクールは実施されていたからだ。前年の十一月、入学説明会で「感性を磨くことを目的に俳句を書く」ことを保護者に周知していたので、休校でも作品が集まった。もちろん、コンクールも粛々と実施されていた。

考えてみたら、私は新一年生に会う前から俳句と出会っていたことになる。学校の常識を超えていた。

「あっ、これだ」。

作品はすぐに決まった。なぜなら、その作品は、一年生みんなの気持ちを代弁していたからである。遠くからも見えるよう、ヤエザクラ賞の色紙を全紙に拡大して紹介した。式が終わるやいなや、親子で駆け寄って来られた。作者は、「びっくりしました」と目をパチクリさせて言った。保護者は、「うれしかったです」と微笑まれた。まさか自分の作品が紹介されるとは、思ってもいなかったのであろう。

俳句でよかったのは、「十七音で短いこと」「時間がかからないこと」「子ども達の関心が高いこと」であった。一句詠むと、「だれの作品か……?」と体育館がざわざわした。

ある日、こんなことがあった。校長室に五年生の女の子がやってきて、

「校長先生、次は、私の俳句読んでください」

と、にこにこして言った。ストレートな気持ちがうれしかった。

校庭の葉桜

三回目の入学式

四月九日、待ち望んでいた入学式が延期となった。
校庭の八重桜のばあさんは、花びらを満開にしたが、
どんなに風が吹いても、
五月の入学式を夢みて枝にしがみついた。
ウグイスのぼうやは「ケッコウ」と鳴かず、
「ケッケッケッ」と悔しがった。
先生達は、保護者の皆さまに資料を渡す。
子ども達はいないけれど、礼服を着ておもてなし。
なぜかって……?
「おめでとう」の気持ちを伝えたくて。
六月になり、三回目の「入学式」の準備をしている。
負けたくないって、
きっと、だれもが思っている。

※令和二年六月二日入学式挙行（児童全員出席）

入学式　式辞（令和二年度）

ランドセルはやくしょいたいいちねんせい

これは、校内俳句コンクールでヤエザクラ賞に輝いた一年生の俳句です。この作品は、作者だけでなく、早く学校に行きたいという一年生みんなの気持ちを代表しているように感じましたので、はじめに紹介させていただきました。

一年生の皆さん、ご入学おめでとうございます。ほんとうに長い間お待たせしました。でも、皆さんは、家庭でアサガオの種をまいたり、本を読んだり、絵を描いたり、学校探検をしたり、しっかりと学習をしたので、二ヶ月の間に、心も体も大きくなりました。

皆さんは今日から、「あらきっ子」の仲間入りです。先生方、そして、お兄さん、お姉さんが、皆さんの入学を楽しみにしていました。

昨日の夕方、皆さんにお祝いの手紙が届きました。誰からだと思いますか。

（アラッキー登場）

アラッキーからです。アラッキーを知っていますか。そう、学校探検の日に、アラッキーと記念撮影をしましたね。

さっそく手紙を読んでみましょう。

一年生のみんな、入学おめでとう。ぼくはあらきっ子が大好きさ。だって、いつも元気いっぱいだもの。ところで、一年生になったみんなに、守ってほしいことが三つある。聞いてくれるかなあ。

一つ目は、あいさつ。「ありがとう・ごめんなさい」が言える子になってほしいな。お友だちにやさしくしてもらった時は「ありがとう」、自分が間違えた時は「ごめんね」。「ありがとう・ごめんね」はみんなの心をポカポカにする

アラッキー（新小木マスコットキャラクター）

魔法の言葉なんだ。

二つ目は、自分でできることを増やしてほしいな。朝、自分で起きているかなあ。次の日の勉強の準備は一人でできるかな。はじめはできなくても、少しずつできるように努力してほしいな。がんばると心がどんどん強くなるよ。

三つ目は、命を大切にしてほしいな。命は一つ。いちばん大切なものだからね。学校の行き帰りは、車に気をつけて歩いてね。

もう一つ。コロナ怪獣は、目に見えないから、学校に来る時は、いつもマスクをつけてほしいんだ。この三つの約束をしっかり守って楽しい学校生活を送ろう。（アラッキーより）

さて保護者の皆さま、お子さまのご入学おめでとうございます。二ヶ月に及ぶ休校中、学習を丁寧に見ていただきありがとうございました。教室や廊下に掲示してある作品は、どれも力作で、子ども達の成長を感じうれしくなりました。

本日より、大切なお子さまをお預かりし、小学校生活が始まります。とはいっても、三密を防ぐために、新しい生活様式の導入により、分散登校からのスタートになります。今いちばん願っていることは、子ども達の健康と安全です。

過日お配りした「学校再開に向けたガイドライン」に基づいて、より安全な生活を目指し取り組んでまいります。ご心配なことがございましたら、いつでもご相談ください。学校と家庭がそれぞれの役割と責任を果たし、力を合わせてお子さまの成長のために努力していきたいと考えます。


（令和二年六月二日）

入学式で式辞をよむ

創立四十周年記念式典　あいさつ（平成三十一年度）

今年、新木小学校は四十回目のお誕生日を迎えました。今日はお祝いに「記念式典」を行います。お客さまもかけつけてくださいました。お礼を申し上げます。

新木小学校は、湖北小学校と布佐小学校から分離して、昭和五十五年、四月二十八日に開校宣言が行われました。ですから、学校のお誕生日は四月二十八日です。開校当時、子どもの数は九百三十六人。現在の約二倍ですから、この体育館もぎっしりだったことでしょう。

今日は校章の由来をお話ししたいと思います。校章には、ケヤキの葉が三枚描かれています。あらきっ子が、「強い子」「考える子」「明るい子」になりますようにとの願いが込められています。あらきっ子の皆さん、あのケヤキのように、青空に向かいまっすぐ伸び上がってください。

今年度、うれしいことがありました。それは、マスコットキャラクターの『アラッキー』が誕生したことです。卵なので、「自分のなりたいものに変身できる」という願いが込められています。あらきっ子の皆さん、自分の夢に向かい、汗と涙を大切に一生懸命努力する人になってください。（結びの言葉省略）

（令和元年十一月六日）

「変身　変身　大へんしん」23号　創立四十周年記念式典で子ども達の笑顔輝く

十一月六日、十年に一度の大イベントが開催されました。新木小学校の創立四十周年記念式典です。昨年度よりPTA総務部の方と「子ども達に感動を与えられるような内容にしたい」と、何度も話し合いを重ねてきました。保護者の皆さまに加え、地域の方にもご案内したところ、たくさんの方がお祝いにかけつけてくださいました。この日、子ども達の笑顔は最高に輝き、大人もうれし涙を流しました。

当日は、ぬけるような青空が広がり、晩秋だというのに、お日さまが光の腕を強くして四十の新木小を燦々と照らしてくれました。畑のサツマイモは土の中から顔を出し、ブロッコリーは背筋を伸ばし、柿の実は頬を赤くしてお祝いをしました。カラスのばあさんが、「おめでとう」といいながらクルクルと三回転しました。

さて、内容ですが、子ども達が聞いて思考し楽しめるように、一部では、日本学校俳句研究会より講師を招き「俳句の講演」を、二部では、近隣の高等学校の書道部とチアリーディング部を招き、パフォーマンスを行いました。

俳句の講演では、俳句の先人や季語についてゲーム形式で学んだり、実際に創作したり、句会をしたり、楽しみながら感性を磨くためのアイテムを取得することができました。

「どんな気持ちで作ったの？」

「弟の虫かごに何匹か虫が入っていて、鳴き声がコンサートみたいに聞こえました」

「お味噌汁に入っていたオクラが星みたいに見えました」

子ども達が、自分の目で見たり聞いたりしたことを、素直に言葉にしていることを知りうれしくなりました。これからも、身の回りや自然を見つめて十七音で表現してほしいと願います。

書道部のパフォーマンスでは、「パプリカ」の曲に合わせ、数人の生徒たちが、同時に筆を持ち文字を書き始めます。最後に「輝」の払い。ダイナミックな文字に圧倒されました。

チアリーディング部の演技は、まるでサーカスを見ているよう。三段タワーのてっぺんから生徒が空中後転をして下りたり、手に持っていたお花で「40」「ＡＲＡＫＩ」の文字を作ったり、どきどきわくわく、息をのみました。子ども達はのりのりでした。

司会進行の子ども達を指導してくださった児童会の先生、演題を書いてくださった先生、全体合唱のピアノ伴奏をしてくださった先生、お客さまの接待をしてくださった先生、全ての先生方に感謝いたします。

（校長だより　令和元年十一月十一日）

校内マラソン記録会「八本足のダイコン」

鈴木氏より、ダイコンをいただいた。よく見ると足がたくさん。数え上げると、なんとっとっと……八本もあるではないか。海に住むタコは足が八本と決まっているが、ダイコンでは聞いたことがない。これはビッグチャンスだ。

「どこで登場させようか……?」

考えている時、突然ひらめいた。

「そうだ、数日後に持久走記録会がある」

閉会式で、八本足の大根を登場させた。

子ども達はびっくり仰天。大成功。

記録会が終わった直後のコンクールに、
八本足のダイコンの俳句が出品された。

もちろんヤエザクラ賞に輝いた。


だいこんもがんばったからあし八ほん　一年　令和二年度（第九回コンクール）

鈴木氏からいただいた
八本足のダイコン

校内マラソン記録会「八本足のダイコン」
十二月十六日、青空のもと、
校内マラソン記録会が開催された。子ども達は、
「ゴールできてうれしい」と笑顔で語り、
「だけど、ライバルに負けてくやしい」と大粒の涙をこぼし、
「それでも、卒業に向けよい思い出になった」と続けた。

今年度は一位から十位までの表彰に加え、
一人ひとりに「記録賞」を配布し、
自分の成長を感じ取れるよう工夫を行った。
なぜなら、戦う相手は自分自身だから……。
十四回の練習を通し、ほとんどの子ども達が
自己ベストを更新した。
閉会式で「ダイコン」の話をした。
学校近くの畑で、
皆さんの練習を見ていたダイコンさんが
自分も走りたいと思いました。でも一本足です。
だれもいない夜の校庭で練習していたら、
ある日、二本足になり三本足になり……。
なんと、八本になりました。
と言って、袋から出すと「エー!」。

運動会　開会式　あいさつ（令和二年度）

皆さん、おはようございます。元気よく挨拶ができました。皆さんの願いが叶って、これからよいお天気になりそうです。
あらきっ子が、「百年に一度のコロナ怪獣」に打ち勝ったおかげで、今日の運動会を実施することができました。マスク、手洗い、消毒がしっかりできたからです。（拍手）
そこで、いい考えがあります。百年に一度の心に残るすばらしい運動会にしましょう。
そのために、次の三つの運動会になることを期待します。
・一つ目は、「最後までやり切る運動会」です。たとえ転んでも、最後まで走りぬいてください。
・二つ目は、「仲間と助け合う運動会」です。がんばっている友だちに応援の拍手をたくさん送ってください。
・三つ目は、「学び合う運動会」です。どうしたら競技に勝てるのか、どうしたら楽しい運動会にできるのか、お互いに学び合ってください。
「やり切る」「助け合う」「学び合う」運動会を目指しましょう。きっと、すばらしい運動会になると信じています。

「次こそは負けられないぜ運動会」

これは昨年の運動会が終わった後に書かれた二年生の作品です。

白組の皆さん、今年は優勝旗を手にして、赤の連覇を阻止しましょう。赤組の皆さん、今年も優勝旗を手にして、連覇しましょう。ともにがんばってください。（結びの言葉省略）

（校長挨拶　令和二年十月十二日）

百年に一度の運動会

十月十二日、あらきっ子の運動会が開催された。
感染症対策を講じ、例年通り全ての競技を実施した。
いや、こんな時だからと、一年生と六年生は親子競技を増やし、
吹奏楽部は、「マーチング」に挑戦した。
表現では、「ジャンボリミッキー」の愛らしさに続き、
「新木ソーラン」のド迫力、
ラストは「命よ咲き誇れ！」で生命のメッセージ。
子ども達の笑顔がはじけ飛んだ瞬間、会場は感動の涙。
運動会を縮小し表現活動を中止にした学校もある中、
本校の先生方の情熱はとどまることを知らない。
小雨がぱらついたが、
子ども達の元気が吹き飛ばしてくれた。
開会式でお願いした三つ、
「最後までやり切る」「仲間と助け合う」「学び合う」運動会になった。
ただ勝利すればよいのではなく、努力する姿がかっこいいことを学び取った。
子ども達一人ひとりが最高に輝いた一日。

感動は俳句にエンジンをふかす

一年「うんどうかいドキドキしんぞうにげだしそう」
一年「うんどうかいあしたにとどけおうえんか」
二年「がんばったうんどう会のあせなみだ」
三年「まけたけどまほうのびんはあふれたよ」
四年「運動会心一つにマーチング」

これらは、令和二年度、第七回俳句コンクールでヤエザクラ賞に輝いた作品だ。運動会を季語にたくさんの作品が集まった。ヤエザクラ賞は三十七句となり、第二回コンクールの三十三句を四句も更新した。

「体験は全ての礎」である。感動体験はよい俳句を生み出すことが証明された。そう、感動は、俳句にエンジンをふかすのだ。

四年「ま女先生うれしなみだの運動会」

子ども達のがんばりがうれしくて、閉会式では不覚にも涙をこぼしてしまった。子ども達はよく見ている。

運動会を実施するにあたり、体育主任のトマット先生を中心に、「運動会実施のための感染症対策ガイドライン」が起案され、実施への光が見えた。職員会議で一つひとつ丁寧に検討を重ねる中で、小さな光が大きくなり実現にこぎつけることができた。会場づくりに始まり、応援の仕方、競技について、開閉会式、昼食、来校者についてなど、様々な視点から、「より安全に実施するためにはどうしたらよいか」を話し合い、唯一の「ガイドライン」ができあがった。

ＰＴＡ会長さんに確認をし、運営委員会※で提案した。会長さんは、学校運営に関し、子ども第一主義で、情熱的に動いてくださる。「実施しない」ではなく、「安全に実施するためにはどうしたらよいか」が論点になった。保護者の目線からご意見を伺うことで、さらに、無二のガイドラインに成長した。不安な世の中であるのに、質問が一件あっただけで、実施することへの苦情は一切なかった。そればかりか、実施後には、感謝の手紙をたくさんいただいた。トマット先生は、この期間中、先生方が動けるよう運動会だより「一生懸命がかっこいい」26号を発信した。大きな山を乗り越えるためには、綿密な計画が必要であった。本校では、コロナ禍の運動会に続き、わずか一ヶ月後、音楽集会が実施された。世界中でコロナ怪獣が大あばれしているというのに……。テレビや新聞を見るにつけ、別の惑星に住んでいるのではないかと錯覚をすることがあった。※総会に次ぐ議決機関。学校の管理職とＰＴＡ総務部で構成されている。

「変身　変身　大へんしん」45号　未来を照らした天使の歌声

十一月十三日、本校の体育館で音楽集会が開催されました。運動会に続き、本校ならではの底力を見せてもらいました。「開催されました」とひとことで言うには軽すぎます。なぜなら、他の小学校において、実施の二文字を聞いていないからです。コロナ禍において、当然のことでしょう。難関を突破して実施できたことを、この上なくうれしく思っています。

ただがむしゃらに実施したわけではなく、誰よりもリスクを恐れ、感染症対策を講じて企画されました。事前に、保護者の皆さまより、不安の声は一件もありませんでした。段階を追って、安心材料となる文書を配布したことで、ご理解とご協力を得ることができました。ガイドラインや実施要項、「音楽集会通信」は未来の宝物になりました。今後、起こり得るパンデミックに備え、歴史に残る教育本になることでしょう。

トウモロコシ先生の音楽に対する情熱は、いくつものハードルを乗り越え、十一月に入りラストスパートをかけました。同時に、各学年の先生方が一体となり子ども達の歌声と笑顔を引き出しました。山あり谷あり、かけひきをしながら指導されていく中で、子ども達の成長がありました。歌声が響き合いひとつになると、学級・学年が成長していました。そして、交換会は最大の効果を生み出しました。

だからこそ、行事は大切です。体験は全ての礎。先生が子ども達に向かって「学級がひとつになろう」「思いやりを持とう」「一生懸命がんばろう」と百回呼びかけても、子ども達は変わりません。「運動会」や「音楽集会」の取り組みの中で、泣いたり笑ったり怒ったりする中で、一生懸命に努力する心や思いやりの心も育つのです。「行事はたいへんだ」と思うのではなく、行事を活用して子ども達を成長させてほしいと願っています。

（校長だより　令和二年十一月十六日）

未来を照らした天使の歌声

十一月十三日、音楽発表会が開催された。
保護者の皆さまを招待し実施できたことは、まさに「奇跡」。
トウモロコシ先生の作成した「ガイドライン」のおかげ。
スローガンは、「照らし出せ未知の未来へ歌声を」
一年生は「ディズニーメドレー」でみんなが主役。
二年生は途中で止まったけれど、ピンチをチャンスに。
三年生は担任のコントで『なかま』の石板を完成。
四年生の歌声は明るく素直で合唱団のよう。
五年生はみごとなハーモニーで体育館を宇宙に。
六年生はパフォーマンスにうっとり。
「ねがいぼし」は、地球をビリビリと震わせた。
子ども達の歌声は、まるで天使のよう。
「心を寄せ合い前に進んでいこう」

不安な未来を明るく照らし出してくれた。
次の日、保護者の皆さまからたくさんのラブレター。

修了式　あいさつ（平成三十年度）

「ありがとう」思いをのせた春の風

この俳句は、あらきっ子句集「じまんの一句」に掲載されている五年生の作品です。ありがとうの気持ちを伝えるのは、六年生でしょうか。それとも、お父さんでしょうか。三月の別れの季節に、とてもすてきな作品です。

皆さんは、この一年間、俳句をつくり続けてきました。登校する時に、指を折りながら歩いているお友達、俳句係までできたクラス、毎日、俳句ポストに作品を入れに来たお友達もいました。

皆さんのがんばりのおかげで、こんなにすばらしい句集ができました。（句集を掲げる）私は、うれしくて、うれしくて、うれしすぎて、まえがきに「ヤッター」と書きました。表紙には、八重桜と思い出の「ぶらんこ」があります。来年も続けます。春休みも俳句を書いてくださいね。

もうひとつ、全校でがんばったことがありました。それは、合い言葉「いい声・いい顔・いい姿」を目指し努力してきたことです。一生懸命に努力すると汗と涙が出ます。おかげで、私の「魔法の小瓶」には『汗と涙』があふれました。これを見てください。（魔法の小瓶を高く掲げる）

これからも、思いやりの「心」を大切に努力してほしいと思います。

（平成三十年度　三月）

卒業式　式辞（平成三十一年度）

れいわはつそつぎょうせいはお兄ちゃん

これは、校内俳句コンクールでヤエザクラ賞に輝いた三年生の作品です。この授賞式からわずか三日後に、休校宣言が出されるなど、誰が予想したでしょう。しかし、こうして保護者の皆さま方の見守る中、卒業式が実施できる喜びをひしひしと感じています。

この会場をご覧ください。真っ白い紙に、卒業生一人ひとりの生き方や願い、将来の夢がみごとに表現されています。休校宣言のアナウンスがあった直後、一気に書き上げたのです。「この子ども達なら大丈夫、何も心配はいらない」。私の心に、明るい未来が見えました。

さて、八十七名の卒業生の皆さん、ご卒業おめでとうございます。卒業証書を受け取る皆さんの凛とした姿に未来への強い思いを感じ取りました。

皆さんは、いつも志を高く持ち行事に取り組んできました。部活動では、県吹奏楽コンクールでの二年連続金賞受賞、地域行事への積極的な参加、市内陸上競技大会での「六連覇」は喜びを超え、体がビリビリしびれました。しかし、その結果に「一喜一憂」することなく、次の日にはさらにステップアップした目標に向かい練習を開始する姿を見て、あらきっ子の驚異的な魂と本校の歴史と伝統を感じ取ることができました。

音楽集会では、「時の旅人」を熱唱し、会場を感動の渦に巻き込みアンコールの嵐となりました。意思を持ったメッセージは、確実に観客の心に染み入り、涙の粒を生み出しました。

また、県主催による学びの「総合力・体験力」コンテストでは最優秀賞受賞の快挙を成し遂げました。二年間に及ぶ学びのゴールは市長に、我孫子市の農業を活性化させる方法を提言することでした。自分の思いを伝える活動を通し、予測できない未来を生き抜く力を身に付けることができました。

この一年間、皆さんは、最高学年として「いい声・いい顔・いい姿」を合言葉に、全校児童の先頭に立ち、リーダーシップを発揮してきました。おかげで、「魔法のつぼ」には『汗と涙』があふれ、世界発のパーティが実施できたことも大きな喜びでした。

ここで、最後の授業をしましょう。「今をどう生きるか」という問いです。世界中の人たちが、現在もなお、経験したことのない課題を前に、知力を結集して取り組んでいます。かけがえのない命を守るとはいえ、突然の休校宣言は、皆さんにとって、どれだけ悲しく、どんなにくやしかったことでしょう。

そんな皆さんに、「ピンチはチャンス」という言葉を贈ります。現在、降りかかっている逆境を乗り越えることで、自分をより大きく成長させてほしいと願っています。

皆さんは、「令和初の卒業生」であり、「四十周年の記念すべき卒業生」です。今まで、心を合わせ数々の輝かしい奇跡を起こしてきました。そんな皆さんに、できないことは何ひとつありません。試練は乗り越えられる人だけに与えられるもの。今、皆さんは選ばれてここにいるのです。

試練を乗り越えた時、とてつもなく大きな喜びや感動がわき上がってくるでしょう。乗り越えるためのアイテムは、「笑顔」と「思いやり」です。こんな時だからこそ、いっぱい笑ってください。そして、家族や友達など身近な人に気遣いのある言葉をかけてください。もらった人はうれしくなって、他の誰かに温かい言葉をかけるでしょう。この連鎖こそが、今の日本の危機を救うに違いないと思っています。

今日の良き日を、卒業生があらきっ子句集・じまんの一句にこう表現しています。

旅立つ日みんなの顔にサクラ咲け

皆さんの前途を心よりお祝いして、式辞といたします。（結びの言葉省略）

（令和二年三月十七日）

まさかの坂上ろう

まさか、学校が休みになるなんて。
まさか、卒業式ができないなんて。
まさか、お別れコンサートができないなんて。
「まさか」が積み重なって、常識がふっとんでいく。
「英知を結集して最高の卒業式をやりましょう」
あきらめない心が集まって、行事を乗り越えてきた。
まさかの坂は、急坂だけど、心をひとつにして、
下ることなく、上ることができている。

「チチンプイプイチチンプイプイ」第33号「手作り感満載の卒業式」

三月十七日、第四十回卒業証書授与式が実施されました。地球上でひとつの手作り感満載の式ができたことを誇りに思います。終わった後、保護者の方が、「新木小でよかった」「こんなに工夫していただけるなんて」「新木小の先生方はすごい」と涙で話されました。

子ども達の姿は、それはもうすばらしかったです。二週間のブランクがあったものの、「卒業証書授与」「よびかけ」「歌」のどれをとってもみごとでした。普段でしたら、二週間の練習で、「形」を覚え、その中に「心」を入れるという過程を踏みますが、今回は違いました。一度も練習ができなかったので「形」は六年間で学んできた知識の全てです。この日、「心」があればどんな行事も輝くことを実感しました。何より、一番大切な証書授与において、一人ひ

とりと目で語り合うことができました。

どうして、こんなすばらしい式ができたかというと、六年生の担任の先生方が最後まで決してあきらめなかったからです。そんな担任の姿を見て、本校の学校の先生方はチームとなり全力で応援してきました。短縮してただ実施するどころか、反対に、知恵を結集し、いくつものサプライズの準備をしてきました。
①市長のビデオレター
②証書授与時の子どもの表情を映像で流す
③在校生の歌「突撃隊の映像」
④「また会う日までさようなら」の合唱
⑤先生達の呼びかけと歌
式場は、赤い絨毯に用務員さんが秋から種で育ててきた「菜の花」と「サクラソウ」が彩りを添えました。

すばらしい卒業式を実施してくださった新木小学校の教職員に乾杯。


（校長だより　令和二年三月十九日）

卒業式　式辞（令和二年度）

（前文・結びの言葉省略）

さて、九十五名の卒業生の皆さん、ご卒業おめでとうございます。皆さんは、百年に一度のパンデミックを乗り越え、卒業のゴールテープをあざやかに切りました。長い歴史に残る輝かしい卒業生として、台帳に名前を刻みました。「三ヶ月間の休校」は学校制度が始まって以来聞いたことがありません。だからこそ、逆境を乗り越える力を持ち合わせた人が選ばれて、今ここにいます。

皆さんは、「イチロー」を知っていますか。アメリカ大リーグで三千本安打を達成した野球選手です。二年前引退されましたが、こう言っています。

「壁というのは、できる人にしかやってこない。越えられる可能性がある人にしかやってこない。だから、壁があるときはチャンスだと思っている」

と。ピンチの時が、自分を育てるチャンスだと言っているわけです。この言葉通り、皆さんは、与えられたチャンスを生かし、みごとに成長しました。

一学期、分散登校が始まると、児童会は「コロナ対応の動画」を作成し、全校に発信しました。おかげで、すぐに新しい生活をスタートさせることができました。

二学期、運動会の表現では、フラッグを使い生命のメッセージ。皆さんの笑顔がはじけ飛んだ瞬間、会場は感動の涙に包まれました。吹奏楽部は初のマーチングに挑戦。みごとな隊形移動に驚きました。音楽集会では、「ねがいぼし」と「365」を歌いアンコールの嵐。コロナ禍の中、皆さんの明るい笑顔と歌声が、不安な未来を明るく照らし出してくれました。

さらに、総合的な学習の時間では収穫したトマトを「ケチャップ」にして近くの直売所で販売したり、国語科では「本の書評」を書きアビスタ（我孫子市生涯学習センター）に展示したり、また、近隣センターで「朗読劇」の公演をしたりしました。皆さんは、教科書に書かれていない学びを見出し、常に高みを目指し挑戦し続けました。

一方、部活動では、先輩の背中を追い続けて三年目、今年度は最高学年として「県吹奏楽コンクール三年連続金賞受賞」「市内陸上大会七連覇」を目指し取り組んできました。しかし、大会はあっけなく中止。でも、皆さんは、勝利するより価値のあることを学びました。それは、「人生で大切なことは、一位をとることではなく、よりよく生きる」ということです。

また、三年間、「感性を磨く」を合言葉に、全校をあげて実施した俳句では、ヤエザクラ賞が六百七十一句、ケヤキ賞と魔女賞を合わせると、なんと三千六百三十六句にもなりました。全国俳句大会で「学校賞」に輝いたことは最高の名誉でしたが、それ以上に「俳句がめっちゃ好きになった」という一言に心がビリビリしびれました。三年間、ボランティアとして、全校児童の俳句を審査してくださった俳人「鈴木高士氏」に感謝申し上げます。子どもの目線に立ち感性を丸ごと受け止め、時には涙しともに成長を喜んでくださいました。


地球は、人が集い手を取り合って発展してきました。

学校は、子ども達が肩を寄せ合い学び合ってきました。

コロナ禍で、まさかのソーシャルディスタンス。

既存の価値観が一気に崩れ去ってしまいました。

ソンナバカナ。

ウソデショ。

コンナコトアッテイイハズナイ。

きっと、人間は試されているのでしょう。

離れても心がぎゅっとつながれるように……。


さあ、卒業生の皆さん、旅立ちの時です。皆さんが作り上げた「伝説」は、必ずや在校生に引き継がれ、「新木小の伝統」としてしっかりと根づくことでしょう。

私も、皆さんの卒業を見届けた後、教員生活を卒業します。そのしめくくりの時を皆さんとともに過ごせたこと、うれしく、そして誇りに思っています。

今日の良き日を、卒業生が、あらきっ子句集・じまんの一句にこう表現しています。

卒業を祝う喜び春まんかい
皆さんの前途を心よりお祝いして、式辞といたします。


（令和三年三月十九日）

うちの学校はまぶしい

だって、聞いて驚くな。
事務室には、『お日さま』が3つ住んでいるんだ。
とびきりの笑顔で、おもてなしをするものだから、
お客さまは、きまって
「気持ちのよい学校ですね」と言う。
玄関には、季節の花が活けてあるものだから、
お客さまは、目を細めて
「きれいな学校ですね」と言う。
すれ違う子ども達が、元気に挨拶をするものだから、お客さまは、感心した顔で
「明るい学校ですね」と言う。
先生達が、行事をアイディアいっぱいに行うものだから、お客さまは、うっとりした表情で
「すてきな学校ですね」と言う。
お客さまの言葉を聞くたびに、心がとろけそうになった。

8章　俳句コンクール　春夏秋冬

俳句コンクール　春夏秋冬　まずは春

○春の季語のいちばん人気は「八重桜」　春　平成三十一年度　第一回コンクール　四月

ヤエザクラ賞　二十二人　ケヤキ賞五十六人　魔女賞五十五人　合計　百三十三人

平成三十一年度がスタートした。子ども達は、月に一度のペースで俳句を書き、二年目に入った。この頃になると、生活の中に俳句が浸透し、口から出る言葉はリズミカルな五七五に変身した。ただし、第一回俳句コンクールは春休みに書いた作品のため、まだ一年生は参加していない。

さて、春の季語のいちばん人気は、「八重桜」である。四十年前、植樹されて以来、本校のシンボルとして愛され続けている。子ども達だけでなく、保護者の方や地域の皆さんも開花を心待ちにしている。

おそらく、どこの学校でも桜は珍しくないだろう。なぜなら、入学式において欠かせないからだ。しかし、そのほとんどが「ソメイヨシノ」である。最近は温暖化の影響からか、以前より開花が早くなった。大人達は、いつの頃からか、「入学式までもちますように」と願うようになった。

しかし、本校は、八重桜なので開花が遅い。入学式を待ち、蕾がゆっくりと開く。

まず、「八重桜」が季語の作品を紹介する。

二年「はるの空さくらのかたちのくもがある」

気づきがいい。空にさくらの形の雲を発見している。一読すると空を眺めたくなる。

二年「さくらさききいろいカバーそつぎょうだ」

二年生になると黄色の安全カバーをとるが、「さくらさき」で学年が上がったことを伝えている。

三年「春がきた新たないのちごたいめん」

「ごたいめん」にぞくっ。春は生命が生まれる季節。その命と対面する喜びに満ちあふれる。

三年「三回目新木小での八重桜」

八重桜を見る回数で学年をカウントしている。視点がおもしろい作品。

三年「妹といよいよ見るぞ八重桜」

妹が入学してくる喜びを詠んだ。「いよいよ」がスパイスとなって効いている。「ぞ」は気合注入。

五年「満開の桜に期待新学期」

堂々と咲き誇る八重桜を見て、「がんばろう」とスイッチを入れている作者が見える。

六年「八重桜満面の笑みこぼれおち」

擬人法をうまく使っている。満開の八重桜が、風が吹くと、花びらを飛ばしている様子がうまく表現されている。「こぼれおち」がたまらない。「笑う」の最上級の表現だ。

六年「悠々と天に遍《あまね》く八重桜」

「天に遍く」にドキリとした。四十年前からあらきっ子を見守ってきた八重桜を神々しい存在として捉えている。「悠々と」が時間の経過やゆったりと落ち着いたさまを表現して、作品に広がりを与えている。ほっほっほっ、うれしいな。子ども達は、八重桜とともに成長している。

次に、「時候・天文・地理」を季語にした作品三句。

三年「春の朝ひかりもわたしも早おきだ」

ひかりがまぶしくて目を覚ますのではなく、ひかりを擬人化し、「ひかりもわたしも」と表現している。なんてスケールの大きい作品だろう。いやあ、参った!

五年「春の空三日月一っこ星一つ」

三日月もお星さまも、ともに「一つ」だから、夢やロマンが生まれる。

六年「おぼろ月意味がわからずじしょを引く」

わからない言葉があったので辞書を引いた。ただそれだけを詠んだ作品だが、なぜか心惹かれた。「おぼろ月」のぼんやりした印象と「わからない」のイメージが重なり功を奏したのかもしれない。

続いて、「行事・生活」を季語にした作品三句。

二年「しゃぼん玉つんとさわるときえていく」

「つんと」の三文字がストレートで小気味いい。

二年「ぶらんこをそらまでこいでとりになる」

鳥になるにドキッ。

五年「不安より楽しみいっぱい新学期」

不安と楽しみを天秤にかけているのが心憎い。新学期は、みんなこんな気持ちになっている。

続いて、「動物・植物」を季語にした作品七句。

二年「ぼくのせもたけのこみたいにのびたらな」

たけのこはぐんぐん伸びる。ぼくの身長は、今ごろパパを越したかな？

三年「せすじピンじゅぎょう中かなチューリップ」

この想像力がいい。チューリップ畑を見て、授業中に発想をとばすなんて……。うまいなあ。

三年「まってたよ長たびだったねつばめさん」

「まってたよ」でほっこり……。毎年、春になるとやって来るつばめは、大切な家族の一員だ。

三年「なの花が地面を黄色にぬっていた」

なの花は、花びらを落として地面に絵を描いているのかも……。逆転の発想がおもしろい。

四年「つくしがねにょきにょきにょきりせいくらべ」

擬態語「にょきにょきり」がいい。つくしが伸び上がる様子を愉快に表現している。

五年「すいせんがお日様向かってファンファーレ」

「ファンファーレ」と言えばトランペット。すいせんは上級のトランペッターだ。春の到着を宣言している。

六年「田んぼ道夜はかえるのカーニバル」

学校の周りはたんぼが広がっており、日が暮れるとかえるの合唱が始まる。カーニバルがいい。

最後に、涙の一句。

四年「先生とわかれたくない春の雨」

この児童は、担任が三月の人事異動により転勤してしまったため、その時の寂しさを詠んだ。担任にこの俳句を送ると、「涙なしには読めない」と返事がきた。たとえ別れても、俳句で心と心を繋ぐことができた。この作品は、俳句のすばらしさを、別の視点で教えてくれた。

○一年生が初めての俳句を書く　春　平成三十一年度　第二回コンクール　五月

ヤエザクラ賞二十二人　ケヤキ賞二十三人　魔女賞五十八人　合計　百三人

第二回俳句コンクールには一年生も参加して、全学年の作品が集まった。前年の入学説明会において、保護者の皆さまに、学校の教育目標「感性を磨く」と、その実現のために一年生から俳句を書くことを伝えていたので、スムーズに取り組むことができた。その際、

「お子さんのつぶやきを拾って五七五にしたててください。子ども達は、大人にない発想を持ち、いろんな発見をしますので、しっかりと書き留めてほしいのです」

とお願いした。後日、ある母親から入学する前から俳句に挑戦している話を聞きうっとりした。

まず、一年生の作品を紹介する。

一年「ちゅーりっぷいろんないろがあってすき」

一年「しゃぼん玉きれいなにじいろつくれたよ」

二句とも、なんて素直な作品だろう。自分の気持ちを難しい言葉を使わずに、そのまま表現している。

次に、「八重桜」が季語の作品を紹介しよう。
一年「ランドセルさくらのしたでおどってる」
三年「やえざくら兄と通うのさいごかな」
※前月　三年「妹といよいよ見るぞ八重桜」三年の姉が入学してくる妹を思ってかいた作品
三年「八重桜みんなみまもるお母さん」
四年「やえざくらわたしもいっしょにピンク色」
五年「ぶらんこで桜の花にハイタッチ」
五年「よりそって家族円満八重桜」
六年「国語辞典ひらくとそっと桜まう」

八重桜とともに、家族が登場して笑顔であふれている。三年「やえざくら」は、妹が兄の卒業を意識して詠んだ作品だ。「さいごかな」でちょっぴり寂しい気持ちが伝わってくる。前回、姉が妹の入学を喜んで書いた作品がヤエザクラ賞に輝いた。このように、作品が呼応して作られていることに、おもしろさを感じた。まさに、これが「俳句のバトンリレー」だ。

三年「八重桜」は、八重桜を見守るお母さんとして、五年「よりそって」では、八重桜をなかのよい家族の象徴として捉えている。八重桜の存在はあたたかくて永遠だ。五年「ぶらんこ」は、ハイタッチがいい。さわやかな作品に仕上がった。

色紙のイラストは、今回もさくら色に染まった。どうやら、最高賞を「ヤエザクラ賞」と命名したのは、まちがいではなかったようである。

続いて、季語ではないが「目覚まし時計」で響き合った作品を紹介する。
三年「目ざましをとめてもぐるよ春の朝」
六年「春の朝めざまし時計とけんかする」

この気持ちよくわかるなあ。春ってとにかく眠いんだよね。

続いて、「動物・植物」が季語の作品を二句。

二年「たんぽぽがわたげになったよおばあちゃん」

「おばあちゃん」の響きがやさしいなあ。タンポポを人間の一生に例えている。

三年「しょうぶのゆつよくなるなら長ぶろだ」

端午の節句に菖蒲の葉を湯に浮かべて入浴すると、邪気を祓い身を清めてくれる。強くなりたい一心で熱さをこらえている作者が見える。

続いて中七が似ている作品二句。「ぼくもいっしょに」「ぼくといっしょに」は、助詞が一文字違うだけなのに、作品の雰囲気はがらりと変わる。

二年「こいのぼりぼくもいっしょにおよがせて」

「ぼくもいっしょにおよがせて」とお願いしている。こいのぼりと一緒に風に吹かれたい作者が見える。

二年「つくしんぼぼくといっしょにせいくらべ」

つくしの群生の中に、背筋を伸ばして立っている作者が見える。つくしのピンと伸びた茎を見て、背比べと表現しているのがおもしろい。

続いて「春の空」「春の風」「春の夜」が季語の作品、集まれ！

四年「鳥たちのおどるステージ春の空」

四年「春の風洗たく物がダンシング」

六年「春の風帽子といっしょにとんでいく」

六年「春の夜空をみあげてまんげきょう」

一読するとどれもわくわくする。「春」って魅力的なんだよなあ。だって、「空」「風」「夜」にくっつくだけで、夢と希望が乗っかって明るくしてしまう。「春」は幸せを運ぶ魔術師に違いない。

続いて、ストレートな言葉を使わず、予感させることに成功した作品。

三年「赤と白みんなのあせで風光る」

うまいなあ。運動会の言葉がないのに、「赤と白」「みんなのあせ」で確実に伝わってきた。

続いて、笑顔が輝く一句。

五年「しゃぼん玉みんなのえ顔さかせるよ」

「え顔さかせるよ」に度肝を抜かれた。笑顔を花に例えて、「さかせるよ」と表現したのはみごと。

最後に、「おぼろ月」で一句。

四年「おぼろ月なみだでかすみゆがんでる」

おぼろ月は、霞や雲でかすんで見えない月のことを言うが、作者はなみだでかすみゆがんでいると表現した。泣いているお月さまを心配しているのか、作者が涙を流しているのかは定かでないが、趣のある作品だ。

○休校になっても続いた「俳句コンクール」　春　令和二年度　第一回コンクール　四月

ヤエザクラ賞二十九人　ケヤキ賞四十七人　魔女賞二十七人　合計　百三人

俳句を開始して三年目。令和二年度がスタートしたとたん、学校はコロナ禍のため、「休校」になった。登校できたのは、始業式と次の日の二日間だけだった。しかし、俳句コンクールは続けることができた。なぜなら、休校になっても作品が集まったからである。

二年「ながすぎるコロナがにくいはる休み」

作者のくやしい気持ちを、十七音の言葉に乗せて吐き出している。言葉は、時として、マイナスの気持ちを引き受け忘れさせてくれる。

第一回俳句コンクールでは、今年もまた「八重桜」の季語であふれた。

ふっふっふっ、うれしいな。休校になっても八重桜とともに子ども達は成長を遂げている。八重桜が季語の作品は、

「6章　コロナ禍の俳句コンクール」で紹介したので、ここでは他の作品を紹介する。
まず、「動物・植物」が季語の作品を六句。
二年「はるの山虫たちそろってピクニック」
二年「やまのぼりつくしのあたまならんでる」
四年「チューリップおもわずうたをくちずさむ」
四年「すいせんにのった水てきクリスタル」
地球は百年に一度のパンデミックだって、自然はいつも通り美しい花を咲かせ、虫がやってくる。
三年「冬の木は風でこわれたかさみたい」
発想がすごい。はだかんぼうの冬の木を見ていたら、壊れた傘に見えてきた。
三年「すずめのすわたしも母の帰りまつ」
あっぱれ。親鳥を待っているすずめを見て、「わたしも」と表現している。ひとりぼっちの留守番も、すずめがいたら寂しくないね、
次に、「時候・天文」が季語の作品を五句。
四年「春が来て小がらな母とせいくらべ」
お母さんは、きっと背を抜かれてもうれしい。あたたかい雰囲気が伝わってくる。
五年「下校中ぼくのぶんしん春のかげ」
あははっ、なんて愉快な表現だろう。自分の影を分身とは……。
三年「自転車でてがぬまいっしゅうかぜひかる」
三年「春風といっしょにとぶよにじゅうとび」
六年「春の風ピアノの音を運んでく」
春の風は、透明人間。目には見えないのに、子ども達はしっかりと存在を感じている。サイクリングしながら、な

わとびをしながら、ピアノを弾きながら、大自然の懐に抱かれている。

続いて、「新学期」をテーマにした作品四句。

四年「クラス替えぼくのねがいはかなうかな」

四年「新年度みんなの顔がさくら色」

四年「風光るひさしぶりだね友の顔」

六年「春の星クラスのみんなおもい出す」

コロナ禍で生まれた作品。友だちに会いたい気持ち、久しぶりに会えた喜びが伝わってくる。

続いて、ドキリとした作品一句。

三年「大小のこせいあふれるしゃぼん玉」

何と言っても、「こせいあふれる」がいい。この発想にドキリ。

最後に、「始業式の話」より一句。

五年「春の月校長先生ひとかじり」

始業式で話したメッセージ。空を飛んでいた時、お腹がすいたのでお月さまをかじっちゃったって……。

後で気づいたことだが、この頃、ヤエザクラ賞の色紙のイラストは、色合いが濃くなっていた。子ども達にコロナ禍に負けてほしくないという気持ちが交じってのことだった。

> ○入学式で一年生の俳句を紹介　春　令和二年度　第二回コンクール　五月

ヤエザクラ賞三十三人　ケヤキ賞六十四人　魔女賞七十人　合計　百六十七人

第二回コンクールは一年生にとって初めてのコンクール。たくさんの応募があり興奮した。この回も、「６章　コロナ禍の俳句コンクール」で紹介したので、他の作品を紹介する。

まず、「時候・天文・地理」が季語の作品四句。

四年「花の雨風といっしょにダンスする」

「花の雨」とは、桜に降り注ぐ雨のこと。雨と風のダンスとは、なんて壮大で美しい表現だろう。宇宙的視野の作品に胸が高鳴った。

五年「かみなりの音と光のコンサート」

この作品も、宇宙的視野の作品だ。なぜって、音と光のコンサートなのだから……。かみなりを「怖い」でなく、コンサートと「楽しく表現」しているところが作者の感じ方だ。だから俳句はおもしろい。

五年「春の風花の笑顔を見てまわる」

鋭い感性にドキリ……。風と花を擬人化し、「笑顔を見てまわる」とは……。難しい言葉がないので、だれにも書けそうで、実はだれにも書けない感性が光る作品だ。

六年「雨上がり透き通る青ソーダ水」

一読すると、雲ひとつない夏空が見えてくる。「透き通る青」がスパイスとなり効いている。

次に、「動物・植物」が季語の作品四句。

二年「川の上のってみたいな花いかだ」

さくら色したいかだが、あっちこっちに流れている。美しい光景が浮かびあがる。

三年「かくれんぼぼくのうしろにつくしの子」

なんてかわいい作品だろう。「つくしの子」と、つくしを擬人化しているのが心地よい。

四年「春の朝鳥のアラームなりひびく」

鳥のさえずりを、「アラーム」と表現したのはおみごと。これこそ最高の目覚めだね。

五年「うぐいすと口笛勝負まけないぞ」

一生懸命に口笛を吹いている作者が見える。「まけないぞ」は、勢いがある。

続いて、「つばめ」の季語で二句。

四年「つばめの巣今年もリフォーム始まった」
六年「電線のつばめが家の品定め」
よく観察しているなあ。あははっ……。「リフォーム」「品定め」など、ユーモアセンスも抜群だ。
続いて、「タンポポ」が季語の作品四句。
一年「かぜよふけたんぽぽわたげとおにごっこ」
一年「おとうととたんぽぽわたげそらにまう」
二年「たんぽぽがわたげにへんしんマジックショー」
四年「たんぽぽは旅の達人風まかせ」
タンポポは変身上手なので人気の季語のひとつだ。綿毛とおいかけっこしたり、マジックショーに使われたりしている。綿毛よ、どこまで飛んでいく？　もしかして、地球の裏側まで行くつもりかい……？
続いて、「食」に関する作品五句。
一年「すずめさんうちのおにわがれすとらん」
レストランとはなんておしゃれな表現。カラスには申し訳ないが、スズメには、上品なレストランが似合う。
三年「いちごがりぼくのいぶくろむげんだい」
「いぶくろむげんだい」から、作者の気合が伝わってくる。いちごがりだから誰にも遠慮はいらない。
三年「みそしるがあまくてほっこり春キャベツ」
春キャベツの甘さを発見するなんて……。ほっこりとあまーい一句だ。
五年「サイダーをのんであつさもはじけとぶ」
なんてさわやかな作品だろう。
六年「久々のきゅうりいっぽん丸かじり」
「いっぽん丸かじり」がいい。採りたては、何もつけずにそのままがぶり。

いつの時代も食べることは人間の一大事。だって、生きていくためには欠かせない。一読すると、つい笑顔になって胃がぐるーっと鳴る。えっ、これって、私だけ……？

続いて、季語ではないが、「ふたつ」で響き合った作品二句。

三年「さくらんぼ二つなかよく赤くなる」

六年「大小の梅の実ふたつやわらかい」

一読すると、「兄弟かな。親子かな。友人かな。恋人かな……？」と、想像が広がる。さくらんぼは赤くなるから恋人かな、いや、なかよし姉妹かな。梅の実はそろそろ食べ頃かなあ。

続いて、「シャボン玉」の季語で二句。

二年「しゃぼん玉てんしのようにそらのぼる」

「てんしのように」という比喩が心に染みる。作者の感じ方がストレートに伝わってくる。

三年「シャボン玉中のけしきがちゅうがえり」

逆さに映るのではなく、「ちゅうがえり」がうまい。最後の五音で印象深くまとめあげた。

続いて、季語を先取りした作品を紹介する。

六年「ゆかたきてはしってむかうなつまつり」

コロナ禍で夏祭りができない現状を踏まえ、願いを詠んだ作品だ。どんな困難があっても、想像力がある限り、人間はたくましく生きることができる。この作品はその証明だ。

最後に、ぐっときた作品を一句。

四年「新緑のまぶたの裏におばあちゃん」

コロナ禍で会えないおばあちゃんへの愛情がひしひしと伝わってきた。「新緑のまぶたの裏」のセンスにドキッ。だって、「新緑」を季語に、俳句として成立させているのだ。

この回は休校中にもかかわらず、ヤエザクラ賞が三十三句、入賞率はなんと三十九パーセントとなり、令和二年度の最高を記録した。

俳句コンクール　春夏秋冬　次に夏

○俳句のはじまり　夏　平成三十年度　第一回コンクール　六月

ヤエザクラ賞が十二人　ケヤキ賞二十五人　魔女賞四十五人　合計　八十二人

「感性を磨く」を合言葉に、俳句の審査が実施されたのは、平成三十年六月七日であった。鈴木氏をお招きして、第一回俳句コンクールが実施された。この時の審査の様子や入賞作品については、「5章　俳句コンクール」に記したので、ここでは他の作品を紹介する。一年生が四人も選ばれた。

一年「こいのぼりぼくもいっしょにおよぎたい」

一年「あめのひはかさのあじさいきれいだね」

一年「せみのこえあみをかたてにさがすぼく」

一年「あさがおよいくつさくかなつやすみ」

明るく元気いっぱいの様子が伝わってくる。夏の季語「こいのぼり」「雨の日」「せみの声」などに加えて、秋の季語「アサガオ」もあった。生活科で一人一鉢栽培をしている。俳句の季節は旧暦を基本としているから時として季節がずれる。子ども達には、季語の季節にとらわれず、のびのびと書かせた。

六年「朝のきりだいしぜんとのにらめっこ」

修学旅行先の日光で詠まれた作品。「にらめっこ」とは、うまいなあ。霧がかかり、次第に晴れあがっていく情景をみごとに言い当てている。

六年「そよ風に乗ってきたのは初夏の文」

風が吹いてきた時、「夏が来た」ことを感じ取ったという句。「初夏の文」の「文」がいい。自然が季節の到来を教えてくれる。みごとな作品だ。審査をしながら、表現の豊かさにしびれあがった。不安の先に、希望の光がしっかりと見えた瞬間だった。

スタートしたばかりの頃、ヤエザクラ賞の色紙のイラストは小さく色も淡く表現していた。子ども達の俳句の邪魔にならぬよう、「隙間にイラストを添えよう」と考えてのことだった。

○セミが鳴き始めて陸上部の応援をする　夏　平成三十年度　第二回コンクール　七月

ヤエザクラ賞七人　ケヤキ賞三十一人　魔女賞四十九人　続いて合計　八十七人

第二回コンクールは、前回と比較すると、ヤエザクラ賞は減ってしまったが、全体としては同じ水準を保つことができた。子ども達の作品は、やや緊張しているように感じられた。

まず、「シャボン玉」が季語の作品を二句紹介する。シャボン玉は何かを映す「鏡」のようなもの。その性質を使って書いた。さて、二人は何を映したのか?

一年「いもうとのえがおがうつるしゃぼんだま」

六年「しゃぼんだま町をのっけてとんでいく」

一年「いもうとのえがお」とは最高にうれしい。やさしいお兄ちゃんが見えてくる。六年生は「町をのっけて」と表現した。「町を映して」だったらつまらない。でっかい町を載っけるから、度肝を抜かれる。

次に、「植物」が季語の作品二句。

一年「ひまわりとぎゅうにゅうのんでせいくらべ」

「ぎゅうにゅうのんで」がいい。お家の人に言われているのだろう。子どもらしい作品だ。

五年「ほっぺたをふたりくっつけさくらんぼ」

一読したら二年生の弟さんが見えてきた。だって、元気いっぱいの双子ちゃんなんだ。

続いて、「梅雨が明けた」頃の作品を紹介する。

二年「つゆ晴れにほしたかさの花がさく」

「かさの花がさく」という発想がステキ。

六年「夏休みいなかのにおいかぎたいよ」

夏休みが近くなり、作者が「おじいちゃんのいる田舎に行きたい」と言ってできた一句。

最後に、新木小学校の夏を象徴した作品。

六年「陸上部セミも一緒に声を出す」

本校の陸上部は、朝早くから元気な声を出して校庭を走っている。思わずセミも応援する。

○パパたちが集まって子ども達の夢を育む　夏　平成三十年度　第三回コンクール　九月

ヤエザクラ賞十八人　ケヤキ賞五十人　魔女賞三十四人　合計　百二人

二年「きもだめし夜の学校べっせかい」

第三回コンクールは夏休みの作品。本校では、夏休みに肝試しを実施する。主催は、「父親の会」。なんとパパたちの集まりである。父親の会は、他にも、運動会の準備や後片付け、プール掃除、ふれあいバザーでは豚汁のお店を出したり、通学路の危険なところに看板を作って設置したりと、いとまがない。学校経営を力強く支えてくださっている。中でも肝試しは子ども達に大人気である。

驚くなかれ、肝試しの会場は、「学校」だ。昼間はたくさんの友達がいて怖くないけれど、夜はひっそりと静まり返っている。夕暮れとともに、学校の雰囲気はガラリと変わる。そんな中で、理科室の人体模型が光ったり、音楽室のピアノが鳴り出したりしたらどうだろう。パパたちは、子ども達の驚く顔を想像しながら準備を進めてくださった。いつしか本校の目玉になった。

次は、よく観察している作品を三句紹介する。

一年「みあげればくびながりゅうのなつのくも」

二年「ひにやけたパパのせなかにせかいちず」

二年「あさがおははなびのようにひらきます」

よく見ている。じっと見ている。ずーっと見ている。

五年「風鈴屋いろんな音を売っている」

「音を売る」という表現にどきっ。風鈴は「もの」だけど、視点を変えると「音」かあ……。もっと発展させると、うなぎ屋さんは、「香り」を売っている。いけない、私ったらくいしんぼうだから……。

続いて、鼻を使った作品を一句。

三年「田んぼ道お米のにおい風の中」

「におい風の中」とはうまい表現だ。一読すると、一面に広がる田んぼ、風が吹くと稲穂が左右に揺れる様子が浮かびあがり、ここまでおいしい香りが漂ってくる。

続いて、耳を使った作品「げたの音」で二句。季語ではないが、モチーフとして登場し響き合った作品だ。

五年「夕立にカランとなったげたのおと」

擬音語の「カラン」にドキッ。

六年「夏まつり心もおどるげたの音」

「心もおどる」に、ビリビリ……。

続いて、「せみの声」で二句。

三年「せみの声めざましの音きこえない」

五年「せみの声青空全部夏にする」

本校にいたら、この感覚は百二十パーセント伝わってくる。「青空全部夏にする」の潔さがいい。

続いて、夏まっさかりの作品三句。

五年「宿題も夏バテ理由にあと回し」

　うんうん、わかるわあ。

六年「サイダーにすけて見えるの青い空」

　さわやか気分最高だ。

六年「輪になって線香花火じっと見る」

　上五「輪になって」、下五「じっと見る」の相性抜群。

　続いて、夏休みが終わった後の作品三句。

二年「あったらな夏の思い出しまうはこ」

　私も欲しいなあ。

四年「ひやけしたゴーグルあとがはずかしい」

　うんうん。その気持ちよくわかる。

四年「日やけして転校生と思われた」

　ここまできたら、日焼けチャンピオン！

　二学期のスタートは、四十日ぶりに会う友達にドキドキする。

　最後は、まさに、現在進行形の作品だ。瞬間を切り取ったみごとな一句。

二年「おぼえてるビーチサンダルぬいだばしょ」

　ある朝、この作者の母親から、家族で海に出かけた時、実際に起こったことを詠んだと聞いた。登下校中、保護者の方にお会いすると、俳句を話題に、子ども達の成長を話すことができてうれしかった。

○運動会で俳句を紹介したら……　夏　平成三十一年度　第三回コンクール　六月

ヤエザクラ賞二十三人　ケヤキ賞四十八人　魔女賞四十八人　合計　百十九人

俳句を開始して二年目の夏の作品。運動会の開会式で、子ども達の俳句を紹介した。

五年「くやしいな運動会の一点差」

前年は大接戦の末、白が勝利した。余計な説明をしなくても、たった十七音で昨年のくやしさと喜びが蘇り、会場は、熱気むんむん闘志が燃え上がった。そして、閉会式では、「今日の感動を五七五に表現しよう」と呼びかけた。するると、前年に増して、運動会の作品が多く集まった。

一年「うんどうかいだんすをおどりなみにのる」
二年「おにいちゃんかっこよすぎたうんどう会」
三年「うんどうかいパパとママにもおうえんしょう」
三年「せいえんを力にかえて風になる」
三年「さつきばれとどかなかった赤いはた」
三年「おうえんの大きな声が空をとぶ」
四年「運動会みるひとみんなカメラマン」
五年「運動会ぼくのせをおす母の声」
五年「兄として負けられないぜ運動会」
五年「百メートルオリンピックに希望乗せ」
六年「運動会汗となみだのたいりょうだ」
六年「運動会はりきる母にハイタッチ」

すごいよ。本当にすごい。この回は、勢いのある作品ぞろいで審査に難航した。声に出して読むと、パワーが充電されて走り出したくなった。あの日の汗と涙が見えてくる。次に、ふき出しそうになった作品。

二年「わたしんちいつのまにかつばめんち」

わははっ……。

続いて、「日焼け」で三句。それぞれにアイディアが光る作品だ。

一年「がんばったぼくのひやけはいっとうだ」

二年「ひやけしたわたしのうではコッペパン」

三年「日やけしてくつしたぬいだらもう一まい」

コロナ禍になり、「日焼け」は懐かしい季語になってしまった。子ども達には外で元気いっぱい遊んでほしい。

続いて、「子ども達の遊び」から紹介。

一年「あそびたいあふりかぞうとみずあそび」

ぞうの中でもあふりかぞうは、一番の大きさなんだって……。

一年「しゃぼんだまふたごとみつごうまれたよ」

しゃぼんだまの双子と三つ子にあっぱれ。

二年「ぶらんこはこげばこぐほど空をとぶ」

まさにドンピシャ！

五年「ぶらんこに心をゆらして一休み」

わかるなあ。ゆったりできるとっておきの場所。

続いて、「昆虫の王様」とも呼ばれるカブトムシの作品二句。

二年「かぶとむしするどいつのでつきあげろ」

勢いがある。「つきあげろ」に大興奮。

六年「カブトムシ採って育てて四代目」

ただ飼っているのではなく、愛情を持って飼育している。「四代目」に唸った。

最後にこの一句。

四年「青空に入道雲がうつってる」

「うつってる」の表現に度肝を抜かれた。映すものと言えば「鏡」。真っ青なピカピカの空に、真っ白い雲が鮮明に映し出されている。短い言葉で、夏空をうまく表現している。

○自分の想いを素直に自分の言葉で　夏　平成三十一年度　第四回コンクール　七月

ヤエザクラ賞二十一人　ケヤキ賞十六人　魔女賞四十八人　合計　八十五人

あと十日ほどで夏休みがやってくる。そんな季節の俳句コンクールだ。全体的に入賞者が減ったが、ヤエザクラ賞は前回とほぼ変わらない。ただケヤキ賞が数を減らした。

まず、「時候・天文・地理」が季語の作品三句。

一年「つゆがはれうごいたままのせんたくき」

梅雨明けと同時にせんたくものの量は十倍だ。「せんたくき」にスポットライトを当てたのがみごと。

二年「つゆ晴れにかがやくにじをわたりたい」

この願い、いつの日か叶えたい。

三年「かみなりはゴロゴロなってママのひざ」

ママにくっつけば、ドキドキはふきとんでいく。

次に、「食」の季語をズラリ紹介。

一年「かきごおりべろがおばけになっちゃった」

何と言っても「おばけ」がいい。

二年「ぼくのにわきゅうりがいっぱいママえがお」

「ぼくのにわ」にびっくりだ。

三年「みそきゅうりおやつに二本まるかじり」

えっ、二本もペロリ……？

五年「さくらんぼ祖父のお土産一キロだ」

　さくらんぼの山とやさしいおじいちゃんが見える。

五年「サイダーを飲んだら気分青い空」

　パチパチと泡がはじけて、スカッとさわやか。

六年「食卓の上で輝くさんまかな」

　脂がのってうまそうだなあ。

　続いて、「動物・植物」が季語の作品五句。

二年「あじさいを一りんそぼにとどけよう」

　愛情がストレートに伝わってくる。「一りん」がいい。おばあちゃんの笑顔が目に浮かぶ。

三年「雨上がり青空ひらくせみの声」

「青空ひらく」にうっとり。雨が降り止むと一斉にせみが鳴きだして、夏がやってきた。

四年「山道をでんぐりがえし松ぼっくり」

　光景が目に浮かぶ。中七「でんぐりがえし」がうまい。

四年「雨の日にかさのあじさいおどってる」

　かさをあじさいに見立て「おどっている」とは愉快だ。

五年「やえざくらいつのまにか夏のいろ」

　葉桜になり登場回数は減ってしまったけれど、この俳句で元気を盛り返したかも……。

　続いて、一読すると笑い声が聞こえてくる作品二句。

四年「子どもたちはしゃいでる声星祭り」

五年「日焼けして母も私も大笑い」

　最後に、「行事・生活」が季語の作品二句。

六年「風鈴屋いろんな景色売っている」

「景色を売る」という想像力のたくましさ。音から景色へ、それぞれの物語が展開していく。

六年「七色の光の音ぷシャボン玉」

まさかシャボン玉が音符になるとは……。作者は吹奏楽部の部長さん。

この頃になると、子ども達の俳句は、自分の想いを素直に自分の言葉で表現できるようになった。

○自分勝手でごめんなさい　夏　平成三十一年度　第五回コンクール　九月

ヤエザクラ賞二十七人　ケヤキ賞四十五人　魔女賞七十三人　合計　百四十五人
この回は入賞者がドーンと増え、前回の一・七倍になった。実にのびのびと表現されている。読んでいて気持ちがいい。なぜか……？　そう、夏休み期間中の作品だったからだ。

まず、「時候・天文・地理」が季語の作品七句。

二年「夏のくもライオンみたいほえている」

「ライオン」「ほえている」がぴったり。

二年「ドキドキだゆうだち前のくろいくも」

よく観察している。

二年「大きさで入道ぐもがしょうぶする」

この発想が愉快。

二年「夏山のターザンロープでかぜおこる」

「かぜおこる」がいい。

四年「ワンピース夏雲に乗り風にまう」

目の前に、さわやかな光景が浮かぶ。

六年「砂浜で足のアイロン夏の海」

　アイロンの表現にうっとり……。

六年「太陽がすもうで勝ったよ梅雨明けだ」

　ビッグだなあ。宇宙一の相撲大会だ。

すごいよ、すごい。どれも気づきや発見があり、読者に感動を与える。

次に、「行事・生活」が季語の作品八句。

一年「おてつだいやってママにもなつやすみ」

　ママの笑顔が目に浮かぶ。

一年「サングラスたいようのひかりはねかえせ」

　夏本番の作品だ。

四年「おにごっこ夕立が来ておにのまま」

　あらまっ、悲しい……。

四年「きもだめしいつもとちがう足の音」

　よーく聞いている。

一年「すいかわりみぎだひだりだわれるかな」

　みんなでワイワイやるから楽しい。

五年「すいかわり仲間を信じふりおろす」

　さて、どうだった？

五年「花火師が夜空に作る万華鏡」

　夜空に打ちあがる花火を、花火師が作る万華鏡と表現した。地球を手の平に載せる手腕はみごと。

六年「毎日を俳句に例える夏休み」

俳句を実施して二年、こんなにうれしいことって……。

続いて、「動物・植物」が季語の作品五句。

三年「金魚さん水の中では花火かな」

なんて、かわいい発見だろう。

三年「ひまわりのたねのぜんぶが命だよ」

なんて、偉大な発見だろう。

四年「らくらくとかくれみのじゅつあまがえる」

ユーモアセンスにうっとり。

六年「ミニトマトまってましたと赤くなる」「まってました」に作者の思いが詰まっている。

六年「茄子入れた小鍋の中はエメラルド」

よく観察している。「みどり」でなく「エメラルド」の表現が粋だ。まるで、宝石のような輝きのある作品に仕上がった。

続いて、「せみ」「アブラゼミ」「せみしぐれ」の季語で三句。

一年「うるさいないじわるなせみとんでいけ」

五年「アブラゼミオーケストラの真似をする」

六年「せみしぐれめいっぱい鳴け一週間」

同じセミの声でもうるさいと感じたり、心地よい音楽のように感じたり、セミの寿命を知り精いっぱい鳴けと命令したり、人により感じ方は様々だ。心の持ちようによっても変わる。だから俳句はおもしろい。

最後に、色紙をかく過程において、自分勝手に想像してかいた作品を四句。

三年「おじいちゃんにわのプールのかんしいん」

どんなおじいちゃんかな?

三年「妹のひまわりみたいなわらいがお」

妹さんは、何歳くらいかなあ？

三年「ぼくの家せみにまけないにぎやかさ」

何人家族かな？

三年「ゆかたきて母と手つなぎ花火見る」

どんな浴衣かな？

振り返ってみると、私は、自分勝手な想像だけでイラストを描いてきた。もしかしたら、「おじいちゃんは、こんなに髪の毛白くない」「妹はまだ生まれたばかり」「ぼくの家は四人家族じゃないし、猫も犬も飼ってない」「お母さんの浴衣の色は紫色じゃなくて、花火の模様」なんて、言っているかもしれない。皆さん、自分勝手でごめんなさい。ところが、三年間、イラストの苦情は一件もなかった。

○コロナ禍は一瞬だけ季語を変えちゃった　夏　令和二年度　第三回コンクール　六月

ヤエザクラ賞二十一人　ケヤキ賞六十二人　魔女賞四十七人　合計　百三十人

俳句を開始して三年目の夏の作品。コロナ禍で入学式が延期になった。四月の入学式が六月になり、例年、新一年生を迎えるはずの八重桜が葉桜になった。

一年「はざくらでぼくたちはじまる一ねんせい」

一年「にゅうがくをまちくたびれたらんどせる」

一年「らんどせるぼくがあるくとおとはずむ」

春の季語で大人気の「入学式」や「ランドセル」が、季節を一つ飛び越して夏に登場している。コロナ禍は、地球が始まって以来、季節を脅かす大事件であったことは間違いない。人々の生活習慣まで変えてしまったのだから……。ようやく長いトンネルから抜け出し、普段の生活が戻ってきた。行事で四季を感じる日本の風情を再認識している今日この頃である。

続いて一年生の作品を二句。

一年「かだんはねはちのみつぼしレストラン」

みつぼしに興奮。ここで、おいしいランチを食べたいな。

一年「さかあがりおしてくれたよはるのかぜ」

さかあがりができた。おめでとう。

次に「つばめ」の季語で二句。

三年「つばめのす中をのぞくと歌がっせん」

五年「つばめの巣ヒナたちみんな歌手になる」

春の季語だが、ヒナが歌手になり夏に登場した。「歌がっせん」「歌手になる」と言い切っているのがいい。

続いて、二年生の作品を二句。

二年「しゃぼんだまなかでにじいろひかってる」

「なかでにじいろ」に想像がふくらむ。

二年「そだてればすきになるかなミニトマト」

ミニトマト、食べられるようになったかなあ。

続いて、三年生の作品五句。

三年「トンネルは時と時とのワープかな」

なんておもしろい表現。独特の感性で物事を見ている。

三年「おねえさん日がさがにあうひんのよさ」

お姉さんは、作者のあこがれかしら……？

三年「入道雲ぼくらの町をつつみこむ」

「つつみこむ」で、町全体が見えてくる。

三年「カーネーションもらったママも赤くなる」

きっと、ママのほっぺはカーネーション色に……。

三年「ぶらんこでとんでるひこうきとびこえた」

「オーマイガー！」、飛行機をとびこえるなんて……。

続いて、四年生・五年生の作品二句。

四年「田植えした田んぼ国語のノートかな」

田植えした田んぼを見て、国語のノートに発想をとばす作者の想像力にドキリ。

五年「かみなりでくらい夜空がまっ二つ」

怖いのに、実によく見ている。

最後に、六年生の作品三句。

六年「梅雨の音ぽつんぽつんとかさの上」

「ぽつんぽつんと」が楽しい。まるで歌っているみたい。

六年「堂々と春を伝える八重桜」

「堂々と」が鐘のように心に響いてくる。

六年「大花火ぼくの心ぞうノックする」

一読すると、読み手の心もノックする。「どきどきする」でなく、「心ぞうノック」の表現がうまい。

○コロナ禍に負けず成長している子ども達　夏　令和二年度　第四回コンクール　七月

ヤエザクラ賞二十五人　ケヤキ賞三十九人　魔女賞四十二人　合計　百六人

一年生がアサガオの一人一鉢栽培をしていることを、先に書いた。しかし、この年はコロナ禍のため、自宅で種を蒔き、分散登校が始まる時、学校に持ってきてもらった。
まず、「アサガオ」の季語で二句。
一年「あさがおがさいたよおおきくそらのいろ」
「そらのいろ」に興奮。アサガオは広い空にあこがれて、花の色を空色に染めたのかなあ。
三年「あさがおはいもうとこえて高くなる」
妹さんとの比較により、アサガオの高さが伝わってくる。
次に、「にじ」の季語で四句。
一年「にじみえたおおきなとんねるあるきたい」
三年「雨上がりみんな笑顔にじ光る」
六年「にわか雨残していったにじの橋」
六年「空見上げ輝く虹の輪友の声」
一読すると、心に光が差し込んだ。ある時は、トンネルになったり、にわか雨の忘れ物になったり、輪になって幸せの象徴として描かれた。笑い声がここまで聞こえてくる。
続いて、ほっこりしたり、心が躍ったりする作品四句。
一年「ゆうやけがやさしくこっちむいてきた」
温かい作品。一読すると心が抱きしめられる。
三年「梅ジュース毎日びんとにらめっこ」
「にらめっこ」にドキッ。たった五文字で、作者のはやる気持ちを言い当てている。
四年「きもだめし先に行ってと姉をおす」
「姉をおす」で危機一髪の情景が浮かび上がってくる。
五年「梅雨の道心おどらす水たまり」

大人が忘れてしまった「子ども心」を思い出させてくれた貴重な一句。

続いて「ミニトマト」で二句。

二年「ミニトマトほおばる妹ハムスター」

あっ、妹さんがハムスターになった。

二年「ミニトマトみずをごくごくのんでるよ」

ミニトマトを擬人化して、「ごくごくのんでるよ」がいい。だからお腹がまんまるなんだね。

続いて、なぞなぞになりそうな作品を三句。

四年「オクラにはラッキースターかくれんぼ」

「かくれんぼ」とは、なんてうまい表現だろう。

五年「くらやみにひかるほたるのコンテスト」

「コンテスト」の発想がキラリ光る。

六年「くるくると迷路みたいな赤いばら」

まさか迷路へ発想をとばすなんて……。すごすぎる。

続いて季語ではないが、「通学路」で響き合った二句。

四年「五月雨にかさのパレード通学路」

「かさのパレード」がすてき。たくさんの子ども達が見えてくる。

六年「あじさいが花道つくる通学路」

「花道」から、通学路を歩く喜びが伝わってくる。

続いて、「なつぼうし」が季語の作品。一読して、作者の表現力に震えあがった。

二年「こん色のなつぼうしの中白い線」

紺色と、割って入った白とのコントラストがみごとな作品。帽子の中に空と海、水平線が見える。

最後に、続いて、勢いのある作品五句。
一年「すべりだいすべってそのままそらにいく」
三年「はつスイカたねよ空までとんで行け」
三年「天の川ぼくが橋をかけたいな」
四年「春の水自然の力わいてくる」
六年「ぼくの背もひまわりみたく高くなれ」
一読すると、力がみなぎってくる。コロナ禍に負けず子ども達は成長していた。

○心が内側に向かっていったコロナ禍の夏休み　夏　令和二年度　第五回コンクール　九月

ヤエザクラ賞二十九人　ケヤキ賞六十六人　魔女賞五十三人　合計　百四十八人

外出を制限されたコロナ禍の夏休みの作品である。期間は短かったものの、作品は山のように集まった。、ヤエザクラ賞は二十九人、入賞率は歴代五位を記録した。

まず、「カブトムシ」が季語の作品を紹介しよう。本校は森林に囲まれているので、カブトムシの宝庫だ。どれくらい捕れるかというと、ある日、「ひとりで独占しないで、一人一匹にしましょう」と全校放送を入れたほどだ。嘘のような本当の話である。

一年「かぶとむしいつくるのかなぼくのいえ」

待ちこがれている作品。

二年「カブトムシ今日からぼくのかぞくだよ」

やってきた喜びを表現した作品。

三年「カブトムシ力が強いつの一本」

強さを表現した作品。

次に、夏休みに、家族と出かけた思い出の作品三句。

一年「いもうとはぱぱのせなかでとざんする」

背中で登山という発想がすてき。温かい家庭が見えてくる。

三年「きもだめしぼくよりさわぐ母の声」

一読して、「お母さん最高！」。

四年「なつのうみこころわくわくはしりだす」

この気持ちわかるなあ。

続いてコロナ禍特有の作品四句。

一年「さびしいないとこにあえないなつやすみ」

感じたことを素直に表現している。

四年「夏の夜今年はぼくが花火しだ」

「花火しだ」から、作者の強い使命感（花火に火をつける）が伝わってくる。

五年「出番来い待ちに待ってるゆかたかな」

「出番来い」と倒置法を効果的に使い、ゆかたに袖を通したい気持ちを表現している。

六年「打ち上げた花火一発心うつ」

「一発」と「心うつ」が作用して心に響く。

コロナ禍で、帰省できない、花火大会やお祭りの中止など、例年通りの夏休みにはならなかった半面、心が内側に向かっていった。

一年「しゃぼんだまわたしのこころもふくらんだ」

一年「おおきなきわたしのひがさになっちゃった」

一年「あまやどりきみもぬれたのトンボさん」

二年「夏空をちょう子電てつかけぬける」
二年「ゆうぐれにみんなでかこむむかえの火」
二年「かき氷ゆめのなかでは九はいめ」
三年「とれたてのとうきび口ではじけてる」
四年「水筒がカランコロンと夏の音」
五年「初夏の朝家族みんなでねっころぶ」
六年「梅雨終わりみんなの心切り替わる」
六年「雨雲の上で待ってる夏の空」
六年「日焼けしたはだかがぼくの絵日記だ」
六年「お手伝い母の気持ちが分かる夏」
六年「ひまわりのよこでさいてる笑顔かな」
六年「いつの間に向日葵こした十二歳」

普段の生活にこそ大きな発見がある。そのことに気づいた夏休みになった。田舎に帰省できない、地域のお祭りや花火大会も中止になったけれど、シャボン玉を膨らませたり、家族みんなでねころんだり、お手伝いをしたり、普段の生活の中で大きな発見をし、成長することができた。子ども達は、目や耳、心をはたらかせて、感じたことをそのまま表現することができるようになった。

○季語「風鈴」の作品大集合　夏　平成三十年度〜令和二年度

夏は、「風鈴」を季語にした俳句がたくさん集まったので三年分をまとめて紹介しよう。風鈴の涼やかな音を聞くと、むせかえる暑さがふっとんでいく。さて、子ども達は風鈴をどう表現したのだろう。

平成三十年度

五年「風鈴屋いろんな音を売っている」
　音を売っている。

平成三十一年度

三年「風鈴とげんかんでまつ夏休み」
　風鈴があったら、もう寂しくないね。
三年「ちゅら海のサンゴのふうりん風をまつ」
　ドキッ、風をまつにときめいた。
四年「ふうりんが夏と一しょにやってくる」
　ふうりんと夏はなかよしさん。
六年「風鈴屋いろんな景色売っている」
　景色を売っている。

令和二年度

三年「風鈴の音色きこえぬ暑い夜」
　聞こえないと否定して、風鈴を登場させている。おもしろい発想だ。
四年「ふうりんの音といっしょに夕日みる」
　情景が目に浮かぶ。
五年「風鈴が新しい風よんでくる」

新しい風にどきっ。
五年「ふうりんがドレミの音にきこえるよ」
ほんとうだ「ドレミ」に聞こえる……。
五年「風りんのなる音こそがミュージカル」
ミュージカルとはなんて心地よい表現だろう。
五年「風鈴がチリンと鳴ると夏が来る」
すてき、夏がスタートする合図とは……。

俳句コンクール　春夏秋冬　続いて秋

○秋と言えばなあに　秋　平成三十年度　第四回コンクール　十月

ヤエザクラ賞十二人　ケヤキ賞四十四人　魔女賞九十人　合計　百四十六人

俳句を開始して、一年目の秋の作品。秋と言えば、「食欲の秋」「スポーツの秋」「芸術の秋」「読書の秋」など様々に表現されている。俳句がいちばん生まれやすい季節とも考えられるが、果たして結果は……。さて、子ども達はどんな秋を見つけ表現したのだろう。

この回の入賞者の合計は、前回の一・四倍になり大きく更新した。

まずは、「虫」の季語で三句。

一年「あきのむしきいてみたいなじかんわり」

時間割の発想はみごと。作者の頭の中を見てみたい。

五年「すずむしの合唱団が家にくる」

すずむしの合唱団はあちこちに遠征をしているかも……。

四年「カマキリとやってみたいなボクシング」

あまりにピッタリで、映像まで浮かんでくる。どれも、虫を主人公にしてユーモアたっぷりに表現している。

次に、「時候・天文・地理」を季語にした作品を五句。

三年「みかづきがほしにかこまれいいきぶん」

声に出して読むといい気分になってくる。

一年「みかづきはそらにのぼったぼくのふね」

ぼくのふねが「みかづき」とは、夢いっぱいだ。
四年「秋風にのってフライがホームラン」
「ホームラン」で一発逆転。ヤッター。
四年「いわし雲夕やけの海泳いでる」
空にも海があるんだね。「夕焼けの海」の表現にしびれちゃった。
五年「秋風がぼくのひこうき飛ばしたよ」
何と言っても、「ぼくのひこうき」がいい。特別感がある。
続いて、「植物」が季語の作品二句。
三年「くりひろいこしがいたいと母の声」
作者のやさしさが伝わってくる。
五年「空の色つゆ草色に染まってく」
「つゆ草色」に魅かれた。明るい薄青色のことで初秋の季語だ。
続いて、お母さんの努力が報われた作品。
二年「うんどう会ママのべんとう一とうしょう」
娘さんからお母さんへの「ラブ俳句」。
最後に、現代俳句の紹介。俳句は、時代とともに姿を変えていく。
一年「おしゃれしてかかしもじょしりょくたかいのね」
一読して大笑い。最近のかかしは、ワンピースを着たりスカーフを巻いたりしている。

○入賞率が最高に……、「陸上競技大会」の俳句がないわけ　秋　平成三十年度　第五回コンクール　十一月

ヤエザクラ賞十八人　ケヤキ賞五十人　魔女賞百六十六人　合計　二百三十四人

第五回コンクールにおいて、おそるべき記録が樹立された。それは、入賞率である。なんと、五十パーセントであった。一人複数の賞の受賞はないので、全校児童の約半数が入賞を果たしたことになる。この記録は三年間破られることはなかった。やはり芸術の秋だ。

この時期は学習も充実する。一学期に努力してきたことが、二学期に結果となって現れてくる。しかし、俳句の取り組みを始めてわずか五ヶ月であった。季語にはありとあらゆる選手が登場し活躍をしていた。ここでは、いろんな秋を紹介する。

まず、「時候・天文・地理」を季語にした作品を八句。

二年「流れ星山から山へつりばしだ」

流れ星から「つりばし」への発想はなんてロマンチック。

三年「ろてんぶろ月はわたしのすぐ近く」

露天風呂と月の取り合わせがうまい。

三年「鉄棒で地球一周秋の空」

「地球一周」にドキリ。宇宙を視野に入れたビッグな作品だ。

四年「天高く赤ちゃん空に抱き上げる」

お兄ちゃんのやさしさと喜びが伝わってくる。

四年「デジカメの中にあふれる秋の空」

まさに、現代の俳句だなあ。

五年「ハンカチを広げて秋を拾ったよ」

えっ、まさか……？「秋を拾ったよ」に度肝を抜かれた。

六年「うで時計五分遅らせ秋の夜」

夜を満喫したい作者の気持ちが伝わってくる。

六年「ハンカチをはさんで閉じる秋読書」
栞でなくハンカチを挟むところに作者の個性が光る。
続いて、「動物・植物」を季語にした作品五句。
一年「ろてんぶろもみじといっしょにあかくなる」
紅葉の景色の中にいる作者もまっかっか。
四年「クレヨンの色迷いつつ山紅葉」
「色迷いつつ」に脱帽。紅葉の色は混色して作らねば出てこない。
四年「大好きなさんま一本丸かじり」
秋をまるごと食べているみたい。
六年「いちょうの葉くるりくるりとダンスする」
擬態語「くるりくるりと」の情景描写がうまい。
六年「虫かごは自然がくれたオルゴール」
あっぱれ。虫かごをオルゴールに見立てるなんて……。なんて壮大なイメージだろう。
続いて、「行事・生活」を季語にした作品。
一年「おいもほりつなひききょうそうまけないぞ」
いもほりを、綱引き競争に例えるとは……！
続いて、家族が登場する作品二句。
一年「さむい朝ママのポケットあったかい」
ママのポケットには、「ひだまり」が入っているのかも……。きっとそうに違いない。
四年「ばあちゃんの昔話の送り盆」
おばあちゃんの昔話は、永遠に語り継がれる。

最後に、秋にもかかわらず、なぜか春が季語の作品二句。

四年「のらねこを寝かしてふわり春の風」

四年「先生が誰になるかな新学期」

子ども達は、年間にわたり俳句を作っているため、季節外れの作品が投句されることがあった。審査においては、たとえ季節がずれていても作品が優れていればヤエザクラ賞を授与することとした。なぜなら、目的は、「感性を磨くため」であり、目標は、「自然や身の回りを観察し、感じたことや発見したことを十七音に表現することができる」であったから。時として、子ども俳句には、教育的配慮が必要である。

どの作品も、読むとうっとりした。それぞれの俳句の世界を想像すると、絵が浮かんでくる。よい作品は、イメージが広がり絵になる。だから私はイラストを描くのに困らなかった。

この年の十月十日、市内陸上競技大会があった。本校の陸上部は、みごと、「総合優勝五連覇」を達成した。子ども達の本気と先生方の情熱で勝ち取った五連覇である。閉会式の結果発表では、ハイタッチして喜び合う子、うれしさのあまり泣きだす子までいた。

振り返ってみれば、優勝ではなく、「己に勝つ」ことを目標に、一人ひとりが練習を積み重ねてきた。当日、ほとんどの選手が自己ベストを更新した。子ども達は、この日の感動を五七五に表現してくるのではないかと期待していた。ところが、陸上競技大会五連覇の作品は全くなかった。「運動会」では、あふれていたのに……。「なぜ……?」

次の年、陸上部は、「総合優勝六連覇」を達成したが、やはり作品はなかった。学校を離れた今、考えてみると、わかってきた。それは、「運動会」は季語であるのに対し、陸上競技大会は季語にないため、子ども達はそもそも圏外として捉えていたのではないか……?「秋の空」や「さわやかな」でも、感動の一句を作ることができたはず。指導不足を今さらながら反省している。

○自分の作品にふさわしい季語を探す　　秋　平成三十一年度　第六回コンクール　十月

ヤエザクラ賞二十四人　ケヤキ賞二十九人　魔女賞四十九人　合計　百二人
俳句を開始して二年目の秋の作品。まさに充実期。

この年、四十周年記念式典で俳句講習会が実施された。入賞率は高くはないが、子ども達は俳句を楽しんで書いた。

気負わず、まるで食事をするように……。

まず、「時候・天文・地理」を季語にした作品五句。

二年「たいふうよひとこともうすこないでと」

「もうす」が効いている。台風に謙譲語とは……アハハ。

二年「まんげつをわってうさぎとはんぶんこ」

やさしさが伝わる作品。

三年「あまの川ぎんがの海に流れこむ」

ドッキリ、「あまの川」と「ぎんがの海」の取り合わせは最上級。

三年「秋晴れだわたしはいつも晴れ女」

うらやましいなあ。私はいつも雨女です。

五年「じゅく帰り満点の日に流れ星」

いいことって続くものだね。

次に、「行事・生活」を季語にした作品四句。

六年「新米に手が止まらない夜ご飯」

「手が止まらない」はあっぱれ。

六年「えんがわでひいばあちゃんとくりようかん」

ふたりで、どんなお話をしたのかなあ。

三年「聞こえるよたき火のうしろわらい声」

「わらい声」から、たくさんの人が見えてくる。

五年「風りんがすずしい風をひきよせる」

夏の季語だが、みごとな作品で受賞となった。「風をひきよせる」の発想に拍手を送りたい。

続いて、「動物」を季語にした作品四句。

二年「コガネムシママにほうせきプレゼント」

「ギャー」、ママの悲鳴がここまで聞こえる。

三年「虫の声子もりうたにしゆめの中」

自然の豊かさが伝わってきて心が和む。

四年「虫かごではじまっていたコンサート」

「虫かご」と「コンサート」の取り合わせがうまい。

四年「夕食のうわさをすれば焼きざんま」

「うわさをすれば」とは、うまい表現だ。

続いて、「植物」を季語にした作品五句。

一年「めがでるかあつめたどんぐりにわにまく」

どきどき……。芽が出るかなあ。あっ。

四年「なしの木がスカイツリーとせいくらべ」

日本一のスカイツリーと比べるなんて最高。

五年「紅葉狩りこっそり一枚持ち帰り」

「こっそり一枚」がいい。秘密を打ち明け、作品にすることで昇華している。

六年「みそ汁にオクラの星空ちりばめる」

「オクラの星空」にどきっ。

六年「きんもくせいにおいが家のみちしるべ」

よくわかる。方向音痴の私の道先案内人。

最後に、「夏休み」を季語にした作品二句。

六年「夏休み宿題さぼる六年目」

素直な作品。怠けていることを自己開示し、「自信」に変えている。

六年「夏休み線香花火でしめくくる」

作者の思いが伝わってくる。

この回は、「コガネムシ」「くりようかん」「オクラ」など、あまり目にしない季語が作品に現れるようになった。この頃、子ども達は、自分の想いに沿った季語を探し、俳句に入れることができるようになってきた。

○季語で季節を判断してはいけません　秋　平成三十一年度　第七回コンクール　十一月

ヤエザクラ賞二十八人　ケヤキ賞四十一人　魔女賞四十八人　合計　百十七人

第七回コンクールは、俳句講習会が終わった後だったため、子ども達の気合が入っていた。入賞率は高くはなかったが、ヤエザクラ賞が二十八人もいた。

まず、「食欲の秋」から八句。

一年「ものほしにずらりとならぶあかいかき」

今は見なくなった光景に哀愁が漂う。

二年「くりごはんわたしは三つで兄二つ」

くりの争奪戦で、温かな家庭が見えてくる。

二年「大かぞくなかよくつつく冬のなべ」

「大かぞく」と「冬のなべ」の取り合わせがうまい。

三年「まつぼくりリスが食べたらエビフライ」

リスは、まつぼくりをの種子のみを食べて芯は食べ残す。それが、色も形も「エビフライ」にそっくり。

三年「新米を食べれば思うおばあちゃん」

きっと、おばあちゃんはうるうる……。

四年「ろてんぶろつかるわたしはおでんのぐ」

えっ、食べられちゃうの……？

五年「母と立つまいたけ香る台所」

「まいたけ香る」で、読者まで香りを運んでくる。

六年「太ようにたべられていくかき氷」

わははっ、言われてみればご名答。太陽の擬人化がうまい。

次に、「芸術の秋」から三句。

四年「すずむしと音楽集会あらきっ子」

「あらきっ子」で世界でひとつの俳句が誕生。

五年「秋がきたぼくに教える虫の声」

虫は、「秋のメッセンジャー」だね。

六年「雑草と虫のコーラスバンド組む」

「雑草」と「虫のコーラス」のバンドは、なんて斬新だろう。

本校では、秋に「音楽集会」がある。心をひとつにしてきれいなハーモニーを響かせる。

続いて、「スポーツの秋」から一句。

二年「ワントライ日本みんながワンチーム」

この年は、ラグビーワールドカップ日本代表が、史上初のベスト8進出を果たし、日本全体が沸きに沸いた。時代がこの俳句を生み出したと言っても過言ではない。「ワントライ」と言えばラグビー、ラグビーと言えば冬の季語だが、ヤエザクラ賞に決定した。

続いて、壮大な作品を四句。

二年「三日月がゆぶねにゆれてわらってる」

「わらってる」にドキリ。心をわしづかみにされちゃった。

三年「あまのがわ世界を一しゅうしてくるか」

天の川を擬人化して、えっ、世界一周……。

三年「北風がくもをおそうじ空青い」

そうか、空が青い理由がわかったよ。

四年「夕やけがかげでえがいたひがんばな」

「夕やけ」と「ひがんばな」の取り合わせがうまい。だから、彼岸花ってあんなに紅いんだ。

続いて、「行事・生活」を季語にした作品二句。

二年「あかいはねやさしいきもちとどくかな」

きっと届く、いや絶対に届く。

五年「こま回し晴天の空競い合う」

「こま回し」は新年の季語。よって、季語の先取りだ。

中七から、「正々堂々と勝負をする」という意気込みが伝わってくる。

続いて、「動物・植物」の季語から七句。

一年「つよそうだかまきりとぼくにらめっこ」

「にらめっこ」がうまい。

四年「どんぐりがころりころりとたびしてる」

擬態語「ころりころりと」が効いている。

三年「きんもくせい多めに息すう通学路」

「多めに息すう」に作者の思いが感じ取れる。感性の光る言葉にしびれあがった。

五年「いいにおい風のおたよりきんもくせい」

「風のおたより」に作者の個性が光る。

六年「松ぼくり十かいだてのお城かな」

松ぼくりをお城に例える発想にドキリ。

六年「どんぐりが落ち葉の中にもぐりこむ」

擬人法が、無理なく自然に使われている。

六年「ひまわりと共に成長三ヶ月」

この作品をストレートに読むと、季語は「ひまわり」で夏の作品である。「春に種を蒔いたひまわりが三ヶ月経ち大きくなったなあ。自分もひまわりと共に、成長してきた」と鑑賞することができる。しかし、作者がこの作品を創句したのは、「秋」真っ只中である。

成長を夏から秋へと移すことで、鑑賞の仕方が変わる。「満開のひまわりが三ヶ月経ち成長してたくさんの種をつけた。自分もまたひまわりと共に成長してきた」。このように捉えると、秋の句となる。子ども達の作品は、「季語のひまわりだけで、季節を判断してはいけません」と、教えてくれた。

○虫の季語、大集合　秋　令和二年度　第六回コンクール　十月

ヤエザクラ賞二十九人　ケヤキ賞四十二人　魔女賞三十四人　合計　百五人

俳句を開始して三年目の秋の作品。

子ども達は、虫が好きだ。今回、特に多く集まったので、初めに、十句紹介しよう。

一年「かまきりとにらみあいする5ふんかん」

「5ふんかん」が具体的で緊迫した状況が伝わってくる。

一年「いととんぼつかまえようかにがそうか」

心の葛藤が素直に表現されて心地よい。

一年「すずむしにまけないこえでぼくうたう」

目の前に、歌っている作者が見えてくる。

一年「むしかごはあきいっぱいのたからばこ」

むしかごを秋の宝箱にしてしまう想像力のたくましさよ。

三年「虫かごの中でバッタがレスリング」

「レスリング」の発想がいい。

三年「カマキリは草にあこがれみどりいろ」

「草にあこがれ」に作者の個性が光る。

四年「せみの声まるで木の上ライブ中」

「ライブ中」にドキリ。ドストライクの表現だ。

六年「ひぐらしの夜にひびいたハーモニー」

ひぐらしをよく観察して表現している。

六年「じゅぎょう中しずかになったらせみの声」

授業中の気づきをうまく仕立てた一句。

六年「虫の声寝つくころなお大音量」

眠れない夜の一句だ。「寝つくころなお」とはうまいなあ。

秋の虫たちは、「かまきり」「いととんぼ」「すずむし」「バッタ」「ひぐらし」など……。俳句代表の虫たちが登場した。同じ季語でも、情景は異なるので、読んでいて楽しい。

次に、「時候・天文・地理」を季語にした作品六句。

一年「にじがでたみんなにハッピープレゼント」

「みんなに」に作者のやさしさが光る。

二年「山のうえあまの川に手がとどく」

この感覚は、体験した人でないとわからない。

三年「秋の空車の下でねこ休けい」

ほのぼのとした光景が浮かぶ。

三年「まん月は夜空をてらすランタンだ」

「まん月」と「ランタン」の取り合わせがうまい。

五年「流れ星世界一周一人旅」

何とも言えず、風情がある。

六年「思いつき絵をかいていく秋の空」

この作者は絵を描くのが好きで、毎年、絵画展で入賞を果たしている。ところが、この年はコロナ禍のため、展覧会が中止になった。しかし、図工の時間に、クラスみんなで近くのお寺を描きに行き、夕焼けと鐘つき堂の鐘が印象的な作品を仕上げた。

続いて、「行事・生活」を季語にした作品四句。

二年「コンバインうごき出したら新米だ」

作者のはやる気持ちをうまく表現している。

二年「ぶらんこはそらへとびたつひこうきだ」

「とびたつひこうき」とはうまい表現だなあ。

三年「くりごはんくりとごはんがしゃべってる」

あははっ、子どもらしい作品だ。

四年「打ち上げた花火がドンッと腹にきた」

「腹にきた」から、作者の思いが伝わってくる。

六年「はかまいり笑顔の祖父に会いに行く」

「笑顔の祖父」がいい。おじいちゃんは永遠だ。

続いて、「植物」を季語にした作品二句。

二年「まつぼっくりじめんにおちてころころり」

擬態語「ころころり」が光る。

四年「どんぐりをあつめてあつめてくびかざり」

「あつめて」を二回繰り返すことで思いが伝わってくる。

続いて、コロナ禍の作品を二句。

三年「スーパーで毎日楽しくきのこがり」

わははっ……。

六年「無観客打ち上げ花火夏の夜」

コロナ禍で何もかも「無観客」になっちゃった。

最後に、季重なりの作品二句。

五年「サイダーをあけたとたんに夏がくる」

「サイダー」「夏」と、ともに夏の季語であるが、主役は「夏」である。意味は、読んで字のごとく、「サイダーのふたを開けると夏がやってくる」という素直な作品だ。さわやかな作品に仕上がった。

六年「春の空直線に切るつばめかな」

「春の空」「つばめ」と、ともに春の季語であるが、主役は「春の空」である。まっすぐ滑るように飛ぶつばめの特徴をよく捉えて表現している。「直線に切る」は、みごとな表現だ。

実は、子ども達の俳句の審査をしていると、「季重なり」の作品は少なくない。季語が二つあっても、どちらか主役がはっきりしていたり、二つの季語がお互いを生かしたりしている場合はよしとした。

大切なことは、感性を磨くために書いているという目的を見失わないこと。ただそれだけだった。

○百年に一度の運動会、感動は俳句にエンジンをふかす　秋　令和二年度　第七回コンクール　十一月

ヤエザクラ賞三十七人　ケヤキ賞四十七人　魔女賞四十九人　合計　百三十三人

第七回コンクールは、運動会を季語にたくさんの作品が集まった。ヤエザクラ賞は三十七句となり、第二回の三十三句を四句も更新した。「体験は全ての礎」である。感動体験はよい俳句を生み出すことが証明された。感動は、俳句にエンジンをふかした。運動会が季語の作品は、「7章　行事と俳句」で紹介したので、ここでは他の作品を紹介する。

まず、「まつぼくり」「どんぐり」「もみじの葉」など、「植物」が季語の作品を五句。一年生は、生活科で、近くの公園へ　秋を探しに行き、秋の実や葉などを袋いっぱい拾ってきた。手の平にのせた秋の実は、いろんな空想ができた。

一年「おちてるよドレスがひらいたまつぼくり」

まつぼくりをドレスに見立てる想像力のたくましさ。あなたは、変身メガネをもっている。

一年「まつぼっくりわたしのてのひらあきいっぱい」

手の平に秋がのっているとは……。

一年「まだみどりあかいろとどけもみじのは」

「あかいろとどけ」はみごと。勢いのある表現だ。

五年「もみじの葉一まいおちるとまた一まい」

　情景が映像で浮かんでくる。

六年「どんぐりが秋の小道を散歩する」

　どんぐりの擬人化。「秋の小道」にわくわくする。

　次に、「みの虫」「きりぎりす」「セミ」など、「動物」が季語の作品を四句。

二年「さむい朝みの虫になるぼくとママ」

　「ぼくとママ」がいい。たいていは、みの虫になるのはぼくひとり。

三年「きりぎりす草のステージオペラ歌手」

　「オペラ」は演劇と音楽により構成される舞台芸術であるが、その舞台として、「草のステージ」が用意されている。あっぱれ、みごとな作品だ。

四年「セミの声期かん限定コンサート」

　「期かん限定」が心に響く。それが、命の期間だと受け止めると、うるっとして切なくもなる。

六年「電線をおしくらまんじゅうすずめたち」

　すずめは年中いるので季語ではないが、「すずめのこ」「すずめの巣」というと春になり、「寒すずめ」というと冬になる。ここでは、「おしくらまんじゅう」が冬の季語として機能している。

　続いて、食べ物を季語にした作品四句。

二年「くりごはんほっこり心もあたたまる」

　「くりごはん」の季語は大人気。

三年「大家ぞくおしあいをするぶどうかな」

　わおっ、ぶどうを大家族に見立てるなんて……。きっと、三十人以上いる。

四年「新米を山もり三杯お兄ちゃん」

よく食べるお兄ちゃん。作者の俳句には元気な兄がよく登場している。仲良しの兄と妹だ。

四年「元気いいみかんみたいなおじいちゃん」

「みかんみたいな」が印象的で、一読すると忘れない。おじいちゃんの笑顔が見えてくる。

続いて、ドッキンドッキンと胸が高鳴った作品を二句。

一年「じゅうごやにかせいとあえたお月さま」

三年間で、俳句に「かせい」が登場したのは、初めてのこと。火星は興奮しているかもしれないなあ。

二年「流れ星夢の中ではさわれたよ」

現実でもさわってみたい……。その時は教えて。

続いて、「季語は夏だが秋を表現している作品」を二句。

一年「おきざりのふうりんすこしさみしそう」

「ふうりん」は夏の季語だが、おきざりになっていることから、夏を過ぎてしまったことがわかる。秋なのか、冬になってしまっているのか。「すこしさみしそう」から想像するおもしろさがある。

六年「砂はまをはだしでかける夏の風」

季語「夏の風」より、正に夏の句である。しかし、「秋の到来とともに、夏の風が素足であわてて去っていく」と捉えると秋になる。不思議な趣のある作品だ。

最後に、自然の風景を描写した作品を紹介する。この時期は、秋から冬へと「季節のバトン」が渡される。いわばバトンゾーンの季節である。その風景をしっかりと見て表現している。

初めに、低学年の作品四句。季節は、「秋」「秋」「秋」「冬」の順である。

一年「あきのそらゆうやけこやけルビーかな」

一年「まんまるだおそらの月もおだんごも」

三年「わらぼっち青いぼうしがよくに合う」

二年「ふじさんのぼうしが白にかわったよ」

ここからは、高学年の作品だ。

四年「飛びちったビーズを集めた冬の空」

五年「雨がふりしずくの光もみじ色」

五年「富士山が夕やけせおう家路かな」

五年「筑波山紅葉ジャケット衣がえ」

六年「秋の空大空つっきる雲一つ」

六年「立冬の空のページに富士の山」

六年「一瞬で季節が変わる冬の夜」

なんて美しい情景だろう。一読して、それぞれにうっとりした。自然の風景を見ながら、同じ表現が何一つない。興奮した。しかし、色紙のイラストを描く際、これらは私を困らせた。

「ビーズを集めた冬の空って?」「しずくの光って?」「富士山が夕やけ背負ったら?」「紅葉ジャケットの色は?」「秋の空って?」「立冬の空って?」「冬の夜って?」。いくら想像しても薄ぼんやりするだけで、鮮明には見えてこなかった。悩んだ末、うまく描こうなんていう思いは捨てた。

下手でいい。想像力をはたらかせ、自分なりの表現をしよう。

振り返れば、毎回、こんな葛藤を繰り返していた。

○季語「あかとんぼ」の作品大集合　秋　平成三十一年度~令和二年度

秋になると、いろいろな風物を目にする。中でも、「とんぼ」は秋の訪れを感じさせてくれる代表的なものである。俳句は五音を基調とするので、「赤とんぼ」はまさに秋の季語の王さまである。

本校でも、同様に、「赤とんぼ」を使っている作品が多く見られた。学校は周りを田畑に囲まれているので、目にする機会も多い。特に、低学年は生活科の学習で、「秋さがし」の単元があり、生き物を観察していることもあり、他の学年より圧倒的に多く使っている。

俳句の専門家によると、「赤とんぼ」は、過去に多くの人が詠んでいるので、新しい表現を開拓するのは難しいとのこと。そこで、ヤエザクラ賞に輝いた「赤とんぼ」の作品を二年分まとめて紹介してみよう。

平成三十一年度

一年「五じのかねゆうひにきえるあかとんぼ」

「鐘がなったら帰りましょう」。自分の「帰宅」と赤とんぼ「消える」を重ね合わせている。

一年「あかとんぼぼうけんするよまわりみち」

あかとんぼを擬人化。冒険したい作者の気持ちが反映されている。

一年「ぼくたちのこのゆびとまれあかとんぼ」

だれもが、一度はしてみたいと思うだろう。

二年「赤とんぼ自分の空を見つめたい」

自分らしく生きたい。なんて、おとなっぽい作品だろう。

二年「あかとんぼゆうやけおふろにとびこんだ」

二年「あかとんぼゆうやけぞらとおそろいだ」

二作品とも、赤とんぼが夕焼け空の中で見えなくなっている現象を捉えて表現している。季語が二つ「秋・あかとんぼ」「夏・ゆうやけ」が入っているが、「ゆうやけおふろ」「ゆうやけぞら」を、それぞれ「おふろ」と「そら」とし、主役の「あかとんぼ」を支える脇添えと捉えた。名句とされるものの中には、季重なりのものもある。特に、子どもの俳句の場合は、前述したが、主役がはっきりしていたり、季語がお互いを生かし合うような絶妙な取り合わせの俳句の場合は二つあってもよしとした。

次に季重なりの作品二句。「紅葉」「稲穂」は、赤とんぼを生かしている。

五年「赤とんぼ紅葉の中でかくれんぼ」

かくれんぼの発想はおみごと。

六年「赤とんぼ稲穂のブランコこいでいる」

情景が浮かび上ってくる。

令和二年度

一年「ゆうやけにとんでるとんぼあきのいろ」

一年「あかとんぼまっかなまっかなあきのいろ」

四年「赤とんぼ夕焼け空にとけちゃった」

四年「空高くひ行機雲と赤とんぼ」

六年「赤とんぼ夕日の円はステージだ」

三年「電線のトンボがソーシャルディスタンス」

「赤とんぼ」の季語で、真新しいのは、最後の句。トンボもソーシャルディスタンスとは……。コロナ禍特有の作品である。このように、時代とともに新しい感覚の作品が生まれていく。こう考えていくと、「俳句」は無限に生まれ続けていく。

俳句コンクール　春夏秋冬　そして冬

○季節のバトンリレー　冬　平成三十年度　第六回コンクール　十二月

ヤエザクラ賞十二人　ケヤキ賞二十一人　魔女賞百二十五人　合計　百五十八人

俳句を開始して一年目の冬の作品。十一月から十二月、少しずつ寒くなり秋から冬へと移行する頃の作品である。
第六回コンクールを冬に区分したが、季語の中には、「あきのひる」「おつきさま」など、秋の季語も入り交じった。
これは至極当然のことである。なぜなら、季節の区切り目は、個々の感じ方によるものが大きく曖昧であるのに対し、季節を冬に区分したのは、大人の勝手なのだから……。秋のコーナーでも書いたように、大切なことは、「感性を磨くために俳句を書く」という目的を見失わないことだ。
まず、「時候・天文・地理」を季語とした俳句六句。

一年「あきのひるかまきりのめがビーだまだ」
ビー玉の例えにドキッ。よく言い当てている。観察しているからこの表現が出てくる。

一年「さむいひにおこられながらホームラン」
「おこられながらホームラン」がたまらない。人生の明暗が十七音にしたてられている。

一年「おつきさまうさぎのかげのえいがかん」
おつきさまに映っている影を映画館と表現したのはおもしろい。

二年「冬の朝さむさで体電池ぎれ」
あははっ、電池切れの表現はおもしろい。たまには、電池切れで学校を休めたらいいのにね。

三年「ランドセルすごく重いよ冬の朝」

その気持ちわかるなあ。同じ重さなのに、寒かったり朝早かったりすると重く感じるもの。

六年「すきま風季節教える郵便屋」

風を郵便屋にしたてる感性がいい。たった十七音で物語ができそうな予感……。

次に、季語ではないが、「中庭」で響き合った二句。

四年「中庭にお城を作るしも柱」

お城の表現がたまらない。王女さまになって、そのお城に住みたいなあ。

五年「中庭をなかよく散歩寒すずめ」

この光景は学校かな？　給食室の裏で、私も見たことある。

続いて、「行事・生活」を季語にした作品四句。

一年「よんこたべたおいしかったよしょうゆもち」

「よんこ」の数字が、おいしかったことを物語っている。

二年「ろ天ぶろせかいで一番あたたかい」

「せかいで一番」から作者の思いが伝わってくる。

三年「地球ぎを回して旅する冬休み」

すごいよ、これなら、一人で、どこへだって行けちゃうね。

三年「妹に手かげんしないかるたかな」

いいね、真剣勝負。ここで、一句。「姉さんの実力見せるかるたとり」。

冬休みに入る前のコンクールであったが、おもちを食べたり、かるたとりをしたりと、まるで冬休みに入ったかのような作品が多く投句された。「なぜなんだろう」。疑問に思った私は、いつも配布している季語表を確認した。すると、冬の季語には、当たり前のように「新年の季語」が鎮座していた。「やはり、そうなるよなあ」。

子ども達は、冬の季語一覧から好きな季語を選んで俳句を作るが、新年の季語を使う場合、一年前を思い出して書くしか方法はなかった。
それもよし。どんな学びだって、無駄なものは何一つないのだ。

○「俳句でわははっ……」、笑い転げた俳句　冬　平成三十年度　第七回コンクール　一月

ヤエザクラ賞が三十人　ケヤキ賞七十二人　魔女賞九十四人　合計　百九十六人

第七回コンクールは、ヤエザクラ賞が三十人とこの年の最高を記録した。入賞率は、なんと四十一パーセントになり、歴代二位を記録した。

俳句の取り組みを始めて約十ヶ月が経過し、少しずつ自分の想いを自分の言葉で表現できるようになりつつあった。人はある時を境に急成長をすることがあるが、もしかしたら「境」にあたるのかもしれない。

まず、「時候・天文・地理」を季語とした俳句七句。

一年「ふじさんのゆきにシロップかけたいな」
なんてスケールの大きい作品だろう。富士山をかき氷にするなんて……。

二年「冬夜空ウインクしたよお星さま」
ウインクにドキッ。

二年「あいけんも手ぶくろしたい冬の朝」
やさしさが伝わるワン！

三年「冬の空早く顔出すお月さま」
見ているあなたの方が早起きだ。

五年「年新た六年生に近くなる」
「近くなる」で作者の決意が伝わってくる。

五年「北風も元気なぼくらにかなわない」

子ども達は、どんな寒さだってへっちゃらだ。
六年「台風がきれいな夕日連れてきた」
季重なりだが、お互いを生かしている。あっぱれ。台風の友達は夕日ってこと……?
続いて、「行事・生活」を季語とした俳句七句。
一年「ねむいけどまっているよサンタさん」
ところで、サンタさんは、来た……?
二年「マフラーはわたしをだいてあったまる」
くすっ、逆転の発想がおもしろい。
二年「三回目ポストを見に行く年がじょう」
数字を入れたことで、思いが伝わってくる。
三年「竹馬がうまくできたよカッカッカ」
擬音語「カッカッカ」がみごと。
四年「しゃぼん玉消えるな行くな遠い空」
「消えるな行くな」は、みんなの気持ちを代弁している。
四年「初もうでおみくじむすぶ冷たい手」
「冷たい手」から想像が広がっていく。
四年「また一つごしゅ印ふえた初参り」
「また一つ」とは、うまいなあ。
続いて、「動物」を季語とした俳句三句。
一年「赤とんぼ夕日のおふろにとびこんだ」
中七「夕日のおふろ」の発想がいい。

一年「うちのねこあったかいばしょしってるよ」

「ねこ」自体は季語ではないが、「あったかいばしょしってるよ」から寒い冬が想像できる。おみごと。

四年「朝おきておしゃべりしてる寒すずめ」

おしゃべりは、すずめにぴったりの表現だ。

続いて、「だいこん」の季語で二句。

一年「おつかいに大こん一本だいてくる」

さて、大こんは何に変身したかしら……？

四年「大根がインスタばえのポーズとる」

「インスタばえ」は、まさに現代の俳句だ。

続いて、寒いけれど、心がほかほかと温まる作品を紹介しよう。

一年「おかあさんいつでもぼくのホッカイロ」

「おかあさん」と「ホッカイロ」の取り合わせがうまい。

一年「グライダーふたつなかよく冬の空」

「なかよくふたつ」で冬の空気の温度が一気に上がる。

三年「木下で根を温めるおち葉かな」

やさしいぬくもりが伝わってくる。

四年「ろてんぶろゆげのむこうはみなえがお」

「湯気の向こうは」と投げかけて「みな笑顔」に着地させている。すごすぎる。

五年「足も手も一緒につかる柚子湯かな」

「足も手も一緒につかる」で全身ポカポカ……。

五年「たい焼きをやさしく包む小さな手」

たい焼きを持つ手を描写した作品。映像は、最後に小さな子どもを映し出す。おみごと。

最後に、勢いのある作品を紹介。

二年「一ばんに見つけてふむぞしもばしら」

元気にかけ出す作者が見える。

最後の最後に、保護者の皆さまにお伝えたら、くすっと笑みがこぼれた作品を紹介しよう。

五年「クリスマス一年間の通知表」

五年「大そうじかくしたテストまたかくす」

六年「よそはよそ家は家だとお年玉」

呟いた言葉がそのまま俳句になった。次第に、俳句に対するハードルが下がってきたようである。ユーモアがあり、まるで川柳のような親しみのある作品群だ。全校朝会で、八重桜賞の伝達式を行うと、あちこちで笑いが起こった。楽しいことは、自然と広がっていく。良し悪しは別として、俳句が、「楽しいもの」として、格上げされたコンクールになった。

○「ぶらんこ」が撤去されちゃった　冬　平成三十年度　第八回コンクール　二月

ヤエザクラ賞十五人　ケヤキ賞二十七人　魔女賞九十人　合計　百三十二人

この年、長年、子ども達に夢を与えてくれた「ぶらんこ」が撤去された。あちこち錆びて、これ以上使うのは危険であると判断されたためだ。低・中学年の子ども達を中心に、大人気の遊具であった。
次の作品は、撤去に際し詠まれた作品である。、
六年「ぶらんこと思い出できた六年間」
「ありがとう」の言葉はないが、ぶらんこに対し、「あなたのおかげで、小学校生活が楽しかったよ」と感謝している作品である。「思い出できた」の表現はとてつもなく尊い。なぜなら、消えていったものに対し、「心で生き続ける」

という表現は人間にしかできないから……。「六年間」が効いている。

　続いて、「北風」を季語にした作品。

三年「北風と体育してる四年生」

　いい。「北風と体育してる」とはうまい表現だ。

　続いて、「行事・生活」を季語にした作品五句
一年「ゆきだるま赤いバケツがおきにいり」

　赤いバケツの「赤」と雪の「白」の対比が美しい。

三年「クレヨンを三色つかいひなあられ」

　ひなあられの色は、たいてい「赤・緑・白」の三色だ。赤は生命、緑は木々の芽吹き、白は雪の大地を表している。よく知られているから、一読して笑顔になる。

二年「こたつはねピーターパンのえいがかん」

　こたつが映画館という独特な発想がおもしろい。しかもピーターパンとは夢が広がる。

三年「ひびわれたママの指先かがみもち」

　えっ、指先をかがみもちに？「かがみもち」は冬の季語だが、なんという発想。まさかこんな使い方をするなんて……。お母さんをいたわる気持ちがひしひしと伝わってくる。

六年「ビー玉と同じ景色のシャボン玉」

　言われてみれば、二つはよく似ている。

　続いて、「動物・植物」を季語にした作品四句。

一年「だいこんはつるつるしろいびじんさん」

　ああ、私もだいこんになりたい！

二年「ひまわりはいつもえがおのおかあさん」

この感覚、わかる。

二年「ありたちはいつもはたらくビジネスマン」

「ビジネスマン」とは、まさに言い当てている。

五年「同じ巣に元気にもどるつばめたち」

つばめを見ながら、自分と重ね合わせている作者が見える。

最後に、季語ではないのに、たまたモチーフとして登場し響き合った作品群を紹介しよう。

はじめに、「石ころ」で響き合った二句。

四年「石ころに服を着せたい冬の朝」

「季語・冬の朝」

五年「石ころにそっと重なる雪の華」

「季語・雪の華」

ともに、石ころを題材にした作品だが、作者の思いは違う。前者は、「裸の石ころに服を着せてあげたい」という願いを詠んでいるのに対し、後者は、雪の華が、石ころの上にやさしく落ちてくる情景を素直に詠んだ。それぞれの中七「服を着せたい」「そっと重なる」に作者の思いが詰まった作品だ。

次に、「絵日記」で響き合った二句。

六年「絵日記の空白全て雪景色」

「季語・雪景色」

六年「絵日記の中の自分と春の風」

「季語・春の風」

「静と動の作品」。前者は、絵日記の白を雪景色に見立てた作品で、静寂な時間が流れる。それに対し、後者は、春が来た喜びを詠んだ作品で、希望や期待が見える。偶然にも二つが投句された（別の児童）ことで、作品の輝きはパワーアップした。子ども俳句ならではの奥深さやおもしろさを感じた瞬間だった。

○冬は「ホット俳句」のできあがり　冬　平成三十一年度　第八回コンクール　十二月

ヤエザクラ賞二十人　ケヤキ賞四十四人　魔女賞五十一人　合計　百十五人

俳句を開始して二年目の冬の作品。冬になると、気温が下がり寒くなるためか、ホットな作品が多く集まった。
まず、ホットな作品を紹介する。一組のてぶくろを兄弟で分け合ったり焼き芋を半分にして食べたりと、分けることで喜びを膨らませたり、お母さんにくっついたりして、満ち足りた気持ちを表現している。

一年「やきいもがにばいおいしいはんぶんこ」
二年「弟と手ぶくろ分けて手をつなぐ」
二年「日本一お母さんの手はホッカイロ」
六年「お母さんよるはわたしのゆたんぽだ」
次に、「時候・天文・地理」を季語とした俳句四句。
一年「ふくらんだポケットのなかあきのいろ」
わあっ、ポケットに秋が詰まっているなんて……。
一年「きれいだなさかないるかなあまのがわ」
天の川に、魚の学校があるかもしれないね。
三年「北風がぼくらの体に入りこむ」
空気を吸うでなく、「北風が～入りこむ」の表現はおみごと。
三年「北風がふくたび上がるぼくのかた」
わかる、すごくわかる。
続いて、「行事・生活」を季語にした作品六句。

二年「森の中カブトムシの角かがやいた」

「角かがやいた」でヤエザクラ賞決定‼

二年「やねの下たくさんつららのはがはえる」

氷柱を見て、「歯」に例える想像力にドキリ。

三年「みのむしといっしょに冬みんしたい朝」

「みのむしといっしょに」はユーモアが広がる。

六年「年賀状みんなの思い飛び回る」

わおっ、「思い飛び回る」に共感！

六年「白菜とポン酢が奏でるハーモニー」

「白菜」ときたら「ポン酢」。二人のコンビは最強だ。

六年「くりひろいちくちく痛いとクツがいう」

まさか、くつが主人公とは……。

続いて、登下校中にできた作品三句。

一年「がっこうのはたけの上にもしもばしら」

できたてほやほやを、教えてもらった。

二年「冬の朝きかん車みたいなぼくのいき」

きかん車とは、よく言い当てているなあ。

四年「げこうちゅうしりとりしょうぶ夕の風」

なんて楽しい光景だろう。

俳句を開始して二回目の冬がやってきた。審査をしていると、子ども達の生活の中に、俳句がジリジリと入り込んでいるのがわかった。朝起きてから夜就寝するまで、俳句のアンテナは自然に立つようになった。

○季語「お年玉」と「年賀状」の俳句を紹介　冬　平成三十一年度　第九回コンクール　一月

ヤエザクラ賞三十人　ケヤキ賞六十八人　魔女賞五十四人　合計　百五十二人

第九回コンクールは、ヤエザクラ賞が三十人とこの年の最高を記録した。季語で多かったのは、「お年玉」と「年賀状」。まず、「お年玉」から紹介しよう。

一年「赤ちゃんもぎゅっとはなさずお年だま」
二年「お年玉きょうもたしざんたのしいな」
三年「ドリルより計算楽しいお年玉」
五年「おとし玉ふくろの中身はゆめいっぱい」
六年「お年玉すべては貯金の闇の中」

お年玉は、子ども達の楽しみのひとつである。低学年は「赤ちゃんも離さない」とか「たしざんが楽しい」などの表現、高学年は、「すべては貯金の闇の中」というユーモアたっぷりの表現もあり笑ってしまった。

次に、「年賀状」を紹介する。

二年「年がじょう早くみんなにあいたいな」
三年「ねんがじょうみんなの元気とどきます」

素直な気持ちがストレートに表現され、一読すると元気になれる作品だ。

続いて、「時候・天文・地理」を季語とした俳句七句。

二年「ただいまとかえったパパのかたにゆき」
「パパおつかれさま」の声が聞こえてくる。
二年「しずんでく夕日がふじ山光らせる」
なんて美しい光景だろう。

三年「ろてんぶろお湯と寒さのハーモニー」
「お湯と寒さのハーモニー」にうっとり……。
三年「手のひらで落ちては消える雪の花」
「落ちては消える」で、雪のはかなさを巧みに表現している。
六年「ストーブを持ち歩きたい冬の朝」
わかるなあ、この気持ち。
六年「冬空に高くそびえる雲の城」
一読したら、空を見上げたくなった。
六年「飛行機が冬のキャンバスえがいてる」
空のキャンバスでなく、「冬のキャンバス」にドッキン！
続いて、「行事・生活」を季語にした作品九句。
一年「すごろくのたびはいったりもどったり」
「スゴロク」を旅に例え十七音で言い当てている。
一年「おもいきりぜんりょくしっそうたこあがれ」
一生懸命さが段階を追って伝わってくる。
二年「家ぞく中インフルだけどぼくむてき」
勢いのある作品。「ぼくむてき」と言い切っているのがいい。
三年「書き初めは用紙の上で文字おどる」
「文字おどる」の擬人法で心も踊る。
三年「かぜひくとちょっとやさしいお母さん」
わかるなあ。

四年「はつもうでポケットの中五円玉」事実だけをしっかりと描写し、想像させる力のある作品だ。

四年「兄受験心で祈るサクラ咲け」

　口で言わないけど、弟は祈ってる。

四年「妹に勝たせる兄のかるたとり」

　ほっこり。兄妹の愛情があふれる作品だ。

五年「子どもたち命ふきこむ雪うさぎ」

　雪うさぎと遊んでいる光景が目に浮かぶ。

　続いて、「植物」を季語にした作品二句。

五年「春の花写真の中からかおりだす」

　冬にこの作品を読んだら、心に満開の花が咲いた。

六年「裏道をぬければきっと初桜」

「ぬければきっと」にドキリ。「裏道」が光を放っている。

最後に、おじいちゃんとおばあちゃんが出てくる作品。ともに、家族の要として、なくてはならない力強い存在として表現されている。子ども達はよく見ている。そして心で感じている。

二年「大みそか今年も太いじじのそば」

六年「祖母の手が破けた障子はりかえる」

　ヤエザクラ賞が多い理由として「冬休み期間中」だったことが挙げられる。様々の体験ができる長期休業は、まさに俳句の宝庫だった。

○卒業式で三年生の俳句を紹介　冬　平成三十一年度　第十回コンクール　二月

ヤエザクラ賞二十三人　ケヤキ賞二十八人　魔女賞五十六人　合計　百七人

俳句を開始して二年目、ラストの作品群だ。

三年「れいわはつそつぎょうせいはお兄ちゃん」

卒業式の冒頭で紹介した。たった十七音に、元号が変わったこと、家族愛、在校生の思いなどが凝縮されている。お兄ちゃんは作者のあこがれだった。

まず、「時候・天文・地理」を季語とした俳句六句。

一年「よるの空どこにあるかなオリオンざ」

あっ、あそこに見える。

二年「ふるのかなまどにはりつき雪をまつ」

「まどにはりつき」は、はやる気持ちをうまく表現している。

二年「まんまるににじをとじこめしゃぼん玉」

そうか、なるほど……。

三年「みんなより早くふみたいしもばしら」

その気持ちよくわかる。

五年「朝日さす土から白いしもばしら」

「土から」で、霜柱が空に伸び上がっている様子が見える。

六年「初雪でいろんな山がオシャレする」

発想がいい。「オシャレする」に胸がときめいた。

次に、「行事・生活」を季語にした作品。今回は、特に、「新年の季語」を使いお正月を詠んだ作品が多くあったので、はじめに紹介する。

一年「ついたちもっとついてとはなれない」

なんて愛らしい作品だろう。

三年「きょうだいがおやつをかけてかるたとり」
　真剣勝負。「おやつをかけて」がかわいい。
三年「弟に五秒のハンデかるたとり」
「五秒のハンデ」に、お兄ちゃんのやさしさが伝わる作品。
三年「年賀状ポストの中でおどりだす」
「おどりだす」に思いが込められている。
六年「はつもうで神とあいさつ渋滞中」
　現在進行形の俳句だ。「渋滞中」にしびれちゃった。
六年「数の子がお口の中でダンスする」
「ダンス」にうっとり。おいしさがはじけている。
六年「おせちでは黒豆一筋十二年」
　十二年とは参りました！
　続いて、「七草」で響き合った二句。「七草がゆ」は、学校給食でも出された。
三年「七草のかゆを食べてかぜひかず」
四年「給食で春の七草全部言う」
　続いて、「生活」を季語にした作品三句。
四年「くりかえすけんだまの音雪つもる」
　静寂の中に、けん玉の音だけが響き渡る。
五年「ランドセルのかたひも伸ばす新学期」
「かたひも伸ばす」から、作者の成長と気合が伝わってくる。
六年「風鈴が心の音を歌ってる」

夏の季語が冬に登場。どんな心を歌っているのかなあ。

続いて、「植物」を季語にした作品。

三年「なの花のじゅうたん広がるとねの川」

春が来た、どこに来た？　利根川の土手に来た！

最後に、擬音語と擬態語を使った作品を二句紹介する。

一年「きたかぜかびゅうびゅうたうさんぽみち」

二年「つくしさんにょきにょきはえてせいくらべ」

語音と意味が直接的に結びついているので、理性よりも感情に訴える効果がある。北風の音を「びゅうびゅう」、つくしの背が伸びる様子を「にょきにょき」と表現した。おもしろい。

○一日も早く日常に戻ってほしい　冬　令和二年度　第八回コンクール　十二月

ヤエザクラ賞二十八人　ケヤキ賞四十六人　魔女賞五十六人　合計　百三十人
俳句を開始して三年目の冬の作品。
まず、発見や気づきのあった作品五句。
一年「しんまいはいつものごはんとけたちがい」
「けたちがい」においしさが凝縮されている。
一年「かれははねいっぱいいきたしょうこだよ」
ぐっときた。なんて偉大な発見だろう。
三年「冬の月お日さまみたいにまぶしいな」
じーっと見て発見している。
三年「気がつけばはくいき白い通学ろ」

「気がつけば」がいい。日常生活の一瞬を切り取っている。

五年「セーターのあみ目の数は母の愛」

お母さん、きっと感動しちゃう……涙。

続いて、「秋空」で響き合った二句。

三年「秋空は雲の形の美じゅつ館」

四年「秋の空いろんな雲のてんらん会」

秋の空は毎日表情が違う。それを、「芸術作品みたいだなあ」と感じたことで生まれた作品だ。二句は、似ているが少し違う。前者は「美術館」、後者は「展覧会」と捉えている。美術館は美術品を展示・収蔵する施設であるのに対し、展覧会は一定期間展示する会である。視点を変えて読むと、いろいろな見方・考え方ができておもしろい。

次に、「時候・天文・地理」を季語とした俳句五句。

三年「まんげつはいだいな夜のげいじゅつか」

おみごと、君は満月の正体を突き止めた。

三年「秋風のおいかけっこに入りたい」

いいな、私も入れて！

五年「金色にかがやく満月夜の空」

美しい情景が浮かんでくる。

六年「天の川無数の橋が光ってる」

その橋渡って、おとめ座に会い行こうかな。

六年「冬の山夕焼け空に影うつす」

夕焼けの季語は夏だが年中見られるため、「冬の山」とつけている。よく学んでいるなあ。

続いて、「行事・生活」を季語にした作品三句。

四年「おとしだまふくろも大事なコレクション」
うんうん、よくわかる。
六年「お年玉ふくろの中から夢が出る」
これまた、その通り。
六年「新年に笑顔をとどける年賀状」
「笑顔をとどける」に心惹かれた。
続いて、コロナ禍の作品四句。
四年「おばあちゃんリモート帰省で会えるかな」
四年「サンタさんコロナで入国できるかな」
六年「クリスマス今年はサンタ自粛かな」
六年「コロナ禍で行けないＧＯＴＯはかまいり」
コロナ禍の影響で、故郷の帰省さえ自由にできなくなってしまった。この頃、リモートが主流になった。クリスマスさえ、サンタが入国できるか心配している。
続いて、「植物」を季語にした作品四句。
一年「うちのかぶわたしひとりでひっこぬく」
絵本の「大きなかぶ」みたいにでっかい。一人で大丈夫かな。
一年「じいちゃんのまほうでしぶがきあまくなる」
「じいちゃんのまほう」はよく効く。
四年「どんぐりがぼうしをはずしてせいくらべ」
「ぼうしをはずして」がいい。心憎い発見だなあ。。
五年「福島の親せきからの冬野菜」

「福島の親せき」と「冬野菜」の取り合わせがいい。

続いて、「もみじ」で響き合った三句。

四年「赤黄色もみじの葉っぱグラデーション」

「グラデーション」から紅葉した山々が浮かんでくる。

五年「きれいだなもみじがさいて赤黄色」

自分の目で見て感じたことを素直に表現している。

六年「いつの日か本に挟んだもみじの葉」

わかるなあ。「いつの日か」はうまく言い当てている。

最後に、「動物」を季語にした作品。

四年「かたつむりゆっくりたびして夏おわる」

「かたつむり」は夏の季語であり、下五にも「夏」とあるので、季重なりになっている。しかし、主役は夏であり、かたつむりは、ゆっくりの代表として表現されている。「のんびり旅をしていたら、夏が終わり秋になってしまった」という俳句だ。一読して、マイペースのかたつむりに心惹かれた。

○ヤエザクラ賞四十一句、また記録更新　冬　令和二年度　第九回コンクール　一月

ヤエザクラ賞四十一人　ケヤキ賞六十七人　魔女賞五十二人　合計　百六十人
俳句を開始して三年目、冬休み期間中のため、「新年」が季語の作品が多くあった。
まず、「お年玉」から七句。
一年「パパにきくママにはないの？お年玉」
一年「おとしだまもらうと気もちがあたたかい」
一年「お年玉家にかえるまであけないぞ」

一年「お年だまあっておれいをつたえたい」
三年「お年玉楽しみなのは子どもだけ」
四年「おとし玉いつか自分もわたす側」
六年「ありがとう会えない祖父からお年玉」
季語「お年玉」の作品は、経験が基になっているので、それぞれ違っておもしろい。一年生の作品「ママにはないの?」に、ほっこりする。会えない祖父からお年玉が送られてきて、会ってお礼を伝えたいは、コロナ禍の作品である。悲しいけれど、厳しい現実の中で心が成長している。
次に、「年賀状」で四句。
一年「らい年はあいたいねとかく年がじょう」
二年「年がじょう大きくなったぼくを見て」
三年「さむいあさはやあしでみるねんがじょう」
六年「自分あてわくわくわける年賀状」
はじめの二句は、コロナ禍の作品だ。ここ最近、年賀状で写真を送ったり、会いたい気持ちを伝え合ったりするのが主流になった。まさかこんなに長びくなんて……。
続いて、「新年の季語」大集合!
二年「はつ日ので大きな太ようぎんぎらだ」
「ぎんぎらだ」に最上級の輝きが詰まっている。
三年「すごろくの世界に入りたびをする」
どんな旅になったかな?
三年「星いっぱいじんじゃの上ではつもうで」
お願いが叶いますように……。

三年「兄の背が母をこしたよお正月」お母さんの笑顔が見える。
四年「こうれいのおせち作りにはつさんせん」
「こうれいの」と「はつさんせん」の言葉選びがうまい。
四年「ふでするべる半紙の上はスケートじょう」
すごい、一瞬で半紙がスケート場になった。
五年「書き初めの筆をにぎる手全集中」
「全集中」から、気合と緊張感が伝わってくる。
五年「鏡餅みかんが上で町を見る」
あははっ、みかんは町を見て何て言うかなあ。
六年「黒豆が押し合いへし合いお重箱」
夢いっぱいの作品。お重箱の中身を想像させる。
次に、「時候・天文・地理」を季語とした俳句四句。
一年「きたかぜの口ぶえじょうずママよりも」
ママへの愛情があふれている。
二年「きたかぜにむかってはしるチャリとぼく」
元気な作者が見える。
四年「手をつなぐ夕日の先にわたり鳥」
倒置法が効いている。映像は最後に主役のわたり鳥に……。
四年「寒い朝まどの水てき平行線」
実によく見ている。「平行線」と、算数の用語を使ったのは新感覚だ。
続いて、「行事・生活」を季語にした作品五句。

一年「サンタさんこんなじきにありがとう」
なんて素直な作品だろう。
一年「たき火してけむりがくもにあいにいく」
もしかして、「けむり」と「くも」の愛情物語かな。
二年「れんこんのあなから見えた三年生」
えっ、すごいものが見えた！　私もやってみようっと……。
三年「大そうじかがみになったまどガラス」
もし、家中のまどが鏡になったら、「鏡御殿」だあ。
六年「通学の道に昨日の雪だるま」
うれしい、また、会えた！
続いて、「ゆず」の季語集合！　冬至の日に、柚子の実を浮かべてお風呂に入る習慣は、江戸時代よりある。柚子湯は、体を温め万病を防ぐと言われる。
二年「あかちゃんとはじめてはいるゆずのふろ」
三年「ゆずたちがお風呂のそこからハイジャンプ」
六年「冬至の日ゆずより赤いぼくの顔」
続いて、持久走記録会で生まれた作品。わははっ……。
一年「だいこんもがんばったからあし八ほん」
続いて、「新木」と地名が入った俳句。特別感がある。
四年「元旦に富士山おがむ新木駅」
五年「朝の空新木のおかに風光る」
六年「とうめいな空気切りさく初日の出」

卒業制作の句碑

これも、もちろん新木の句。

最後に、「八重桜」とのお別れに際し詠まれた句。

五年「八重桜想い出ずっと僕の中」

六年「八重桜新木の歴史と散歩する」

六年「八重桜六年分の有難う」

なくなってしまったことは悲しいけれど、それを乗り越え「永遠に生き続ける命」として捉えたり、「四十年の歴史」として位置づけたり、さらに「大いなる感謝」を伝えたりと、前を向いて生きていくエネルギーに昇華している。

第九回コンクールは、季語の王者「八重桜」が最も多く登場した。四十年間、いつの日も、あらきっ子を見守ってくれた八重桜が、老齢のため伐採された。子ども達は伐採された根に手を合わせた。

ヤエザクラ賞は、四十一句となり歴代一位を樹立した。スタート時の約三・四倍である。ヤエザクラ賞に八重桜が季語の作品が多く詠まれ記録更新できたことは、もはや運命としかいいようがない。

「八重桜新木の歴史と散歩する」。この句は、卒業制作の句碑に刻まれた。

○最後の俳句コンクール　冬　令和二年度　第十回コンクール　二月

ヤエザクラ賞三十五人　ケヤキ賞四十四人　魔女賞六十人　合計　百三十九人

俳句を開始して三年目、最後のコンクールであった。子ども達の作品は勢いがあり、ヤエザクラ賞が三十五句となり歴代三位を記録した。

まず、「時候・天文・地理」を季語とした俳句七句。

二年「北風がまどをトントンノックする」

「まどをトントン」がリズミカルで楽しい。

三年「夕やけでかげ絵みたいな富士の山」

なんて美しい表現だろう。
四年「真冬でもあきらめないぞさか上がり」
いいぞ、あらきっ子はあきらめない。
五年「天気よほう『雪』という文字さがす日々」
心うきうき、白銀の世界は心がときめく。
六年「冬の朝『寒いね』の一言あいことば」
なるほど。よく聞いているなあ。
六年「空を見てあられのような冬の星」
くいしんぼうの作者が見える。
六年「冬の朝こたつが足をはなさない」
考えたなあ。逆転の発想がおもしろい。
次に、「行事・生活」を季語にした作品九句。
一年「しもやけでゆび先おこってまっかっか」
「ゆび先おこって」がうまい。でも痛そう……。
一年「朝おきてこたつでふくをあっためる」
私もやったことあるよ。
二年「かるたとりおうちのゆかがしんど一」
そうそう、これが子どもなんだ。
三年「るんるんとわらうわらうえんそくだ」
コロナ禍だから、遠足はうれしさ百倍だ。
四年「とんじるは冬の野菜の温せんだ」

温泉の発想にドキッ。

五年「あざやかにスケートくるりと一回転」

すてき、こんな風に滑ってみたいなあ。

六年「つばめさん今年もうちにいらっしゃい」

「今年も」で、やさしさが伝わってきた。

六年「火の中に感謝の気持ちあわんとり」

「あわんとり」は、無病息災を願い例年実施される地域の伝統行事である。コロナ禍のため、二年ぶりの開催であった。作品の中に、「感謝」の気持ちがあふれている。

六年「門松をぼくのへやにもかざりたい」

びっくり、この発想は、大人には真似できない。

続いて、「節分」が季語の作品五句。

一年「せつぶんのまめは六つじゃたりないよ」

三年「豆まいて今年は八つでがまんする」

前者は、六つで足りないと言い、後者は八つで我慢すると言う。ともに、伸び伸びとした表現で心地よい。

三年「せつ分の次の日の豆鳥が食べ」

学校で豆まきをした次の日、鳥が豆をついばんでいた。実際の光景を詠んだ作品。

一年「せつぶんでおにとコロナをたいじだぞ」

三年「豆まきで今年はコロナおいはらう」

コロナ禍における。豆まきの様子を詠んだ作品だ。退治するのは、「鬼」に代わり「コロナ」になった。

続いて、「ランドセル」が季語の俳句を紹介しよう。

二年生は黄色のカバーを外すので「なつかしい」と表現し、五年生は「残り一年よろしく」、そして、六年生になると、「ありがとう」「宝箱」となっていく。これがランドセルの一生なんだ。
二年「ピカピカのランドセル見てなつかしい」
五年「ランドセル残り一年よろしくね」
六年「ありがとう小さくなったランドセル」
六年「ランドセル思い出たくさん宝箱」
　続いて、「レンコン」の穴を使って想像をとばした作品。あなたは何を見る？　どう使う？
二年「れんこんをのぞいてうらなう未来かな」
六年「レンコンで空を見上げて万華鏡」
続いて、「あたたかい」作品。コロナ禍だって人はみな「ギュウ」で成長していく。
一年「おとうとをゆたんぽがわりにぎゅっとする」
四年「母のギュウストーブよりもあたたかい」
　続いて、素直な作品。
一年「チューリップうたうとさくかなあかいはな」
　続いて、「コロナ禍」の作品二句。また、新時代の俳句が生まれた。
二年「さびしいななわとび大会むかんきゃく」
四年「冬の朝登校中もディスタンス」
　そして、最後はやはり、季語の王者「八重桜」で三年間をしめる。
三年「ありがとうベストフレンドやえざくら」
四年「新木っ子成長見まもる八重桜」
六年「やえ桜ま女のまほうでいきかえれ」

ヤエザクラを植樹する卒業生

令和三年二月十二日、伐採された八重桜の後に、新しい苗木が八本が植樹された。八重桜「関山《かんざん》」という種類で、高さは三メートルほど。
児童会の子ども達が中心になり、八重桜に名前を付けた。あらきっ子の総選挙により選ばれたのは、「命」「笑顔」「友情」「勇気」「夢」「希望」「翼」「永遠」の八つであった。どれもインパクトのある魅力的な名前でわくわくした。今後、命名された八重桜は、根を張り幹を伸ばし、それぞれ個性的に枝を広げ、美しい花を咲かせることだろう。
一ヶ月後の三月八日、卒業生が記念品として八重桜一本を植樹した。

○季語「除夜の鐘」の作品大集合　平成三十年度〜令和二年度

冬は、「除夜の鐘」を季語にした俳句がたくさん集まったので三年分をまとめて紹介しよう。新しい年に希望を乗せ、俳句を詠むのは格別の風情がある。特に、平成三十一年度は、五月に元号が平成から令和に変わった画期的な年であった。俳句にも、「令和」が登場し輝きを放っている。

平成三十年度

二年「じょやのかねきくのはいつもゆめのなか」
すごくよくわかる！

平成三十一年度

一年「じょやのかねとなりをみたらままいびき」
「ママ、おつかれさま」の声が聞こえてくる。
三年「除夜のかねぼくののんびりおいだして」
中七に作者の願いがすっきりと表現されている。

五年「令和初みんなで鳴らすぞ除夜の鐘」
スタートの「令和初」は勢いがある。
五年「来年と今年をつなぐ除夜の鐘」
あっぱれ、「つなぐ」がうまいなあ。
五年「除夜の鐘令和つめこみ鳴り響く」
ひえー、「令和つめこみ」に唸った。

令和二年度

四年「百八つ数えてみたいじょやのかね」
確かに……。
五年「除夜の鐘ホットコーヒー飲んで待つ」
「ホットコーヒー」で、モダンな一句に。

9章　子ども達の成長

ジャーン！　三年間の俳句コンクールの結果

ここで、三年間を振り返ってみよう。子ども達は、コンクールが終わると、次のコンクールを目指し夢中で俳句を書いてきた。感性は休みなくはたらき続けていたに違いない。

まず、平成三十年度から令和二年度までの、月毎の俳句コンクールにおける それぞれの入賞人数を記す。

表A

（平成三十年度）

			人数（人）		人数（人）		人数（人）		（入賞率）
六月	一回	ヤエザクラ賞	十二	ケヤキ賞	二十五	魔女賞	四十五	合計	八十二人（十七％）
七月	二回	ヤエザクラ賞	七	ケヤキ賞	三十一	魔女賞	四十九	合計	八十七人（十八％）
九月	三回	ヤエザクラ賞	十八	ケヤキ賞	五十	魔女賞	三十四	合計	百二人（二十一％）
十月	四回	ヤエザクラ賞	十二	ケヤキ賞	四十四	魔女賞	九十	合計	百四十六人（三十一％）
十一月	五回	ヤエザクラ賞	十八	ケヤキ賞	五十	魔女賞	百六十六	合計	二百三十四人（五十％）
十二月	六回	ヤエザクラ賞	十二	ケヤキ賞	二十一	魔女賞	百二十五	合計	百五十八人（三十三％）
一月	七回	ヤエザクラ賞	三十	ケヤキ賞	七十二	魔女賞	九十四	合計	百九十六人（四十一％）
二月	八回	ヤエザクラ賞	十五	ケヤキ賞	二十七	魔女賞	九十	合計	百三十二人（二十八％）

（平成三十一年度）

四月	一回	ヤエザクラ賞	二十二	ケヤキ賞	五十六	魔女賞	五十五	合計	百三十三人（二十九％）

五月　二回	ヤエザクラ賞　二十二	ケヤキ賞　二十三	魔女賞　五十八	合計　百三人（二十三％）
六月　三回	ヤエザクラ賞　二十三	ケヤキ賞　四十八	魔女賞　四十八	合計　百十九人（二十六％）
七月　四回	ヤエザクラ賞　二十一	ケヤキ賞　十六	魔女賞　四十八	合計　八十五人（十九％）
九月　五回	ヤエザクラ賞　二十七	ケヤキ賞　四十五	魔女賞　七十三	合計　百四十五人（三十二％）
十月　六回	ヤエザクラ賞　二十四	ケヤキ賞　二十九	魔女賞　四十九	合計　百二人（二十二％）
十一月　七回	ヤエザクラ賞　二十八	ケヤキ賞　四十一	魔女賞　四十八	合計　百十七人（二十五％）
十二月　八回	ヤエザクラ賞　二十	ケヤキ賞　四十四	魔女賞　五十一	合計　百十五人（二十五％）
一月　九回	ヤエザクラ賞　三十	ケヤキ賞　六十八	魔女賞　五十四	合計　百五十二人（三十三％）
二月　十回	ヤエザクラ賞　二十三	ケヤキ賞　二十八	魔女賞　五十六	合計　百七人（二十四％）

（令和二年度）

四月　一回	ヤエザクラ賞　二十九	ケヤキ賞　四十七	魔女賞　二十七	合計　百三人（二十四％）
五月　二回	ヤエザクラ賞　三十三	ケヤキ賞　六十四	魔女賞　七十	合計　百六十七人（三十九％）
六月　三回	ヤエザクラ賞　二十一	ケヤキ賞　六十二	魔女賞　四十七	合計　百三十人（三十％）
七月　四回	ヤエザクラ賞　二十五	ケヤキ賞　三十九	魔女賞　四十二	合計　百六人（二十五％）
九月　五回	ヤエザクラ賞　二十九	ケヤキ賞　六十六	魔女賞　五十三	合計　百四十八人（三十五％）
十月　六回	ヤエザクラ賞　二十九	ケヤキ賞　四十二	魔女賞　三十四	合計　百五人（二十五％）
十一月　七回	ヤエザクラ賞　三十七	ケヤキ賞　四十七	魔女賞　四十九	合計　百三十三人（三十一％）
十二月　八回	ヤエザクラ賞　二十八	ケヤキ賞　四十六	魔女賞　五十六	合計　百三十人（三十％）
一月　九回	ヤエザクラ賞　四十一	ケヤキ賞　六十七	魔女賞　五十二	合計　百六十人（三十七％）
二月　十回	ヤエザクラ賞　三十五	ケヤキ賞　四十四	魔女賞　六十	合計　百三十九人（三十二％）

次に、年度ごとの入賞句数をまとめると、次の通りである。

表B

一年目　ヤエザクラ賞　百二十四句　ケヤキ賞　三百二十句　魔女賞　六百九十三句　合計千百三十七句
二年目　ヤエザクラ賞　二百四十句　ケヤキ賞　三百九十八句　魔女賞　五百四十句　合計千百七十八句
三年目　ヤエザクラ賞　三百七句　ケヤキ賞　五百二十四句　魔女賞　四百九十句　合計千三百二十一句

続いて、三年間の合計は、いったいどれくらいになったであろう。

表C

ヤエザクラ賞　六百七十一句
ケヤキ賞　千二百四十二句
魔女賞　千七百二十三句
総数　三千六百三十六句

以上の結果より、子ども達の成長を考察する。

考察一

まず、全体的な傾向を捉えてみよう。表Bより一年目から三年目までの入賞句数の合計（ヤエザクラ賞・ケヤキ賞・魔女賞）を比較してみると、年々増加していることがわかる。詳しく見ていくと、二年目から三年目は百四十三句と順調に数を増やしているが、一年目から二年目に着目すると、わずか四十一句増えただけである。しかし、賞の種類を具体的に見ていくと、魔女賞の数を減らしてはいるものの、ヤエザクラ賞の数をぐんと増やしていることがわかる。「感性を磨く」という目的のために実施しているので、総数も大切だが、それ以上に、作品の質やレベルも大切な要素である。したがって、最高賞のヤエザクラ賞の数も重要だ。

そこで、次に、ヤエザクラ賞に着目してみよう。一年目の百二十四句に対し、二年目は約二倍の二百四十句、三年目は、約二・五倍の三百七句に増加した。やはり、ここでも年々増加していた。コンクールにおいては、ヤエザクラ賞に人数制限を設けず絶対評価にしたので、振れ幅が大きくなった。子ども達の成長がそのまま数に反映している。

もう少し具体的に見ていくと、表Aより、開始したばかりの頃はわずか十二人だったが、三年目の第九回は四十一人と最高記録を達成した。なんと三倍以上である。

ここで、考慮しなければならないのは、「全校児童数」の推移である。一般的に、参加児童数が増加すれば入賞者も増加し、減少すれば入賞者も減るであろう。全校児童数は次の通りである。

一年目　四百七十四人
二年目　四百五十四人
三年目　四百二十八人

全校児童数は、わずかだが、年々減少している。それに対し、入賞者数は年々増加してきたことがわかる。

以上の結果より、年々入賞者が増加したこと、ヤエザクラ賞に着目すると、二年目は約二倍、三年目は約二・五倍になったことがわかった。

考察□二

次に、入賞者や八重桜賞が増える要因について探ってみる。要因があるのかないのか。あるとしたら、それは何なのか……？　子どもの心を揺さぶるその何かを探り出そう。

表Aの結果一覧表より、入賞者やヤエザクラ賞が突出して多い月があった。何か要因はあるのだろうか。偶然のなせる業かもしれない。そうだったら考えるだけ無駄というものだ。しかし、考えなければ、無秩序であることは見えてこない。要因を探ろうと究める中で、秩序がないことに気づくのだ。そこで「ヤエザクラ賞の数」と「入賞率」に着目して、表Dと表Eを作成した。

　まず、ヤエザクラ賞が三十人以上の回をまとめる。

表　D

1位	三年目	一月	九回	ヤエザクラ賞	四十一人
2位	三年目	十一月	七回	ヤエザクラ賞	三十七人
3位	三年目	二月	十回	ヤエザクラ賞	三十五人
4位	三年目	五月	二回	ヤエザクラ賞	三十三人
5位	一年目	一月	七回	ヤエザクラ賞	三十人
5位	二年目	一月	九回	ヤエザクラ賞	三十人

　続いて、どれくらいの確率で賞に入ったのだろう。比較するために、「入賞率」を出してみた。表Aの結果よりベスト10をまとめる。

表　E

1位	一年目	十一月	五回	ヤエザクラ賞	十八人	合計	二百三十四人（五十％）
2位	一年目	一月	七回	ヤエザクラ賞	三十⑤	合計	百九十六人（四十一％）
3位	三年目	五月	二回	ヤエザクラ賞	三十三④	合計	百六十七人（三十九％）
4位	三年目	一月	九回	ヤエザクラ賞	四十一①	合計	百六十人（三十七％）

5位	三年目	九月	五回	ヤエザクラ賞	二十九	合計	百四十八人（三十五％）
6位	二年目	一月	九回	ヤエザクラ賞	三十⑤	合計	百五十二人（三十三％）
6位	一年目	十二月	六回	ヤエザクラ賞	十二	合計	百五十八人（三十三％）
8位	二年目	九月	五回	ヤエザクラ賞	二十七	合計	百四十五人（三十二％）
8位	三年目	二月	十回	ヤエザクラ賞	三十五③	合計	百三十九人（三十二％）
10位	一年目	十月	四回	ヤエザクラ賞	十二	合計	百四十六人（三十一％）
10位	三年目	十一月	七回	ヤエザクラ賞	三十七②	合計	百三十三人（三十一％）

表Dより、ヤエザクラ賞が三十人以上の回は、1位から4位までが三年目が独占し、5位にようやく一年目と二年目の冬の回が入った。このことから、俳句の質やレベルは、年々、上がってきたことがわかる。

表Eより、入賞率の順位に着目すると、上位の1位と2位は一年目が独占した。その次に3位から5位までを三年目が割って入った。二年目が入ったのは、6位であった。全体的に見ると、入賞率は、ヤエザクラ賞のように年々上がっていくという規則性は見られず、ランダムであった。ただ、言えることは、一年目のスタートこそ十七パーセントと少なかったものの、回を重ねる毎に上昇し、三年目後半になると安定し、三十パーセントをキープすることができたということだ（表A）。また、表E「入賞率ベスト10」を見ると、表Dの「ヤエザクラ賞ベスト5」が全て入っていることより、入賞率が高いとそれに伴い、ヤエザクラ賞も多く選ばれているということがわかる。

ここで、疑問が生まれた。なぜ、一年目の入賞率が高くなったのか。何か要因があるにしても、1位・2位をともに独占したことが解せなかった。同じ条件下であれば、年々上昇するのが常である。ひとつのことに努力を積み重ねるから、より深く理解したりできるようになったりするのだ。調査する集団が変われば別であるが、同じ学校内である。いくら考えてもすっきりとしなかった。

その時、魔女賞の数が目に留まった。「五回　百六十六人」「六回　百二十五人」「七回　九十四人」と異常に多い。

考えていると、ストンとおちてきた。

「そうだ、一年目は審査員が三人いたではないか」。これは条件が変わったに等しい。なぜなら、それぞれの感性で作品を評価していくので、入賞の幅も大きくなる。一次審査において、心に響く作品に付箋をつけていくが、二人より三人いれば多くなるのは当然であった。因みに、1位に輝いた第五回は、なんと入賞率五十パーセントになった。これは、全校生徒の約半数が入賞しているという計算になる。なぜなら、賞は一人につきひとつで複数の受賞がないからだ。記録的な快挙であった。

さて、これからが本題だ。入賞者やヤエザクラ賞が増える要因はあるのかないのかである。「7章　行事と俳句」で書いたが、行事に関係があることは季語に触れる度、なんとなく感じてきた。

そこで、表E「入賞率のベスト10」を基に、行事との関係を調べて表にした。

表F

1位	一年目	十一月	五回	運動会
2位	一年目	一月	七回	冬休み
3位	三年目	五月	二回	コロナ禍　休校
4位	三年目	一月	九回	冬休み
5位	三年目	九月	五回	夏休み
6位	二年目	一月	九回	冬休み
6位	一年目	十二月	六回	冬の自然
8位	二年目	九月	五回	夏休み
8位	三年目	二月	十回	ラストの回

10位　一年目　十月　四回　秋の自然
10位　三年目　十一月　七回　運動会

表Fより、入賞率やヤエザクラ賞が増える要因として次の三つがあった。

第一に、「運動会」などの行事である。この三年間、運動会が実施された回は、運動会を季語にたくさんの作品が集まった。今回、二年目の運動会はランク外であったが、運動会を季語にした作品だけを集めたら、まちがいなくベストスリーに入る。感動体験はよい俳句を生み出すことが証明された。これは、「7章　行事と俳句」で紹介した。

第二は、「休暇」である。「夏休み」や「冬休み」の他に、「コロナ禍の休校」が加わった。夏休みや冬休みなどの長期の休みは、心が解放され、自然と戯れたり家族と触れ合ったりする中で、気づきや発見が生まれやすいのであろう。ここで夏休みと冬休みを比較すると冬休みの方が上位であった。「お正月」があることで入賞率が高くなったと推定される。年の暮れや年の始まりは俳句が生まれやすいのかもしれない。そう、お正月の季語は子どもたちが夢を持ち上げる。しかし、コロナ禍の休校は違う。不安の休みであった。「学校に行けない」「友だちと遊べない」。「家族は仕事でいない」。様々な困難と向き合いながら、作品が生まれた。たとえ行動が制限されても心は束縛されないことがわかり、俳句の醍醐味を知ることとなった。これは、「6章　コロナ禍の俳句コンクール」で紹介した。

第三に、「日常」である。学校行事でもなく、長期休暇でもなく、普段の生活そのものであった。特別なことがなくても、「俳句の種」はどこにでもころがっている。まさに、そのことが証明された。これは、第二の要因と同じ。休暇と言っても、日常の中の休暇なのだから……。これが俳句。これこそ俳句というものだ。なぜなら、俳句は日常の一瞬を切り取る写真のようなものだから……。特別じゃない。朝ねぼうしたり、お財布を忘れたり、今こうして原稿を書いたり、この事実こそが俳句の種になるのだ。

考察二二より、次のことがわかった。

「感性を磨く」ために、俳句コンクールを実施したら、年々入賞者が増えた。最高賞のヤエザクラ賞は三年目で約二・

五倍になった。これを別の言葉で表現するなら、「俳句コンクールを実施したら、感性が磨かれてきた」となり、もっと具体的に表現すると、「俳句コンクールを実施したら、目と耳と心をはたらかせて発見したことや気づいたことを、十七音で表現することができるようになった」となる。同時に、感動体験はよい俳句の種になること、ただし、俳句の種はどこにもころがっていることなどがわかった。

この三年間で、子ども達は大きく成長をしてきた。俳句を書くことにより、ひらめきや想像力は磨き鍛えられ、生きる力になっているであろう。ここで、どうして断言できないかというと、想像力や生きる力は可視化できないからである。

二つの学校賞と「あらきっ子句集」の誕生

結果的に、驚異的な子ども達のがんばりが評価され、学校賞の受賞となった。

平成三十年度、『ＮＨＫ全国俳句大会ジュニアの部　学校優秀賞』『きごさい全国小中学生俳句大会　学校賞』の二つの賞をいただくことができた。まさか、たった一年で、こんなに大きな賞がとびこんでくるなんて誰が予想したであろう。「夢ではないか、ドッキリでも仕掛けられているのではないか」、私の心は日に日に猜疑心が大きくなり、すぐに信じることができなかった。しかし、数日後に受賞の連絡が入り、真実であることを確認することができた。

この結果を子ども達に伝えると、学校全体のムードは高まり、保護者の皆さまもたいへん喜んでくださった。全国的に、「新木小は俳句の学校」として認知されたできごとであった。ただ単に学校賞をいただいたことがうれしいのではなく、いただいたことで子ども達が自信を持ちこれからも俳句を書いたり、いろんなことに挑戦したりする「きっかけ」になったことがうれしかった。この自信が誇りとなり、生きていく力となってほしいと願った。

「一人ひとりの俳句のあしあとを、何か形に残せないか……?」

ＰＴＡ会長に相談したところ、「それはいい」と賛成し、すぐに動いてくださった。そのおかげで、年度内に「あらきっ子句集」ができた。学校とＰＴＡが同じ歩調で歩んでいたので、説明すると理解を示し全力で協力してくださった。一ヶ月に二回、ＰＴＡ運営委員会があり、学校行事や子ども達の様子を伝えていたことも大きいだろう。瞬発力がある本校のＰＴＡを頼もしく、そして誇りに思った。

句集は、今まで実施してきた俳句コンクールの結果と、全国大会でみごと入賞を果たした作品と、あとひとつ……全校児童による「じまんの一句」を加えた。私のイチ押しは、何と言っても「じまんの一句」である。子ども達が、自分のお気に入りを自分で選んで載せた。他の誰かが決めるのではなく、「自分で選び取る」というのがいい。過去のコンクールで賞をもらったものでもよし、新しく作ってもよしとした。

そして、表紙は、やはり最高賞の八重桜に決まった。いや、八重桜しかなかった。ちがう、八重桜でなければならなかった。あらきっ子にとって、他を寄せ付けない神々しい存在だった。

そこには、もうひとつの思いであった。なんと、古くなり撤去されてしまった「ぶらんこ」が写りこんでいた。懐かしい一枚だ。しかし、その二年後、まさかこの八重桜までが高齢のため伐採されるとは……。その悲劇は誰も想像することはできなかった。まさに、プレミアムな一枚になった。冊子ができ上がると、教頭先生が一冊、机の上に置いてくれた。

「すぐに読まれると思って……」

うれしかった。ペラペラめくると、インクの香りが鼻をくすぐって気分を高揚させた。「じまんの一句」を一気に読んだ。やんちゃなあの子がここにいた。もの静かなあの子がここにいた。おしゃべりなあの子がここにいた。みんなここにいた。自分の足でしっかりと立ってここにいた。七歳のぼく、十歳のおいら、十二歳のわたしがここにいた。うっとりした。

子ども達のがんばりが、大人の心を突き動かし世界でひとつの成果物が誕生した。感動というものは、どこまでも人の心を熱くして広がっていく。スタートした時、句集をつくる計画など微塵もなかったのだから…。

プラスの連鎖は止まらない

子ども達は、校内コンクールだけでなく、全国コンクールに応募することで、力を試したり可能性を広げたりすることができた。入賞した子ども達に結果を伝えると、飛び上がって喜んだ。しかし、授賞式は県をまたいでおり、とうてい一人では行くことができない。そんな中、「こんな経験はそうあることではないから」と言われ、山形県や長野県まで出向いてくださるご家族もいた。次の日には、満面の笑みで盾や賞状を見せてくれた。特別な名誉ある賞なので、もちろん、全校朝会で伝達式を行った。担任の先生やクラスの友だちから、「おめでとう」の言葉をもらうと、さらに笑顔が輝いた。

さて、学校賞の授賞式でこんな出会いがあった。きごさい全国小中学生俳句大会の授賞式に参加した際、審査員の先生に直接お会いする機会に恵まれた。先生は、日本学校俳句研究会代表をされており、様々な学校に出向き、俳句を広める活動をしておられた。そのご縁があり、次年度には、六年生の俳句指導や「四十周年記念式典」において俳句の講師依頼ができた。

「学校賞」をいただいたおかげで、「授賞式の出会い」が生まれ、それが、「俳句講演会」へとつながった。子ども達は、この流れの中で、さらに俳句に興味を持ち、楽しく作ることができた。プラスの連鎖は止まらない。前に一歩踏み出すことで、未来が築かれていくことを実感した。

二年後、コロナ禍ではあったが、きごさい全国小中学生俳句大会において、二度目の学校賞をいただくことができた。子ども達の感性はコロナ怪獣に負けなかった。

10章　可視化できない成長

まず全体的な特徴から……

先に、目に見える入賞者数や成果物により、子ども達の成長を記してきたが、次に、可視化できない成長について述べたい。まず、俳句の審査の中で気づいた子ども達の成長を記す。

一年目　平成三十年度

スタートしたばかりの頃、書き方がわからないため、俳句にやや硬さが見られた。表現したいことを書くというより、テーマが見つからず、十七音の枠にただ言葉を当てはめている作品が多くあった。また、「楽しいな」「きれいだな」など心情俳句が目立った。しかし、中には、俳句に興味・関心を持ち毎月何十句も投句する児童がいたり、学級に「俳句係」が生まれ推進したりするクラスも現れた。

二年目　平成三十一年度

自分の想いを素直に自分の言葉で表現できるようになってきた。秋頃になると、あまり目にしない季語が作品に現れるようになった。この頃、子ども達は自分の想いに沿った季語を探し、俳句に入れることができるようになった。また、いつの間にか、見つめる視線がやさしくなった。中でも、「お母さん」「お兄ちゃん」「ひいばあちゃん」など身近な人が登場し、家族愛を紡ぎ出す作品が多く見られるようになった。

三年目　令和二年度

コロナ禍で、一学期の幕開けは休校であった。子ども達は自宅での生活を余儀なくされたが、それぞれが表現を楽しんでいた。動くことは制限されたが、背中に羽を付け心は自由自在に宇宙を飛び回った。コロナ禍のおかげで、普段の生活にこそ幸せがあることに気づき、目や耳や心をはたらかせて、感じたことをそのまま表現することができるようになった。

子ども達の様子や言葉

次に、子ども達の声をいくつか紹介しよう。低学年の子ども達は、校内で私を見つけると、

「校長先生、俳句好きになったよ」

「ヤエザクラ賞とったから色紙かいてね」

「玄関に色紙を飾っているよ」

などと言って、かけ寄ってきた。中には、折り紙やメモに、感謝の気持ちを書いて渡してくれる子もいた。子ども達からもらう手紙はあまりにうれしいので、しばし名札に入れて楽しんだ。そのあとは大切に保管する。どんな紙切れも、私にとっては宝物である。実は、こんなストレートな言葉に背中を押され、最後まで色紙をかき続けることができた。


取り組みが始まり二年目のこと。四十周年記念式典が終わったあと、三年生の女の子が大きな紙を持って校長室にやってきた。私は不思議に思い、

「その紙はなあに?」と問うと、女の子は、

「新木小学校は長い時間を超えてここまできました。すごいなあと思い、自分にできることはないかと考え、これをつくりました」

と言って、大きな紙を差し出した。そこには、学校を中心に、四季折々の自然や行事が表現されていた。

「どんな気持ちで描いたの?」と問うと、女の子は、

「春・夏・秋・冬の四つの季節の中で、入学式や一年生を迎える会、運動会や音楽集会などの行事があって、あらきっ子が成長している様子を描きました」

と答えた。まだ三年生の子が、美しい自然に気づき、子ども達が行事で成長していることに気づき、長い歴史に感謝していることに心が震えた。あんまり驚いたので全校朝会で紹介し、しばらく、昇降口の前に簡易掲示板を設置して、全校児童に披露した。それを見た子ども達が、刺激を受け、次なる作品を描いて持ってきた。気が付くと、掲示板は作品であふれていた。

その年のある寒い日、登校指導をしていると、一年生の男の子が、

「校長先生、いい俳句を思いついた」

と言ってかけ寄って来た。どんな俳句かと尋ねると、男の子は、指を折りながら、

「がっこうのはたけの上のしもばしら」

と言い終えて私の顔をのぞいた。私はすぐさま「すてき」と言うと、男の子は恥ずかしそうに走っていった。朝のひとこまである。

この頃、登校指導をしていると、指を折りながら歩いている子どもをよく見かけるようになった。

「途中までできたけど、あと五音をどうするか迷っている」

と呟く子もいた。

その年の卒業式が近くなったある日、六年生の女の子が校長室にやってきて、

「私は俳句で賞をもらったことはないけれど、身の回りを見て考えることが楽しくなりました」

と、小さいけれどはっきりとした口調で言った。これは、私がいちばん欲しかった言葉だった。賞を授与するのは心を耕すためであり、決して優劣をつけるためではない。伝わったことが何よりうれしかった。

取り組みが始まり三年目のこと。卒業式を数日後に控えたある日、卒業生からリボンのついた包みをもらった。急いで開けてみると、ピンク、ブルー、ブラックの鮮やかな表紙を付けた冊子が飛び出した。手のひらサイズでかわいい。中をペラペラめくると、俳句が出てくる出てくる。そう俳句アルバムだった。俳句のテーマは、なんと『俳句』

である。

いくつか紹介しよう。

俳句という魔法の使い手魔女先生
感性を磨き続けた三年間
新木小俳句の思い出つまってる
ありがとう俳句の楽しさ忘れない
この俳句伝えきれないありがとう

これらの俳句には季語がないので、これは俳句ではないと言われそうだが、気持ちが伝わってきて心がきゅんきゅんした。俳句とともに、メッセージも添えられていた。「俳句を通して、いろんな心でいろんな物事を考えるようになりました。中学校に行っても俳句を大切にしたいです」と……。「感性を磨く」を合言葉に俳句の取り組みを開始して三年、まるごと俳句に浸かった卒業生からのメッセージに心はとろけそうになった。

卒業生からのプレゼント

ドラマは日々上映されている

学校は日々ドラマチックだ。「事実は小説より奇なり」と言ったのは英国の詩人バイロン氏だが、毎日、想像を絶するドラマが繰り広げられている。心が躍るエピソードを三つだけ俳句を添えて紹介しよう。

一つ目は、平成三十一年度の夏、ぶらんこが前年に撤去された翌年のこと。

六年生の男の子三人が、校長室にやってきて、

「ぶらんこを設置するために署名活動をしてもいいですか」

と、たずねた。私は目を白黒させてわけを聞くと、男の子達は、

「低学年と来年度入学する一年生のために設置したいのです。小さい子はぶらんこが好きです。撤去されたままになっていることを寂しく思っていました。僕たちはもうすぐ卒業します。学校のために何かやりたいと思ったのです」と答えた。心が熱くなった。その時、私の頭に突然ひらめいた。そして、「署名活動はやらなくていいです。明日はうまい具合に全校朝会があります。ぶらんこを欲しい人がどれくらいいるのか確かめましょう」

と、言った。年下の子ども達のことを思い、動いてくれたことがうれしかった（この様子については、「15章　学校だより」にて掲載）。

ぶらんこと思い出できた六年間　六年　平成三十　年度（第八回コンクール）
ぶらんこをそらまでこいでとりになる　二年　平成三十一年度（第一回コンクール）
ぶらんこで桜の花にハイタッチ　五年　平成三十一年度（第二回コンクール）
ぶらんこはこげばこぐほど空をとぶ　二年　平成三十一年度（第三回コンクール）
ぶらんこに心をゆらして一休み　五年　平成三十一年度（第三回コンクール）
ぶらんこと心が共にゆれる春　六年　令和二年度（第二回コンクール）
ぶらんこでとんでるひこうきとびこえた　三年　令和二年度（第三回コンクール）
ぶらんこはそらへとびたつひこうきだ　二年　令和二年度（第六回コンクール）

俳句の審査をしていると、「ぶらんこ」が季語の作品をよく目にした。考えてみたら、ぶらんこは、感性を豊かにする最高の遊具であった。なぜなら、ぶらんこは、人間の常識を一瞬にして吹き飛ばしてしまうからだ。鳥になり風と遊ばせてくれる。あのゆらゆらゆれる感覚、足が地上を離れて宙を舞う感覚、空を飛んでいるような感覚は、まさにパラダイスである。感性を磨くために、ぶらんこは必須であった。

子ども達よ、君たちはなんて賢くてすばらしいのだろう。

二つ目は、令和二年度のコロナ禍でのこと。緊急事態宣言が解除されると、学校は分散登校が始まり、二日に一度の登校となった。人類の歴史の中で、こんなことがあっただろうか。いや、こんなことがあっていいのだろうか。同じクラスなのに会えないなんて……。

置かれた環境の中で、子ども達は考えた。そして、ひらめいた。「そうだ。メッセージを書いて心の交流を図ろう」と……。交換ノートを作ったり、風船や葉っぱの形をした紙に手紙を書いたりして、会えない友だちに伝えた。それを読みながら、子ども達はいつも一緒にいることができた。

児童会の子ども達は、『新木小の新しい学校生活』の動画を作った。登下校編、学習編、給食編など、五七五でまとめてくれた。先生達の押し付けでなく、子ども達が主体的に動き、子どもから子どもへ伝えられたことがうれしかった。明治五年に学制が敷かれて以来、初の分散登校を体験し、一斉登校ができたのは、六月二十二日のことだった。

心の交流を図った「友情の木」

それから二週間後の七月六日のこと。六年生の男の子が校長室にやってきた。手には大きな折り鶴を持っていた。

「コロナ収束の願いを込めてつくりました。
大きい鶴の上に小さい鶴が乗っています。
大きい鶴は先生達、小さい鶴は子ども達、
みんな前を向いています」

と言った。大きな鶴の羽の裏を見ると、

「がんばれ　はばたけ　前を向いて」

6年児童が持ってきた折り鶴

との願いが書いてあった。

そうか明日は七夕だ。

私の手帖には、『オリヅル記念日』と記されている。

はざくらでぼくたちはじまる一ねんせい　　一年　令和二年度（第三回コンクール）
風光るひさしぶりだね友の顔　　四年　令和二年度（第一回コンクール）
新年度みんなの顔がさくら色　　四年　令和二年度（第一回コンクール）

三つ目は、その年の十二月、学校のシンボルの八重桜が、十本も伐採された時のことだ。八重桜は、学校ができてからずっと、四十年もの間、あらきっ子を見守ってくれた。いわば「魔法の花」。子ども達にとっては、強くてやさしくて誰からも愛される、まるでお母さんのような存在だった。うれしい時は一緒に喜び、悲しい時は心を抱きしめてくれた。

そんな八重桜が、長い歴史の中で年を重ね危険な状態になってしまった。このままではいつ倒れるかわからない。子ども達の安全を考慮して伐採されたのだ。このことを二学期の終業式で話すと、子ども達は切り株に向かい手を合わせた。

年が明けて、一月二十日、校長室に、一年生が四人、手に何か持ってやってきた。見ると、画用紙は一面鮮やかなピンクの花でうめつくされていた。目を見開くと、小さな画用紙に三十ほどのお花が隙間なく貼られていた。

「これはなあに」と問うと、口々に、

「八重桜が切られちゃったから作ったの」

「新木小の八重桜を思い出して作ったんだよ」

「八重桜はなくなっても思い出してほしいから……」

と、言った。その瞬間、ポッカリと空いた穴に、八重桜の花が満開に咲き誇った。

子ども達が悲しみを受け止め、しっかりと前に進んでいることをうれしく思った。もちろん、先生方や保護者の皆様が子ども達を日々の生活の中で、正しく導いてくださっているから……。

たった七歳の子どもに、「大切な人は心の中で生き続ける」ことを教えてもらった。感性は年齢に関係なく育っている。

八重桜想い出ずっと僕の中　五年　令和二年度（第九回俳句コンクール）

八重桜六年分の有難う　六年　令和二年度（第九回俳句コンクール）

八重桜新木の歴史と散歩する　六年　令和二年度（第九回俳句コンクール

ありがとうベストフレンドやえざくら　三年　令和二年度（第十回俳句コンクール）

新木っ子成長見まもる八重桜　四年　令和二年度（第十回俳句コンクール）

やえ桜ま女のまほうでいきかえれ　六年　令和二年度（第十回俳句コンクール）

これまで、3つのドラマを俳句とともに紹介したが、その時の喜びをひとことで表現することはできない。「心が跳ね上がってうれしい」ではなく、「心がしめつけられるようなうれしさ」なのだ。もしうれしさに重さがあるとするなら、軽くはない。どっしりと重いうれしさである。そして、時間が経つほどにじりじりと心に迫ってくる。先に書いたように、エピソードはまだまだある。無限に……。なぜなら、ドラマは日々上映され、日々更新されているから……。しかも、子どもの数だけあるのだ。

しかし、これらが、俳句の実践による成果であるとは一概には言い切れない。なぜなら、子ども達は、目に見えない力が様々に作用し合って成長しているからだ。学校生活の全ての体験を総合的に積み重ね、たくましく成長している。

大変身「未来の扉を開けた子ども達」

おしゃれしてかかしもじょしりょくたかいのね　一年　平成三十年度（第四回コンクール）

この作品が示すように、本校の周りには見渡す限り畑が広がっている。子ども達の保護者や親族には農業を営む人が多い。本校では、農業を通して地域の人々の生き方に触れる総合的な学習の時間（以下総合）の授業を実施している。スパイス先生を中心に壮大な単元開発が行われ、現在も継続している。

この章の最後に、五・六年生の総合における二年間（平成三十年度～平成三十一年度）の取り組みを紹介する。なぜなら、子ども達が自分達の頭で考え行動して未来の扉を開けたから……。主な内容を次に記す。

【新発見　我孫食フォーラム】五年

五年社会科の「米づくりの盛んな地域」を学んだ際に、児童から「我孫子市も田んぼが多く野菜なども給食に出ているが、我孫子市の農業のことを全く知らない。調べてみたい」という疑問と関心が起こった。そこで、我孫子市の農業について、調べ学習、農家・直売所・スーパーへの見学、農家（生産者）や市役所農政課（支援者）の講話会を通して学習した。我孫子市産農作物のおいしさ、主産業として力を入れ、地産地消を推進していることや農業に関わる人たちの努力や苦労などについて知ることができた。一方、高齢化や人手不足などの我孫子市の農業が抱える課題についても知ることができた。まとめに一人ずつ新聞を作成し、成果物として仕上げた。

【再発見　我孫食ＰＲし隊】五年

「我孫子市の農業について市民がどれくらい知っているのか」という疑問から、保護者にアンケートを実施した。その結果、我孫子産農産物を買っている人や農業活性化事業を知っている人は少なかった。この現状から、「我孫子市の農業をＰＲしたい」という意欲が起こった。そこで、我孫子市の農業の魅力を伝えるために、市の取り組みについて調べ学習や、農政課、地産地消推進協議会の講話会を通して学習した。そして、パンフレット、ポスター、ＰＲ

動画、ホームページ、全校朝会発表のグループに分けて、それぞれの成果物にまとめた。また、我孫子市の地産地消を推進するオリジナルキャラクターを作成したり、家庭ではレシピを開発したりした。作成した成果物については、お世話になった方々に活動報告会として発表するとともに、市内の公共施設やスーパー、直売所、新木小のホームページなどで配布、展示、公開をした。

【新発見　我孫食つくり隊】六年

我孫子市の農業を学びPRする活動を通して、我孫子市の農業について深く考えることができたが、児童の学習後のアンケートでは、自分たちも農業体験をして、農家の人の気持ちを実感したい。自分たちで取り組むことでさらにPRを進めていきたいという回答が多かった。そこで、中玉トマトの栽培を行った。栽培方法、害虫の駆除方法、自然への対応などの多岐にわたる内容を自分たちで調べ、農家の方とのフィールドワーク、講話会で知識を広げながら生育活動を実践してきた。収穫したトマトの消費方法についても自分たちで考え、家庭への配布、給食での活用、トマトジャムとして加工し、市が主催する農業まつりや本校でのバザーで販売した。

６年生が育てた中玉トマト

【再発見　我孫食伝え隊】六年

五年時に行ったPR活動は、全校児童、学校関係者、保護者、市役所関係者、農家、一部の市民には周知できたが、必ずしも我孫子市の農業の活性化や課題解決につながっていないという意見が出た。そこで、我孫食つくり隊と同時進行で、主に国語で展開した学習活動である。我孫子市の農業を確実に活性化させるための方法について一人ひとりが考え、パネルディスカッションを通して意見を深め、農業活性化プランを意見文にまとめ、我孫子市長に提言した。

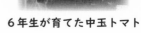

農業アラートと感動アラート

六年生の廊下に、「農業アラート」が発令された。
その瞬間、心に、『感動アラート』が点灯！
これは〝再発見！　我孫食プロジェクト〟の取り組みである。
六月、トマトの苗を植え栽培活動がスタートした。
お天気が続くと、人手が足りなくなった。
そこで、考え出されたアイディアである。
「水やり」「雑草」「害虫」の現状が可視化されている。
青なら順調、黄色は要注意、赤はピンチである。
コロナ禍にあっても、子ども達の発想と意欲はとどまらず、
夏休みも水やりを行い、たくさんのトマトを収穫した。
子ども達はトマトを使って「ケチャップ」を作り、
十一月二十六日、学校近くの直売所をリニューアルして販売した。
製造は業者に依頼したが、
レシピや瓶のラベルは分担して行った。
地域の農家の皆さまが野菜を寄付してくださり、
大盛況となった。
学びのゴールは、農業の展望を意見文にして市長さんへ届けること。
『感動アラート』は、いまだ点灯中。
ピカピカ光って、ドキドキが止まらない。

（令和二年度の取り組み）

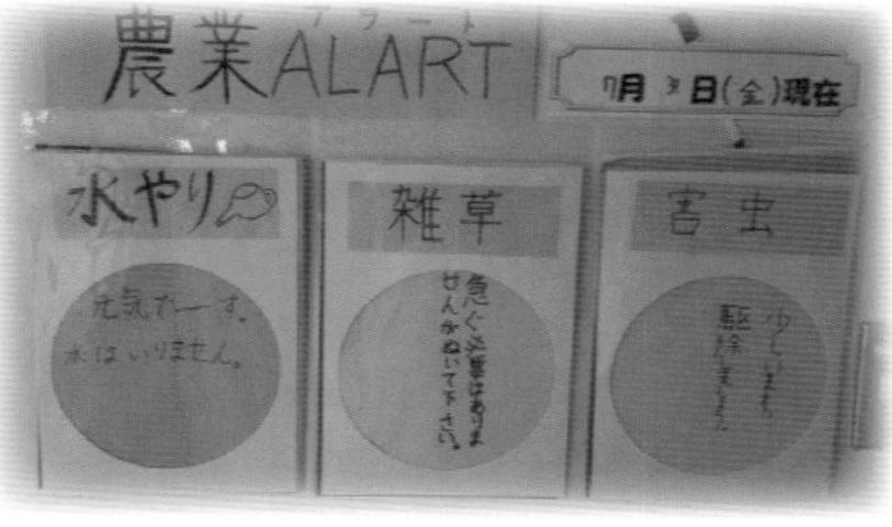

令和二年度の総合では、トマトケチャップを作ったものの、コロナ禍の影響で、昨年まで販売してきた農業まつりや本校のバザーが中止になったため、近くの直売所をリニューアルして販売した。（前年度トマトジャム作成）
この取り組みが認められ、令和三年度「文部科学大臣」より、「カリキュラムマネジメント推進チーム」として表彰された。
賞をいただいたことでなく、子ども達のがんばりが評価され、未来に光が差し込んだことがうれしかった。

直売所で販売

卒業文集　卒業生はまるで「トマットジャム」のよう（平成三十一年度）

卒業、おめでとう。皆さんは、すばらしい六年生でした。ひとことでいうなら、まるで『トマットジャム』のよう。

その心は？　「どちらも、赤くて（やる気）まろやかで（やさしさ）オリジナル（柔軟な思考）」。

心はいつも情熱的でやる気に満ちていました。県吹奏楽コンクールでは二年連続金賞受賞、市内陸上大会「六連覇」は、喜びを超え、体がビリビリしびれました。しかし、結果に「一喜一憂」することなく、次の日にはさらにステップアップした目標に向かい練習を開始する姿を見て、あらきっ子の驚異的な魂と、本校の歴史と伝統を感じ取ることができました。

また、やさしさに満ちあふれていました。書道隊の皆さんが、卒業式や入学式、新年のスタートなどの節目において、お祝いのメッセージを垂れ幕にして体育館に掲示してくれました。心に染み入る言葉と斬新なイラストに感嘆の声を上げ、心はいつもぽかぽかと温かく幸せな気持ちになりました。私はプラスαが好きです。αの正体は、なくてもいいけれど、あったらうれしいものです。

頭は主体的で柔軟な思考ができました。ぶらんこが撤去された時、「校長先生、ぶらんこの署名活動を行いたいのですが……」。我孫子市で『部活動ガイドライン』が作成され練習が制限された時、「部活動をもっとやりたいのですが……」。トマトが鈴なりになった時、「収穫したトマトをジャムにして売りたいのですが……」。いつの日も皆さんは真剣でした。

どこでその力を身に付けたのでしょう。この二年間、皆さんは、総合的な学習の時間の中で、様々な体験をしてきました。トマト栽培においては、雨続きで日照不足だったり、台風がきたり、ムシがついたり……。でも決してあきらめることなく自然の厳しさを受け入れながら育ててきました。試行錯誤を繰り返す中で、いつの間にか身に付けたのでしょう。

一人ひとりが真剣に自分の考えを発表し合う中で、学年が、ひとつになっていくのがわかりました。それぞれが居場所のある心地よい集団です。担任の先生たちも解け合って、いつの間にか、助け合いのできる家族的集団ができあがっていました。

体は元気いっぱい。負けない心で努力したので、筋肉がついてたくましくなりました。皆さんの心にも、見えないけれど筋肉がつきました。その筋肉の名前は「生きる力」です。一生落ちることはありません。

○失敗しても、自分の力で立ち上がれるように……。
○他人がくれた百点満点ではなく、自分自身でつけた七十点に自信が持てるように……。
○この新木小で身につけた力を誇りとし、これからも自信を持って前進できるように……。

（卒業文集　平成三十一年度）

【なぜ俳句を書くのか】

こう問われたら、私は迷わずこう答えます。

「小さい頃から言葉を吟味し書く力を養ってきた子どもは、自分の頭で考える習慣が身に付き、時と場に応じて発揮できる。こうして頭と体に蓄えられた力は、多少のことではくじけない。自分の夢に向かいひたむきに生きていく力がある。さらに、生活をより深く見つめることで、かけがえのない命に気づき、あふれんばかりの愛を与える大人へと成長していくだろう。そんな人と人とのふれあいができる明るい未来を信じ今日もまた俳句を書くのだ」と……。

（卒業文集より抜粋　平成三十年度）

エッヘン！　うちの学校自慢

うちの学校は、すごいぞう。
だって、「放課後の学習教室」があるんだ。
昼間、登校できない子どもに勉強を教えるから。

うちの学校は、すごいぞう。
だって、「夜中に家庭訪問」をするんだ。
昼間、登校できない子どもに会いに行くから。

うちの学校は、すごいぞう。
だって、希望があれば「夏休み学習会」をしている。
子ども一人ひとりの意欲を大切にしているから。

うちの学校は、子どもが学校に合わせるのでなく、
先生達が子どもに合わせている。
だから、子ども達はみんな学校が大好きなんだ。

林間学校

11章　保護者の皆さまからの言葉

説明と言い訳のちがい

ここで、保護者の皆さまの言葉をいくつか紹介したい。

平成三十年度、俳句コンクールがスタートしたばかりの頃、一年生の保護者より、「俳句の作り方を習っていないので書けません」というお便りをいただいた。数日前に、全校朝会において、「俳句の作り方」と称して穴あき俳句を使い練習をしたが、たったそれだけで理解できるはずがなかった。

学習指導要領において、俳句を音読したり暗唱したりする学習は三年生に位置づけられている。さらに、書く活動は六年生にならないと実施しない。教科書は、各学年の発達段階を重視して試行錯誤を重ね作られている。こう考えてみると、一年生の保護者のご意見は当然であった。もし仮に、私が保護者だったら、学校に同じ手紙を書いたかもしれない。保護者への説明不足は明らかだった。

一人の保護者というのは氷山の一角で、その陰には何十人もの保護者がいる。私にはたくさんの顔が見えた。ここは慎重にと自分に言い聞かせて対応に当たった。丁寧に対応すれば、必ずわかってくださるはずだ。

そこで、教頭先生にお願いして、学校だよりに「書き方のポイント」を掲載してもらい、全校の保護者に周知した。また、連絡のあった一年生の保護者には、直接電話をして説明不足を詫び理解していただいた。そして、「お子さんのつぶやいた言葉を十七音にしたててください」とお願いした。その後、保護者の方からのご意見は一件もなかった。こうして一通の手紙が、学校経営を救ってくれた。スタート時に、全校保護者に説明できたのは幸運であった。

翌年は、この反省を生かし、入学説明会（次年度入学する一年生の保護者を対象とした説明会）において、「感性を磨く」ために学校全体で俳句に取り組んでいること、その実現のために、一年生から俳句を書いていることを伝えた。そのおかげで、平成三十一年度の一年生は、スムーズに取り組むことができた。

この時、改めて、校長が保護者の皆さまに学校経営方針を説明することの大切さを痛感した。取り組む前に道筋を立てて伝えるのは「説明」だが、ご意見があってから説明するのは「言い訳」にしかならない。

ビッグマンに気づいた子ども達

取り組みが始まり三年目、令和二年度のある秋の日、六年生の保護者が、

「うちの子は、六年間で初めてヤエザクラ賞に表彰されて自信がついたようです。あれ以来、部活動もがんばるようになりました」

と言われた。トランペットを買い、中学校に進学したら吹奏楽部に入部することを決めた。まさに、長い間追い求めていたこと、主人公が自分のビッグマンに気づいた瞬間であった。学校にいてうれしいのは、日々、子ども達の成長に立ち会えることである。

その年のある冬の日、一年生の保護者が学校にやってきて、

「うちの子は、何でも五七五のリズムに乗せて表現しようとします。おじいちゃんがおならをした時も、指を折って作っています」

と教えてくださった。入学したての一年生でも、俳句が生活の一部になったことがうれしかった。俳句の興味・関心は、年齢に関係ないということの表れであった。

また、学校を去る際、学童の保護者の皆さまより分厚いアルバムをいただいた。中を開くと、子ども達がヤエザクラ賞の色紙やケヤキ賞・魔女賞などの短冊を持ち、満面の笑みで写っているではないか……。そばに、保護者の方より、お子さんの成長を喜ぶメッセージが添えられていた。アルバムは俳句であふれかえっていた。

取り組みにおいて、俳句でよかったのは、必ずしも学力と比例していないということであった。勉強や運動が苦手な子ども達だって、どんどん表彰される。よく見たり

アルバムのプレゼント

聞いたり心をはたらかせて作るので、だれにも平等にチャンスがあったというのも長く続いた理由だろう。

表彰されて自信をつけた子ども達が、他の分野でも努力して輝かしい成績を収めるようになる。保護者の皆さまの言葉を聞き、ほっとしたり、やはり続けてよかったと胸をなでおろしたりする自分がいた。

保護者の皆さまのおかげ

コロナ禍で、行事を実施できたのは、ひとえに保護者の皆さまのご理解とご協力の賜物である。学校だけが鼻息を荒くして、「運動会や音楽集会をやります」と宣言したところでただの夢物語。ＰＴＡ会長さんをはじめ総務部の皆さまが、リーダーシップを発揮し動いてくださったおかげで実施することができた。

月に一度のＰＴＡ運営委員会の中で、行事や子ども達の様子について伝えてきた。学校のコロナ禍の行事に対する基本的な考え、「体験は全ての礎」「この一年は戻ってこない」などを語り合っていたので、「実施しない」ではなく、「実施する」ことを前提としたアイディアやご助言をくださった。安全支援、環境支援、学習支援、図書支援、読み聞かせなど、たくさんの支えがあり、子ども達は健全に成長することができた。合言葉は、「全ては子ども達のため」である。学校もＰＴＡも同じ目的に向かって動いていたのでぶれることはなかった。

「いつでも連絡してください」という会長さんの言葉に甘え、困った時はすぐに電話して、相談に乗ってもらった。そのおかげで、学校経営をスムーズに行うことができた。

ラストの日、ＰＴＡ総務の皆さまから十七音のメッセージをいただいた。

魔女が来て芽吹く蕾ははかりなし
魔女先生唱えた魔法はエンドレス
魔女の瞳に映る桜と新木っ子
あらきっ子この先ずっと魔女の弟子

知恵出して魔女と新木小は不滅なり

気づけばそこにあった

春、一年生がアサガオの種を植えた。
つるが伸び始めた頃、支え棒をした。
まっすぐ空に伸び上がっていくように。

これまでに、私の支え棒は何本あったのだろう？
「全ては子どものために」力を注いでくれた同僚。
学校経営を理解し協力してくださった保護者の皆さま。
困った時には笑顔で助けてくださった地域の皆さま。
道を踏み外さないよう明るく照らしてくださった先輩。
悩みを真剣に聞き苦しみを吸い取ってくれた友人達。
常に側にいて、声をかけてくれた家族など……。
おそらく一万本じゃたりないだろう。

そう、支え棒は無限にあった。
「つけて」ってお願いしなくても、
気づけば、まるで、当たりまえのように、
そこにあった。

木曜日の朝は「どんぐりどんぐら」

どんぐりどんぐらは「読み聞かせボランティア」だ。
木曜日の朝、本を持ってやってくる。
子ども達の瞳はキラキラ、胸はワクワク、
心はポンポン弾む。

ロウソクに火がともると、
子ども達は心の旅に出かける。
想像の翼を羽ばたかせてうっとりする。

「ふれあいバザー」では、絵本の国をテーマに、
『はらぺこあおむし』の疑似体験をしたり、
『魔女の宅急便』のキキに変身！　したり、
子ども達に夢と希望を育んでくださっている。

今年度も、コロナ禍にありながら、
七月二日（木）、二十一年目のスタートをきった。
ずっと、ずっと、ずーっと続きますように……。

☆読み聞かせ「どんぐりどんぐら」
　令和二年度ライトブルー賞受賞（令和三年一月二十四日）

木曜日の朝の読み聞かせ

12章　願い

地域を元気にしたい

取り組み二年目、令和元年六月三十日、まちづくり協議会から依頼を受け、近隣センターで講演した。タイトルは、もちろん「感性を磨く」である。学校の取り組みや子ども達のがんばりを紹介する機会に恵まれたことをうれしく思った。

学校だよりは、毎月二回発信し、保護者の方だけでなく地域の皆さまにも公開していたので、俳句の取り組みについては周知されていた。ある女性の方が、一ヶ月前から俳句をつくって参加し、会場で一句披露してくださった。あの日の感動は忘れられない。

講演の効果は、次の日から現れた。講演会に参加した方が、学校を訪問してくださったのだ。

「お手玉を使いますか。家に余っているので持ってきました」

「お花を飾ってください。家の庭に咲いていたものです」

「俳句の短冊を書くお手伝いをしたいのです。校長先生が死にそうだと言っていたので……」

実は、講演会で、「死にそうです」と冗談交じりにSOSを出した（前年度は、賞の全て、千百三十七枚もの色紙と短冊を一人でかいていた）。その言葉を聞きつけて、書の達人が来校してくださったのだ。

「申し訳ありません」と頭を下げると、

「書かせていただきありがたいです。子ども達の俳句を読むのが楽しいですから……」

と、笑顔で言われた。

その後、二年間、書いていただいた。コホミン（我孫子市湖北地区公民館）の長寿大学の書道部の皆さんも手伝ってくださった。そのおかげで、私は色紙だけに集中することができた。地域には、たくさんの人材が眠っていた。ここで一句。

夏近し「助けて」の声にスーパーマン

その年の秋、ＰＴＡのふれあいバザーで、父親の会の皆さまが「俳句コーナー」を設置した。子ども達が俳句をつくっていることを聞きつけ、新設してくださったのだ。うれしさは格別。天にも昇る気持ちになった。子ども達がその場でつくった俳句を、パソコンで打ちシートにして渡してくれる。私も記念にと作成してもらった。大盛況だった。学校経営を理解し、地域に発信してくださることはまるで夢のようだった。この日、学校、家庭、地域が俳句で繋がった。

何日かすると、今度は、ご高齢のご婦人がお二人、学校を訪ねて来られた。学校だよりの俳句を読み勇気をもらったとのこと。校内の「俳句コーナー」にご案内すると、一句一句を熱心に読まれた。そして、

「子どもが大きくなり、学校に来られなくなりました。また来てもいいですか」

と言われた。胸が熱くなった。俳句が地域に広がり、コミュニケーションツールになりつつあることがうれしかった。地域の皆さまには、学校にどんどん入ってほしいと思う。この先、学校へのハードルが下がり、好きな時に入って子ども達を応援してほしい。

令和二年度は、コロナ禍のため来校者は減ってしまったが、学校だよりや地域だよりを発信することで、子ども達の俳句を読んでいただくことができた。地域の方々の勇気や希望の光となれたら、こんなにうれしいことはない。

今後、少子高齢化に向かい、地域はどんどん元気がなくなっていく。

私の願いは、子ども達を地域に入れ、地域を元気にすることだ。地域の行事に積極的に参加させ、「生きる力」を身に付けさせ、心身ともにたくましく育ってほしいと願う。

新木地区の文化祭でお手伝いする子ども達

ありがとう

いちばん伝えたいのはこの言葉
「ありがとう」の5文字
今まで出会ったすべての人に

13章　終わりに

あらきっ子「想像の泉」に命の水輝く！

「感性を磨く」を合言葉に俳句の取り組みを開始して三年、あらきっ子は自然や身の回りを見つめ、発見したことや気づいたことを十七音で表現してきた。その過程の中で、自分の頭で考えて行動できるようになってきた。少しずつではあるが、主体的に動くことができるようになった。自主的とは少し違う。詳細は「10章　可視化できない成長」で紹介した。

ここで「自主的」と「主体的」を簡単に説明しよう。山登りに例えると、頂上に登るのに道が三通りある場合、どの道を通るのか自分で決める行動は、まさに「自主的」だ。この場合どの道を選択しても、頂上に着くので責任は伴わない。これに対し、頂上までの道が示されていない時、手探りで登っていくのが「主体的」だ。この場合、頂上に到着できるかどうかさえわからないので、行動に責任が生じる。ひとことで言うと、自主性がある人はあらかじめ決められたことを率先して実行・実践する。一方、主体性がある人はなぜそれをやるのか目的まで考えることができる。

いつの頃からか、ひらめきや想像力がどこかに蓄えられ、必要な時に使われるのではないかと考えるようになった。なぜなら、子ども達が人に頼らずに自力で動きだしたからだ。その姿は低学年も同じだった。

日増しに主体的になった。人に言われて行動するのではなく、自分の頭で考えて動けるようになった。日増しにやさしくなった。友達のため、家族のため、地域のためと誰かのために動けるようになった。その姿は、子どもとか大人とかという範疇を超え、一人の人間としてきらきらと輝いて映った。

どこかに、想像力のタンクがなければ、子ども達は一人で動けないはずだ。

私は、そのタンクを、「想像の泉」と名付けた。俳句を書く中で、あらきっ子の心には「想像の泉」ができ、日々命の水がわき出している。

生涯にわたり、この泉の水を蓄えることが「生きる力」となると信じている。そして、この泉の存在に気づくことこそ、己のビッグマンが目を覚ました瞬間なのだ。

トントン……。

「あなたのビッグマンは起きていますか」

一人じゃ何もできなかった

コンクールができたのは、審査員の先生のおかげ。
心に種まきをされている教育者だからこそ、
子どもの目線に立ち、感性を丸ごと受け止めてくださった。
時には涙し、一人ひとりの成長を、
我が子のように手をたたいて喜んでくださった。
また、ひよこ豆先生が、計画的に準備したり、
先生方が、俳句のおもしろさを熱く語ったり、
地域のボランティアさんが、入賞作品を短冊に書いたり、
多くの方のおかげで続けることができた。
たくさんの人が協力して、俳句集ができた。
みんなの力が合わさって、
子ども達の「感性を磨く」ことができた。
だれ一人欠けても、目標を達成することはできなかった。
結局、一人じゃ何もできなかった。
私、「ありがとう」を何回も言うよ。

おちこぼれの魔女の話

ある日、
魔女のエッちゃんが校長先生になった。

教師としての常識や教養がまったくない。

「できるかなあ」

エッちゃんは心配だった。

少しすると、不安はすぐに消え去った。
なぜなら、エッちゃんが『願い』を語ると、
先生達は、すぐに動いてくれた。
動いてくれた？
いやちがう、子どものために自ら動いた。

三年経つと、エッちゃんは気づいた。
校長先生なんて、だれでもできる。
いちばん大切なのは、学校に、
子どもの未来を真剣に考え動く先生達がいるか。
ただそれだけ。

14章　学校だより　保護者へ向けて

子ども達のやる気に火をつける

満開のソメイヨシノがヒラヒラと風になびくと、今度はヤエザクラが頬を染めて顔を出しました。入学式には、満開になりかわいい一年生を迎えてくれることでしょう。

さて、春休みが終わり今日から新学期。そして、平成三十年度が始まりました。今年度、本校に着任いたしました横山と申します。本校は、今年、創立三十九周年を迎えます。バトンを引き継いだ今、緊張と責任の重さを痛感しております。保護者の皆さま、地域の皆さま、どうぞよろしくお願いいたします。

子ども達には、無限の可能性が秘められています。その可能性を引き出し磨き鍛えることが学校の使命であると考えます。子ども達が夢と希望を抱き困難にも果敢に立ち向かう強い心を持ち、豊かなコミュニケーション力と、未来を切り拓くために必要な力を身に付けるとともに、主体的に学びに向かう姿勢を育てることができるよう、教職員が一丸となって力を尽くしてまいります。

さて、今年度の学校経営につきまして、基本的な考え方を以下にお示しいたしました。新木小学校の子ども達が健やかに成長していくように努力してまいりますので、ご理解とご協力をお願いいたします。

学校教育目標　心豊かでたくましく自立する子
（合言葉）あらきっ子　いい声　いい顔　いい姿「汗と涙」

1　子ども達にとって楽しい学校

楽しいとは、「わかる・できる」であり、達成された瞬間、驚きや感動がわき上がります。イチローを育てた野球部の監督は、「やらされる百発より、やる気の一発」と言いました。子ども達の勉強も同じ。意欲を持って勉強すれば短時間で身に付くようになります。
○子ども達のやる気に火をつけ、自発的に学習できるよう目指します。

2　**保護者にとって安心して子どもを任せられる学校**

学校の安全・安心は、保護者の皆さまにとって、一番重要なことと捉えています。施設・設備の安全はもちろんのこと、いじめや暴力が起こらないよう全力を尽くします。
○子ども達の声を聴き、どの子も学校に来られるように努めます。

3　**地域にとって誇りに思える学校**

学校は地域あってのものです。これまでの歴史と伝統を引き継ぎ、特色ある教育活動を展開します。
○ホームページで、様々な行事や子ども達の様子を発信し、地域から信頼される学校を目指します。

4　**教職員にとってやりがいのある学校**

子ども達が、本校の合言葉である「あらきっ子　いい声　いい顔　いい姿」になれるよう、教職員が使命感を持ち全力で指導に当たってまいります。
○「チーム新木小」、心を合わせてがんばります。

（平成三十年度　四月）

快挙！　新木小学校が俳句で日本一「学校賞が二つも……」

今年度、学校経営の柱に『感性を磨く』を据え、月に一度、校内俳句コンクールを実施し取り組んできました。一月に入り、うれしいお知らせが二つも飛び込んできました。

一つめは、「ＮＨＫ全国俳句大会ジュニアの部・学校優秀賞受賞」のお知らせです。これは、「学校大賞」に続く賞です。小中学校の応募四百十二校、約四万句の中から二十八人が入賞した結果、受賞が決まりました。学校を代表して、一月二十日（日）授賞式に参列しました。

二つめは、「きごさい全国小中学生俳句大会・学校賞受賞」のお知らせです。授賞式は二月十七日（日）、これからです。過日、事務局長さんが「子ども達の作品がすばらしい」と直々に電話をくださいました。入賞者が十五人もおり、受賞が決まりました。参加した学校数は約百校で、小学校の部において、なんと日本一とのことでした。

さて、一月の「第七回校内俳句コンクール」では、ヤエザクラ賞が三十人もおり、過去最高になりました。投句する作品数も多くなり、子ども達の勢いは止まりそうにありません。作品のレベルも上がり、審査は難航しました。校内に結果一覧表を張り出すと、子ども達はすぐに集まってきます。「あった！」と喜ぶ子がいれば、「残念、なかった！」と悔しがる子もいます。ともによし。なぜなら、あれば自信になり、なければ悔しさがバネになりますから……。

俳句の取り組みを開始して約一年、子ども達の感性が磨かれてきたことをうれしく思います。四季折々の自然や、身の回りを見つめて、発見したことや心に感じたことを短い言葉で表現することが定着しつつあることに喜びを感じています。

あるクラスでは、「俳句係」ができ、毎日のように校長室へ俳句が届けられます。ある日、三年生の女の子が、「俳句が好きで一気に四十句も書きました」と言い、ポストに入れました。ここまでくると、書かされているというより、書きたくてたまらないといった様子です。

子ども達には、これからも感性を磨き、明るい未来を切り拓いてほしいと願っています。

（平成三十年度　二月）

子ども達の『かけがえのない命』を輝かせる

> 春、いちばん人気の桜の下では、
> 名もない野花がひっそりと咲いている

春休みが終わり今日から新学期。そして、平成三十一年度が始まりました。今年度、創立四十周年を迎えます。保護者の皆さま、地域の皆さまから愛され続けて四十年。節目の年にあたり、背筋がピンと伸びます。引き続きどうぞよろしくお願いいたします。

子ども達にはそれぞれ違った個性があり、無限の可能性が秘められています。その可能性を引き出し磨き鍛えることが学校の使命であると考えます。ひとことで言うと、子ども達の『かけがえのない命』を輝かせることでしょう。桜も、名もない野花も、それぞれに美しく咲いていることに違いはありません。小さなものが見える「よい目」と「感性」を持ち、教職員が一丸となって力を尽くしてまいります。

さて、今年度の学校経営につきまして、基本的な考え方を以下にお示しいたしました。新木小学校の子ども達が健やかに成長していくように努力してまいります。

学校教育目標　心豊かでたくましく自立する子

（合言葉）あらきっ子　いい声　いい顔　いい姿　「汗と涙」

感性を磨き、あらきっ子の児童であることに自信と誇りを持たせる。

（平成三十一年度　四月より抜粋）

令和元年　新たな時代の幕開け
「あらきっ子　俳句つくって未来を拓く」

さくらさききいろいカバーそつぎょうだ　二年
春がきた新たないのちごたいめん　三年
先生とわかれたくない春の雨　四年
すいせんがお日様向かってファンファーレ　五年
悠々と天に遍《あまね》く八重桜　六年

五月一日には、新天皇即位に伴い、新元号に改元されます。元号は「平成」から「令和」へと……。どんな時代になるのでしょう。どきどき、わくわくします。令和の時代を築くのは、目の前の子ども達です。おそらく「学校教育を充実」させることで、すばらしい令和時代が実現できるものと確信しております。となると、私たち教職員の使命は計りしれません。

今年度、学校経営の柱に『感性を磨く』を据え、「感性を磨き、新木小の児童であることに自信と誇りを持たせる」を加えました。感性を磨くとは、「感じる心を高める」ことで、本校では俳句を書き「力」をつけています。子ども達は、四季折々の自然の美しさや身の回りを見つめ、発見したことや感じたことを十七音で表しています。その行為は、やがて、物事を深く考えたり、人の心を推し量ったりできる大人へと成長していくのではないかしらと想像すると、笑みがこぼれます。

これからの時代は変化に富み予測困難です。そうであるならば、自分の頭でしっかりと考えて動く力が必要になります。深く考える習慣が養われていれば、あらきっ子は柔軟に対応できるでしょう。こんな理由から、あらきっ子は今日も俳句を書き続けます。冒頭の句は、第一回俳句コンクールにおいてヤエザクラ賞に輝いた作品です。ご家庭でも、「いいね！」のひとことをお願いします。まずは、好きにさせることが大切です。「いい句を作ろう！」なんて意気込むと、反対に、疲れて嫌いになってしまいます。ゆっくりとあせらずに進めてまいりましょう。

過日、四月十五日には、江東区の俳句研究会より、四名の先生方が来校し、六年生に俳句の書き方をご教授してくださいました。子ども達は、

「俳句は難しいと思っていたけれど、意外に簡単だとわかってうれしかった」

と思いを口にしていました。

これから、一年生も俳句づくりがスタートします。書き方については、右に掲載しますので、参考にしてください。

（右の書き方は省略）

（平成三十一年度　五月）

「署名活動してもいいですか」全校朝礼の言葉より

昨日、うれしいことが二つありました。

一つ目は昨日のことです。三人の男の子が、校長室にやってきて、

「ぶらんこを設置するために署名活動をしてもいいですか」

と、たずねました。私は目を白黒させてわけを聞くと、男の子達は、

「低学年と来年度入学する一年生のために設置したいのです。小さい子はぶらんこが好きです。撤去されたままになっていることを寂しく思っていました。僕たちはもうすぐ卒業します。学校のために何かやりたいと思ったのです」

と答えました。その時、私の頭に突然ひらめきました。そして、

「署名活動はやらなくていいです。明日はうまい具合に全校朝会があります。ぶらんこを欲しい人がどれくらいい

るのか確かめましょう」

と、言いました。私の回答に三人の男の子はびっくりした表情をしていました。

そこで、今から、ぶらんこを欲しい人がどれくらいいるか確かめたいと思います。半分以上なら決まりです。欲しいと思う人はその場に立ってください（ほとんどの児童が立つ）。

ほぼ全員なのでぶらんこをつくることを教育委員会にお願いしてきます。

今回のことで、みなさん、大切なことを学びました。それは、心で思っていても言葉にしないと何も伝わらないということです。動くことで何かが変わります。三人に大きな拍手を送りましょう。

もう一つは、昨日、新木駅前交番から、「おたくの学校の児童がボールペンの落とし物を届けてくれました。うれしかったのでお伝えしました。」と電話があったことです。ボールペンたった一本ですが、わざわざ交番に届けたという行いは立派です。大きな拍手を送りましょう。

（平成三十一年度　七月）

「ヤエザクラ賞二百五十四人」どんどん増えていく

昨年度より「校内俳句コンクール」を始めて、今回で、十三回目になりました。ヤエザクラ賞を数え上げたら、なんと二百五十四人も……。ということは、色紙を同じ数だけかいてきたことになります。

私の楽しみは、子ども達の俳句を色紙にかいてプレゼントすることです。ワクワクします。ドキドキします。なぜかっていうと、想像の翼を広げて自由自在に表現することができるからです。これはもうやみつきです。

まず、俳句を声に出して読みます。次に、墨をたっぷりつけて俳句を書き、続いて、子どもの顔を思い浮かべ、家族や身の回り、自然などを想像してイラストを描きます。それが実際の生活と合っているかはわかりません。なんて、自分勝手と思われるかもしれません。でも、子ども達は、今までに、一度も、「この絵がおかしいです」とは言ってきません。もしかしたら、我慢している子がいるかもしれませんが……。

色紙をかきながら、私は大きな発見をしました。それは、「よい俳句は映像が浮かんでくる」ということです。今まで、ヤエザクラ賞でイラストが描けなかった作品はひとつもありません。

ここで、ひとつ例を挙げて説明しましょう。

『おじいちゃん、にわのプールのかんしいん』。これは、三年生の作品です。この十七音でわかっていることは、おじいちゃんがプールの監視をしているということだけです。

「プールってどんな形かな？　大きな浮き輪型？　それとも、プールつきの家に住んでいる？」

「プールで遊んでいるのはだれ？　一人かしら、それとも……何人だろう？」

「おじいちゃんは、おいくつかしら？　髪の毛の色は？　腰は曲がっている？」

わき上がってくる疑問を一つひとつ、自分なりに決めて形に表現し、お気に入りの色を置いていきます。ねっ、映像が自由自在に浮かび上がるでしょう。

また、ヤエザクラ賞の色紙は、全校朝会でプレゼントされますので、それも格別のようです。子ども達は、回数が増すたびに上達し、ヤエザクラ賞が増え、受賞式の時間もかかります。しかし、これは、学校経営の柱、「感性が磨かれてきた証拠」です。これからも、丁寧に行ってまいります。

（平成三十一年度　七月）

二学期を数字に例えると「０１２４５６８９」　全校朝礼の言葉より

今日で二学期が終わります。体調を崩してしまい学校に来られないお友達がいます。早く元気になってほしいと願っています。お休みをしたお友達に会ったら、ぜひ、今日の話を伝えてください。

二学期いろいろなことがありました。

少し前に、テレビで「今年の漢字」が発表されました。

「何という文字が選ばれたか知っていますか？」

「令です」

その通りです。令和の「令」の文字が選ばれました。二位は、なんと新木小の「新」という文字でした。理由は、元号が令和になり、気持ちが新しくなったからだそうです。学校名の漢字が使われてなんだかうれしくなりました。

さて、今日は、「新木小の二学期を漢字一文字で表すとなんだろう」と考えてみました。考えて、考えて、考えまくっていると、頭に浮かんできたのは「数字」でした。いろんな数字が浮かんできました。

みなさんは、どんな数字を思いつきましたか？　私は、「０１２４５６８９」を思いつきました。
①まず、「6」は、市内陸上大会6連覇です。陸上部の皆さんは奇跡を成し遂げました。
②次に、「2」は、県吹奏楽コンクール　2年連続金賞を受賞しました。吹奏楽部のあせと涙の結晶です。
③次に、「1」は、英語で「ワン」ともいいます。全校の皆さんがワンチームになり「音楽集会」を成功させました。
④「40」はなんでしょう。そうです。新木小学校は、今年めでたく40歳になりました。
⑤残る「８５９」はなんだと思いますか。そうです。あらきっ子は、俳句をがんばりました。毎月俳句を考え、心が磨かれてきました。冬休みにも書いてくださいね。
今年の新木小学校の数字は、「０１２４５６８９」でした。3と7がなくて悲しんでいるので、だれか思いついたら教えてください。このあと、担任の先生から通知票をいただきます。その中にはみなさんの成長の姿、学びの足跡が書かれています。三学期の目標につなげていきましょう。

最後に、お願いがあります。ひとつしかない「かけがえのない命」を大切にしてください。それでは、始業式で元気に会いましょう。


（平成三十一年度　十二月）

私の宝物は、子ども達からもらった『手紙やことばたち』

私には、子ども達と一緒に学校をつくりたいという願いがあります。ですから、私の宝物は、子ども達からもらった『手紙やことばたち』です。素直で誠実で正直で、これほど崇高なものはありません。校長室の壁には、もらった手紙やことばが所狭しとペタペタ張ってあります。

他の学校の校長室へ行くと、すっきり整然としており威厳が漂います。その度に、「こうでなくてはならないなあ」と反省しつつ、やはり同じようにはできません。私は、子ども達の「声」に囲まれている方が自然体でいられます。心地いいのです。いや、それだけでは足りません。幸せ感が甘い蜜のようにトロリ、トローリとあふれ出るのですから仕方ありません。

今回の読み聞かせ『くまのこうちょうせんせい』も、一年前にもらった三年生からの手紙が壁に張ってあったことで、思いたちました。おそらく、引き出しにしまっていたら実現しなかったでしょう。一人ひとりの子ども達の思いを大切に、学校経営をしたいと願っています。

保護者の皆さま、地域の皆さま、こんな校長室を見たいという方は、ぜひお越しください。お茶でも飲みながら、子ども達の話をしたいと思います。

（平成三十一年度　二月）

子ども達の『かけがえのない命』を守り抜く
例えば「あらきっ子オリンピック」

『お別れに桜隠しの紙吹雪』

これは、年度末にご退職をされた先生の俳句です。『桜隠し』は、満開の桜に積もる雪をさし、春の季語のひとつになっています。テレビでは三十二年ぶりと言っていました。春と冬の共存です。季節のランナーが春にバトンを渡したのに、冬がまた取り戻しました。幻想的な美しさがありました。見たいと思ってもなかなか見られる光景ではありません。今年は、何かすばらしいことがあると予感しました。

突然の臨時休校から一ヶ月が経ち、ようやく学校が再開し、校舎に元気な子ども達の声が戻ってきました。ポカンと穴が空いていた心に、「ビタミン愛」が注入され、心は一気に跳ね上がりました。学校は子どもがいるから学校と呼ばれるのであり、子ども達のいない学校なんて、もはや幽霊屋敷同然です。しかし、ただ喜んでばかりもいられません。

私達には、大切な使命があります。それは、学校再開に向け、子ども達の『かけがえのない命』を守り抜くことです。感染予防対策のため、学校ですべきことは全力で実施しますので、保護者の皆さまにもご協力をお願いします。

例えば、マスク着用については、自分の命を守るだけでなく、他の子にうつさないという目的があります。「マスクがないからつけない」という行為は、思いやりが欠如していることになります。あらきっ子全員が約束を守るから学校が再開されるのです。マスクの作り方を保健だよりに掲載しましたので、ご活用ください。親子で「世界でひとつのマスク」を作ることも、大きな学びになります。一人ひとりが想像力を持ち、楽しく感染予防をしてまいりましょう。

本校では、「新木っ子から感染者が出るかもしれない」でなく、「絶対に感染者を出さない」という意気込みで対応に当たります。しかし、どれだけ予防をしてもかかってしまう場合があります。その時は速やかに、報告をしてください。かかる確率はみな同じ。だれが悪いわけでもありません。お伝えしたいのは、学校全体が、「努力して感染してしまう」のと、「努力しないで感染する」のとでは、結果は同じでも中身が全く違うということです。

今こそ、子ども達に、予想できない未来を生き抜くための力をつけてほしいと願っています。「ピンチはチャンス」です。乗り越えられない壁はありません。心をひとつにして進んでまいりましょう。

さて、様々な行事が中止を余儀なくされました。『命』を優先した結果ですから、仕方ありません。でも、新木小の先生方は、現実を受け入れるだけではありません。今こそ知恵を結集して子ども達に大きな夢や希望、達成感などへとつなげていきたいと考えています。

例えば、東京オリンピックは来年に延期、市内陸上大会は中止になりましたが、秋に『あらきっ子オリンピック』を開催したらどうでしょう。「市内陸上大会七連覇」を目指してきた子ども達が、さらに努力できるよう、一生懸命の心にさらに磨きをかけられるようにと願っています。大会がないから、子ども達の心が鍛えられないようでは困ります。原点に立ち返り、運動することの喜び、仲間を信じ努力することなど、大切な心の育成ができるように努めたいと考えます。

また、各学年に応じ、楽しい学校生活が送れるよう、めあてを持たせて取り組みます。俳句の取り組みも三年目になりました。感性豊かな子ども達の作品と出会えることを楽しみにしています。保護者の皆さまも、一緒に作っていただけたらうれしいです。

終わりに、新木小学校は、四月二十八日のお誕生日で四十一歳になります。お祝いをしましょう。今年度もご理解とご協力をお願いいたします。

（令和二年度　四月）

これからのめあて「俳句コンクール」と「算数オリンピック」全校朝礼の言葉より

学校がお休みになってから二ヶ月間の休みで、
いちばん楽しかったことは何ですか。
いちばんうれしかったことは……？
いちばん悲しかったことは……？

いちばん悔しかったことは……？

学校に来られない中で、考えたことはありますか。

さて、今日から学校が再開しました。みなさん、ほんとうによくがんばりました。全員が花丸です。なぜなら、みんな元気だからです。もしかしたら、宿題が終わらずにしょんぼりしている人がいるかもしれません。そんなことは、気にしなくて大丈夫。学校に元気で来ることの方が何倍も大切です。これから勉強をがんばればいいんです。先生達は、教え方がうまいので、すぐ取り戻すことができます。

先生達は、みなさんが来るのを首を長くして待っていました。宿題プリントをつくったり、教室のカーテンを洗ったり、皆さんが安全に生活できるよう、力を合わせて準備をしてきました。

「トイレの前に足あとのマークを発見した人」

「流し場にしきりを見つけた人」

「どうしてかわかりますか」

これからは、コロナ怪獣をやっつけるために、今までと違う「新しい生活」が始まります。先週、クラスで話し合った決まりを守り、安全に過ごしましょう。

みなさんは、学校に来られませんでしたが、心も体も大きく成長しました。どうしてわかるかって……？。顔つきが違うからです。始業式の日、校長先生は、皆さんに、「変身」してくださいと言いました。自分で計画して学習したり、お手伝いをしたりすると「変身」でき、毎日続けることで「大変身」することができます。変身のこつは、「自分から積極的に」という点です。自分の頭で考えて行動してください。

学校全体では、「俳句コンクール」と、「算数オリンピック」をやります。

これからは、友達といっぱい笑ってください。

先生とたくさんお話ししてください。

（令和二年度　五月）

『ベストスリーの発表』　終業式の言葉より

おはようございます。今、一年生と四年生の代表のお友達が一学期の振り返りをしてくれました。とてもよい発表でした。成長したことが伝わりうれしくなりました。

さて、今日で一学期が終わります。この一学期いろいろなことがありました。今日はベストスリーをお話しします。

いちばんうれしかったのは、一学期間、大きなけがや事故、コロナ怪獣に襲われることなく、自分の命を自分で守り抜いたことです。これは、簡単なことではありません。

では、どうして命を守り抜くことができたのでしょう。それは、皆さんが、毎日マスクをつけ、手洗い・消毒を忘れずに行ったからです。また、休校中は学校に来ることができませんでしたが、家で学習したり、多くの経験をしたりして自分を磨くことができました。たいへんすばらしいです。がんばった自分に大きな拍手を送りましょう。

二つ目は、俳句コンクールが四回も実施できたことです。四月、五月の休校中も、俳句を作り感性を磨くことができました。今年度に入り、「ヤエザクラ賞」「ケヤキ賞」「魔女賞」をとったことがある人は手を挙げてください。大きな拍手を送りましょう。夏休みも俳句を書いてくださいね。

三つ目は、東京オリンピックは延期になりましたが、「算数オリンピック」が三回も実施できたことです。満点賞をもらったお友達は手を挙げてください。

あるクラスへ行ったら、賞状をもらったお友達がわからないお友達に教えていました。これこそがほんとうの学び合いです。見ていてうれしくなりました。みんなで教え合って、クラス全員、満点賞がもらえたらすばらしいなあと思っています。「わからないから教えてと言えた人」「やり方を教えてあげた人」は手を挙げてください。ともにすばらしいです。拍手を送りましょう。

挑戦は二回までですが、担任の先生に、「百点になるまでもう一度やらせてください」と言える子になってほしいです。何度でも挑戦して全員が百点をとったクラスがあったら教えてください。

ベストスリーは以上ですが、他に「心がほかほかとあたたかくなったこと」が二つありました。

一つ目は、六年三組さんが、「クラスのいいところ・がんばっていること」を全員が作文に書いて届けてくれたことです。これは、六月の全校朝会でお願いした内容ですが、話を聞き行動してくれたことをうれしく思いました。

二つ目は、二年生のMさんからの手紙です。手紙には、

「コロナたいへんですね、校長先生の笑顔でけしましょう」と書いてありました。

Mさんは、すごい発見をしました。何かって？　それは、コロナ怪獣の弱点は笑顔だということです。笑顔の人の体にコロナ怪獣が入ってきても逃げ出すでしょう。

夏休みは、毎日笑顔で過ごして、コロナ怪獣をノックダウンしましょう。でも、どんなに注意していても感染してしまうことがあります。そんな時はあわてないでください。また、感染してしまった人を責めたり仲間外れにしたりしないようにしましょう。

最後に、夏休みは二十日しかありませんが、いろんなことに挑戦してください。ひとつでいいので、「だれにも負けない」という努力をして、大変身してほしいと思っています。


（令和二年度　七月）

『ＷＩＴＨコロナ』を合い言葉にしっかりと「成長」

昨日、無事に一学期の終業式を迎えることができました。保護者の皆さま方のご理解とご協力のおかげです。本当にありがとうございました。

今、お伝えしたいのは感謝の気持ちです。百年に一度のパンデミックの中、子ども達は苦戦を強いられてきました。休校、分散登校、修学旅行・林間学校の中止、様々な大会の中止など……。今年の一学期は、だれもが体験したこと

のない日々の連続でした。

しかし、子ども達はしっかりと受け止め、大きく成長して次に向かっています。心も体も一回り大きく成長したことをうれしく思います。下校の時、子ども達に一学期の感想を聞くと、「やっぱり学校はいい。友達や先生に会えてうれしかった」「みんなと勉強するほうが楽しい」と口々に呟きました。

子ども達は、（学習はもちろん大切ですが）それよりも大切な『生きる力』を学ぶことができました。体験は全ての礎です。私達大人も、決してくよくよせず、前に一歩一歩と力強く踏み出さねばなりません。子ども達にはいつも教えられます。

さて、休校、分散登校により遅れてしまった各教科の進度については、三十五分七時間授業を実施したことで、一学期終了すべき学習内容を八月三十一日までに終了する予定になっております。この二ヶ月間、子ども達は集中して取り組みました。驚いたのは、入学したばかりの一年生が、六時間授業に笑顔で取り組んでいたことです。「休憩」をしっかりと入れることで、気分転換が図れ、集中できることがわかりました。二学期からは、日課表を通常の四十五分六時間授業に戻します。子ども達の思考を大切に、授業が深められるよう一単位時間を構想してまいります。

ここにきて、感染者数が増加傾向にあります。不気味です。しかし、心配が募る反面、緊急事態宣言前後に比べると、まだ心に余裕があります。あの時のように、あわてふためくことはないでしょう。子ども達は、マスクに手洗いが生活の一部になりました。自然体でできるようになってきていることをうれしく思います。私たちは、『ＷＩＴＨコロナ』を合い言葉に、しっかりと「成長」できています。この自信を土台に、第二波を乗り越えたいと考えます。

夏休みも、三密を防ぐ行動に留意して、二学期、元気な子ども達に出会うことを楽しみにしています。

終わりに、まだ先ですが、本校の運動会は、十月十日（土）に実施する予定です。原点に立ち返り、運動会のねらいが達成できるよう、心の育成が図れるよう、また、何よりも安全に実施できるよう企画しています。一年生にとっては初めての運動会、六年生にとっては小学校生活最後の運動会になります。教職員、保護者の皆さま方の英知を結集し、感動の一日にしたいと考えています。

（追伸）七月二十四日（金）は東京オリンピックの開会式が行われる予定でした。全国各地では、花火が打ち上げられました。延期は残念ですが、安全な中で「来年こそ」と祈る気持ちがふくらんでいます。世界がひとつになり、一日も早くワクチンが開発されますように……。

（令和二年度　七月）

保護者の皆さまへ「感謝の気持ち」
子ども達の成長に学び、健やかで明るい年を

本日より十二月、旧暦の呼び方で『師走』になりました。「僧侶が多忙で走り回るようになる」という意味から名付けられたという説があります。一年の終わりであるとともに、新しい年に思いを馳せる月でもあります。

さて、今年を振り返ると、一学期は、百年に一度のパンデミックの中、子ども達は苦難を強いられてきました。二学期に入り、学校は少しずつ息を吹き返してきました。部活動再開を皮切りに、運動会、音楽集会、校外学習などの学校行事においては、ほぼ例年通り実施することができました。不可能を可能にすることができたのは、保護者の皆さまのご理解とご協力のおかげと感謝しております。行事を実施する中で、子ども達は、日一日と元気を取り戻してきました。一学期の苦難がまるでなかったかのように……。現実をしっかりと受け止め、心も体も一回り大きく成長し前進していることをうれしく思います。

十一月二十六日（木）、六年生は学校の畑で収穫したトマトを使って「ケチャップ」を作り、近くの直売所で販売しました。製造は業者に依頼しましたが、レシピや瓶のラベル、直売所の飾りつけなどは子ども達が分担して行いました。その際、地域の農家の皆さまが、ハクサイやキャベツ、ダイコンやサツマイモなどの野菜を寄付してくださいました。この日、たくさんのお客さまが来られ大盛況でした。その要因は、十一月二十二日（日）に、朝日新聞にて告知していただいたことも影響しているでしょう。このように子ども達は、地域の皆さまに見守られながら、健全に成長することができています。ほんとうにありがとうございました。感謝の気持ちはあふれています。

また、十二月二十四日（木）～二十七日（日）に、我孫子市民図書館「アビスタ」にて、六年生の書いた書評「おすすめの一冊」が展示される予定です。アビスタの企画「よむよむラリー」期間中における市内の子ども達の読書量が少ないことを知り、本校では「二千人超え」の目標を掲げました。読書量を増やすことを目的に「おすすめの一冊」を書き、アビスタに展示するとともに市内の各小学校へ送付しました。アビスタに立ち寄った際、読んでいただけたらうれしいです。

最後に、「感性を磨こう」を合言葉に開始した『俳句づくり』も三年目に入り、軌道にのってきました。ご家庭の皆さまのご理解とご協力に感謝しております。子ども達が持つ無限の可能性に、今、目を細めています。子ども達の成長に学び、皆さまとともに健やかで明るい年を迎えたいと願っています。

（令和二年度　十二月）

子ども達が夢と希望を持てる一年となりますように『八重桜』に感謝の気持ちを伝えたくて……

明けましておめでとうございます。本年もよろしくお願いいたします。

冬休みが始まったと思ったらあっという間に終わり、新しい年が始まりました。コロナ禍の中、外出できず、いつもとは違うお正月を迎えられたことと思います。

さて、大晦日に学校へ行きましたら、犬の散歩をしていた地域の方が、

「八重桜、なくなってしまったんですね」

と、寂しそうに言われました。

「はい……」と、肩を落として答えました。

保護者の皆さまと地域の皆さまにはご連絡が遅くなってしまいましたが、年末に、本校のシンボルの『八重桜』が

十本も伐採されてしまいました。教育委員会より、「八重桜の幹の中が腐食しており、いつ倒れてもおかしくない状態です。児童の安全を考慮して伐採します」と連絡が入ったからです。

四十年間、あらきっ子を見守り続けてきた八重桜。「寂しい」のひとことでは表現できない悲しさがありました。心にぽっかりと大きな穴が空きました。毎年、春になると鮮やかなピンク色の花を付け新入生をお祝いしてくれました。その数およそ四千八百人ほど……。もちろん俳句の季語でも大人気。喜びも悲しみもあたたかく受け止め、子ども達の成長を見守ってくれました。心のよりどころ、そう『魔法の花』でもありました。

終業式に、子ども達に八重桜のことを話しました。「昇降口の前に八重桜の切り株があるので、感謝の気持ちを伝えてください」と言うと、その日、たくさんの子ども達が、切り株に向かい手を合わせる姿がありました。木はなくなっても、思い出は永遠です。私たちが忘れない限り、八重桜は心の中で生き続けます。

看板『さくらのこみち』がずっと存続するように、あたたかくなった頃に、八重桜の植樹を予定しています。役目を終えた八重桜の根が肥やしとなり、何年か経った時、新しい八重桜が再び輝くような美しい花を咲かせることでしょう。

最後に、新型コロナウイルス感染拡大が収束し、今年こそ東京オリンピックが開催されますように……。きっと私たちは試されています。こんな時だからこそ、心をつなぎ合って笑顔で乗り越えていきたいと願っています。

子ども達が夢と希望を持てる一年となるよう、教職員一同、心を合わせ、全力で取り組んでまいります。引き続き、保護者の皆さま、地域の皆さまのご理解とご協力をよろしくお願いいたします。

（令和二年度　一月）

俳句をずーっと続けてほしい　全校朝礼の言葉より

「四十一人、この数字は何だと思いますか」

そう、第九回俳句コンクールで、ヤエザクラ賞をとった人の数です。三年間、俳句コンクールを実施して、今回が最高記録になりました。始めたばかりの頃はたった十二名でしたから、およそ三倍になりました。

今回の季語でいちばん多かったのは「お年玉」です。紹介しましょう。

A　おとしだまもらうと気もちがあたたかい　一年

B　お年玉家にかえるまであけないぞ　一年

C　パパにきくママにはないの？お年玉　一年

D　お年玉楽しみなのは子どもだけ　三年

E　おとし玉いつか自分もわたす側　四年

F　お年だまあっておれいをつたえたい　一年

G　ありがとう会えない祖父からお年玉　六年

Aさんはもらった時のうれしい気持ちを「あたたかい」と表現しました。読み手の心もポカポカとあたたかくなる作品です。

Bさんは、家族から「もらったらすぐあけてはいけない」と言われているのでしょうか、あけたくてたまらない気持ちがよくかけています。

Cさんは、お年玉をママにも渡してほしいというやさしい気持ちが表現できています。お母さんの笑顔が目に浮かびます。

DさんとEさんは、冷静に見ています。お年玉をもらってうれしいのは子どもだけで、いつか自分も渡す側になるということを想像して書いています。

FさんとGさんは、コロナ禍で会えなかったためにお年玉が郵送されてきたのでしょう。ともに会ってお礼を伝えたい気持ちが表現されています。

「お年玉」という季語ひとつとっても、表現する人により全く違う作品が生まれます。それが俳句のおもしろいところです。

最後に、伐採された八重桜を思い作品を書いたお友達がいました。

八重桜想い出ずっと僕の中　五年
八重桜六年分の有難う　六年
八重桜新木の歴史と散歩する　六年

○三人の作品は、心にぐっと響いてきました。伐採された八重桜は天国で喜んでいることでしょう。コンクールはあと一回ですが、一人何句でも挑戦できます。自分しか書けない作品を待っています。最後の最後に、あらきっ子には、俳句コンクールがあってもなくても俳句を好きになってほしいと思っています。

（令和二年度　二月）

八本の八重桜が命をつなぐ
「あらきっ子　きごさい俳句大会で再び日本一」

二月十二日（金）、空一面に青空の広がる日、八重桜が植樹されました。年末に伐採されて悲しんでいただけに、どんなにうれしかったことでしょう。種類は「関山」、高さが三メートルほどもある立派な八重桜です。職人さんが、今後、しっかりと根を張ることができるよう、深さ五十センチほどの穴を掘り、心を込めて植えてくださいました。今春には花を咲かせると聞き、ますますうれしくなりました。児童会が中心となって、八重桜に名前をつけることになりました。どんな名前がつくのか、わくわくしています。

さて、『感性を磨く』を合言葉に俳句の取り組みを開始して三年、自然や身の回りを見つめて発見したり感じたりしたことを俳句に表現してきました。先日、一年生のある保護者の方が、「うちの子は、何でも五七五のリズムに乗せて表現しようとします。おじいちゃんがおならをした時も指を折って作っています」

と教えてくださいました。俳句が生活の一部になったことを喜ばしく思います。さらに、先週、うれしいお知らせが入りました。「きごさい全国小中学生俳句大会・学校賞受賞」のお知らせです。二度目の快挙。なんてすばらしい。これからも、子ども達には、俳句を書き続けてほしいと思っています。

本校最大の行事である卒業式が二週間後に迫ってきました。この日、九十五人の子ども達が巣立ちます。コロナ禍にあって例年通りとはいきませんが、最大限の工夫を凝らし、感動あふれる式にしたいと考えています。六年間の最後の授業です。卒業生には思い出を振り返らせるとともに、お世話になった方々への感謝の気持ちを持たせ、中学校への夢と希望を膨らませて進学してほしいと願っています。この晴れ舞台で子ども達は『いい声、いい顔、いい姿』を見せてくれることでしょう。

最後になりましたが、今年度、子ども達や学校、教職員にお寄せいただきました励ましやご支援に心から感謝いたします。

（令和二年度　三月）

ヤエザクラ賞の作品一覧

平成三十年度

第一回　俳句コンクール

あめのひはかさのあじさいきれいだね　一年
こいのぼりぼくもいっしょにおよぎたい　一年
あさがおよいくつさくかななつやすみ　一年
せみのこえあみをかたてにさがすぼく　一年
ありんこをふまないようによーいドン　一年
うんどう会空までとどけぼくの声　二年
おべんとううんどう会のたからばこ　二年
運動会わんぱく台風いっちょく線　二年
運動会じんせい初のよんれんぱ　三年
運動会汗を流して魔女のびん　四年
そよ風に乗ってきたのは初夏の文　五年
朝のきりだいしぜんとのにらめっこ　六年

第二回　俳句コンクール

いもうとのえがおがうつるしゃぼんだま　一年
ひまわりとぎゅうにゅうのんでせいくらべ　一年
つゆ晴れにほしたかさの花がさく　二年
ほっぺたをふたりくっつけさくらんぼ　五年
陸上部セミも一緒に声を出す　六年
夏休みいなかのにおいかぎたいよ　六年
しゃぼんだま町をのっけてとんでいく　六年

第三回　俳句コンクール

みあげればくびながりゅうのなつのくも　一年
あったらな夏の思い出しまうはこ　二年
あさがおはなびのようにひらきます　二年
きもだめし夜の学校べっせかい　二年
ひにやけたパパのせなかにせかいちず　二年
おぼえてるビーチサンダルぬいだばしょ　二年
せみの声めざましの音きこえない　三年
田んぼ道お米のにおい風の中　三年
ひやけしたゴーグルあとがはずかしい　四年
日やけして転校生と思われた　四年

風鈴屋いろんな音を売っている　五年
夕立にカランとなったげたのおと　五年
宿題も夏バテ理由にあと回し　五年
せみの声青空全部夏にする　五年
輪になって線香花火じっと見る　六年
夏まつり心もおどるげたの音　六年
サイダーにすけて見えるの青い空　六年
祖母の庭「し」の字のきゅうりへそまがり　六年

第四回　俳句コンクール

あきのむしきいてみたいなじかんわり　一年
おしゃれしてかかしもじょしりょくたかいのね　一年
みかづきはそらにのぼったぼくのふね　一年
うんどう会ママのべんとう一とうしょう　二年
くりひろいこしがいたいと母の声　三年
みかづきがほしにかこまれいいきぶん　三年
いわし雲夕やけの海泳いでる　四年
秋風にのってフライがホームラン　四年
カマキリとやってみたいなボクシング　四年
秋風がぼくのひこうき飛ばしたよ　五年
すずむしの合唱団が家にくる　五年
空の色つゆ草色に染まってく　五年

第五回　俳句コンクール

おいもほりつなひききょうそうまけないぞ　一年
ろてんぶろもみじといっしょにあかくなる　一年
さむい朝ママのポケットあったかい　一年
流れ星山から山へつりばしだ　二年
鉄棒で地球一周秋の空　三年
ろてんぶろ月はわたしのすぐ近く　三年
天高く赤ちゃん空に抱き上げる　四年
デジカメの中にあふれる秋の空　四年
クレヨンの色迷いつつ山紅葉　四年
大好きなさんま一本丸かじり　四年
先生が誰になるかな新学期　四年
ばあちゃんの昔話の送り盆　四年
のらねこを寝かしてふわり春の風　四年
ハンカチを広げて秋を拾ったよ　五年
うで時計五分遅らせ秋の夜　六年
いちょうの葉くるりくるりとダンスする　六年
虫かごは自然がくれたオルゴール　六年
ハンカチをはさんで閉じる秋読書　六年

第六回　俳句コンクール

あきのひるかまきりのめがビーだまだ　一年
おつきさまうさぎのかげのえいがかん　一年
さむいひにおこられながらホームラン　一年
よんこたべたおいしかったよしょうゆもち　一年
ろ天ぶろせかいで一番あたたかい　二年
冬の朝さむさで体電池ぎれ　二年
ランドセルすごく重いよ冬の朝　三年
地球ぎを回して旅する冬休み　三年
妹に手かげんしないかるたかな　三年
中庭にお城を作るしも柱　四年
中庭をなかよく散歩寒すずめ　五年
すきま風季節教える郵便屋　六年

第七回　俳句コンクール

ふじさんのゆきにシロップかけたいな　一年
おつかいに大こん一本だいてくる　一年
うちのねこあったかいばしょしってるよ　一年
赤とんぼ夕日のおふろにとびこんだ　一年
ねむいけどまっているよサンタさん　一年
グライダーふたつなかよく冬の空　一年
おかあさんいつでもぼくのホッカイロ　一年
一ばんに見つけてふむぞしもばしら　二年
じょやのかねきくのはいつもゆめのなか　二年
あいけんも手ぶくろしたい冬の朝　二年
三回目ポストを見に行く年がじょう　二年
マフラーはわたしをだいてあったまる　二年
冬夜空ウインクしたよお星さま　二年
竹馬がうまくできたよカッカッカ　三年
木下で根を温めるおち葉かな　三年
冬の空早く顔出すお月さま　三年
朝おきておしゃべりしてる寒すずめ　四年
ろてんぶろゆげのむこうはみなえがお　四年
初もうでおみくじむすぶ冷たい手　四年
また一つごしゅ印ふえた初参り　四年
しゃぼん玉消えるな行くな遠い空　四年
大根がインスタばえのポーズとる　四年
大そうじかくしたテストまたかくす　五年
年新た六年生に近くなる　五年
足も手も一緒につかる柚子湯かな　五年
クリスマス一年間の通知表　五年
たい焼きをやさしく包む小さな手　五年

北風も元気なぼくらにかなわない　五年
よそはよそ家は家だとお年玉　六年
台風がきれいな夕日連れてきた　六年

第八回　俳句コンクール

だいこんはつるつるしろいびじんさん　一年
ゆきだるま赤いバケツがおきにいり　一年
ひまわりはいつもえがおのおかあさん　二年
こたつはねピーターパンのえいがかん　二年
ありたちはいつもはたらくビジネスマン　二年
クレヨンを三色つかいひなあられ　三年
ひびわれたママの指先かがみもち　三年
北風と体育してる四年生　三年
石ころに服を着せたい冬の朝　四年
石ころにそっと重なる雪の華　五年
同じ巣に元気にもどるつばめたち　五年
ぶらんこと思い出できた六年間　六年
絵日記の中の自分と春の風　六年
絵日記の空白全て雪景色　六年
ビー玉と同じ景色のシャボン玉　六年

平成三十一年度

第一回　俳句コンクール

ぼくのせもたけのこみたいにのびたらな　二年
さくらさききいろいカバーそつぎょうだ　二年
ぶらんこをそらまでこいでとりになる　二年
はるの空さくらのかたちのくもがある　二年
しゃぼん玉つんとさわるときえていく　二年
三回目新木小での八重桜　三年
春がきた新たないのちごたいめん　三年
妹といよいよ見るぞ八重桜　三年
まってたよ長たびだったねつばめさん　三年
春の朝ひかりもわたしも早おきだ　三年
せすじピンじゅぎょう中かなチューリップ　三年
なの花が地面を黄色にぬっていた　三年
つくしがねにょきにょきにょきりせいくらべ　四年
先生とわかれたくない春の雨　四年
満開の桜に期待新学期　五年
春の空三日月一っこ星一つ　五年
不安より楽しみいっぱい新学期　五年
すいせんがお日様向かってファンファーレ　五年

悠々と天に遍《あまね》く八重桜　六年
おぼろ月意味がわからずじしょを引く　六年
八重桜満開の笑みこぼれおち　六年
田んぼ道夜はかえるのカーニバル　六年

第二回　校内俳句コンクール

ちゅーりっぷいろんないろがあってすき　一年
ランドセルさくらのしたでおどってる　一年
しゃぼん玉きれいなにじいろつくれたよ　一年
たんぽぽがわたげになったよおばあちゃん　二年
つくしんぼぼくといっしょにせいくらべ　二年
こいのぼりぼくもいっしょにおよがせて　二年
やえざくら兄と通うのさいごかな　三年
八重桜みんなみまもるお母さん　三年
赤と白みんなのあせで風光る　三年
しょうぶのゆつよくなるなら長ぶろだ　三年
目ざましをとめてもぐるよ春の朝　三年
おぼろ月なみだでかすみゆがんでる　四年
やえざくらわたしもいっしょにピンク色　四年
春の風洗たく物がダンシング　四年
鳥たちのおどるステージ春の空　四年
よりそって家族円満八重桜　五年
しゃぼん玉みんなのえ顔さかせるよ　五年
ぶらんこで桜の花にハイタッチ　五年
春の風帽子といっしょにとんでいく　六年
春の夜空をみあげてまんげきょう　六年
国語辞典ひらくとそっと桜まう　六年
春の朝めざまし時計とけんかする　六年

第三回　俳句コンクール

しゃぼんだまふたごとみつごうまれたよ　一年
がんばったぼくのひやけはいっとうだ　一年
うんどうかいだんすをおどりなみにのる　一年
あそびたいあふりかぞうとみずあそび　一年
ひやけしたわたしのうではコッペパン　二年
ぶらんこはこげばこぐほど空をとぶ　二年
わたしんちいつのまにかつばめんち　二年
おにいちゃんかっこよすぎたうんどう会　二年
かぶとむしするどいつのでつきあげろ　二年
うんどうかいパパとママにもおうえんしょう　三年
さつきばれとどかなかった赤いはた　三年
おうえんの大きな声が空をとぶ　三年

日やけしてくつしたぬいだらもう一まい　三年
せいえんを力にかえて風になる　三年
運動会みるひとみんなカメラマン　四年
青空に入道雲がうつってる　四年
百メートルオリンピックに希望乗せ　五年
運動会ぼくのせをおす母の声　五年
兄として負けられないぜ運動会　五年
ぶらんこに心をゆらして一休み　五年
運動会汗となみだのたいりょうだ　六年
運動会はりきる母にハイタッチ　六年
カブトムシ採って育てて四代目　六年

第四回　俳句コンクール

つゆがはれうごいたままのせんたくき　一年
かきごおりべろがおばけになっちゃった　一年
あじさいを一りんそぼにとどけよう　二年
ぼくのにわきゅうりがいっぱいママえがお　二年
つゆ晴れにかがやくにじをわたりたい　二年
かみなりはゴロゴロなってママのひざ　三年
風鈴とげんかんでまつ夏休み　三年
雨上がり青空ひらくせみの声　三年
ちゅら海のサンゴのふうりん風をまつ　三年
みそきゅうりおやつに二本まるかじり　三年
子どもたちはしゃいでる声星祭り　四年
雨の日にかさのあじさいおどってる　四年
山道をでんぐりがえし松ぼっくり　四年
ふうりんが夏と一しょにやってくる　四年
さくらんぼ祖父のお土産一キロだ　五年
日焼けして母も私も大笑い　五年
サイダーを飲んだら気分青い空　五年
やえざくらいつのまにか夏のいろ　五年
風鈴屋いろんな景色売っている　六年
七色の光の音ぷシャボン玉　六年
食卓の上で輝くさんまかな　六年

第五回　俳句コンクール

おてつだいやってママにもなつやすみ　一年
うるさいないじわるなせみとんでいけ　一年
すいかわりみぎだひだりだわれるかな　一年
サングラスたいようのひかりはねかえせ　一年
ドキドキだゆうだち前のくろいくも　二年
大きさで入道ぐもがしょうぶする　二年

夏のくもライオンみたいほえている　二年
夏山のターザンロープでかぜおこる　三年
妹のひまわりみたいなわらいがお　三年
ひまわりのたねのぜんぶが命だよ　三年
金魚さん水の中では花火かな　三年
おじいちゃんにわのプールのかんしいん　三年
ぼくの家せみにまけないにぎやかさ　三年
ゆかたきて母と手つなぎ花火見る　三年
ワンピース夏雲に乗り風にまう　四年
きもだめしいつもとちがう足の音　四年
らくらくとかくれみのじゅつあまがえる　四年
おにごっこ夕立が来ておにのまま　四年
花火師が夜空に作る万華鏡　五年
アブラゼミオーケストラの真似をする　五年
すいかわり仲間を信じふりおろす　五年
茄子入れた小鍋の中はエメラルド　六年
毎日を俳句に例える夏休み　六年
砂浜で足のアイロン夏の海　六年
太陽がすもうで勝ったよ梅雨明けだ　六年
せみしぐれめいっぱい鳴け一週間　六年
ミニトマトまってましたと赤くなる　六年

第六回　俳句コンクール

あかとんぼぼうけんするよまわりみち　一年
五じのかねゆうひにきえるあかとんぼ　一年
めがでるかあつめたどんぐりにわにまく　一年
まんげつをわってうさぎとはんぶんこ　二年
コガネムシママにほうせきプレゼント　二年
あかとんぼゆうやけおふろにとびこんだ　二年
赤とんぼ自分の空を見つめたい　二年
たいふうよひとこともうすこないでと　二年
秋晴れだわたしはいつも晴れ女　三年
あまの川ぎんがの海に流れこむ　三年
聞こえるよたき火のうしろわらい声　三年
虫の声子もりうたにしゆめの中　三年
夕食のうわさをすれば焼きざんま　四年
虫かごではじまっていたコンサート　四年
なしの木がスカイツリーとせいくらべ　四年
紅葉狩りこっそり一枚持ち帰り　五年
風りんがすずしい風をひきよせる　五年
じゅく帰り満点の日に流れ星　五年
新米に手が止まらない夜ご飯　六年
きんもくせいにおいが家のみちしるべ　六年

えんがわでひいばあちゃんとくりようかん　六年
みそ汁にオクラの星空ちりばめる　六年
夏休み線香花火でしめくくる　六年
夏休み宿題さぼる六年目　六年

第七回　俳句コンクール

ぼくたちのこのゆびとまれあかとんぼ　一年
つよそうだかまきりとぼくにらめっこ　一年
ものほしにずらりとならぶあかいかき　一年
あかいはねやさしいきもちとどくかな　二年
くりごはんわたしは三つで兄二つ　二年
三日月がゆぶねにゆれてわらってる　二年
あかとんぼゆうやけぞらとおそろいだ　二年
大かぞくなかよくつつく冬のなべ　二年
ワントライ日本みんながワンチーム　二年
まつぼくりリスが食べたらエビフライ　三年
あまのがわ世界を一しゅうしてくるか　三年
きんもくせい多めに息すう通学路　三年
新米を食べれば思うおばあちゃん　三年
北風がくもをおそうじ空青い　三年
ろてんぶろつかるわたしはおでんのぐ　四年
夕やけがかげでえがいたひがんばな　四年
すずむしと音楽集会あらきっ子　四年
どんぐりがころりころりとたびしてる　四年
こま回し晴天の空競い合う　五年
母と立つまいたけ香る台所　五年
赤とんぼ紅葉の中でかくれんぼ　五年
秋がきたぼくに教える虫の声　五年
いいにおい風のおたよりきんもくせい　五年
雑草と虫のコーラスバンド組む　六年
太ようにたべられていくかき氷　六年
松ぼくり十かいだてのお城かな　六年
ひまわりと共に成長三ヶ月　六年
どんぐりが落ち葉の中にもぐりこむ　六年

第八回　俳句コンクール

きれいだなさかないるかなあまのがわ　一年
やきいもがにばいおいしいはんぶんこ　一年
ふくらんだポケットのなかあきのいろ　一年
がっこうのはたけの上にもしもばしら　一年
弟と手ぶくろ分けて手をつなぐ　二年
日本一お母さんの手はホッカイロ　二年

冬の朝きかん車みたいなぼくのいき　二年

やねの下たくさんつららのはがはえる　二年

森の中カブトムシの角がかがやいた　二年

みのむしといっしょに冬みんしたい朝　三年

北風がふくたび上がるぼくのかた　三年

北風がぼくらの体に入りこむ　三年

除夜のかねぼくののんびりおいだして　三年

げこうちゅうしりとりしょうぶ夕の風　四年

令和初みんなで鳴らすぞ除夜の鐘　五年

くりひろいちくちく痛いとクツがいう　六年

白菜とポン酢が奏でるハーモニー　六年

赤とんぼ稲穂のブランコこいでいる　六年

お母さんよるはわたしのゆたんぽだ　六年

年賀状みんなの思い飛び回る　六年

第九回　俳句コンクール

じょやのかねとなりをみたらままいびき　一年

すごろくのたびはいったりもどったり　一年

赤ちゃんもぎゅっとはなさずお年だま　一年

おもいきりぜんりょくしっそうたこあがれ　一年

家ぞく中インフルだけどぼくむてき　二年

大みそか今年も太いじじのそば　二年

ただいまとかえったパパのかたにゆき　二年

お年玉きょうもたしざんたのしいな　二年

年がじょう早くみんなにあいたいな　二年

しずんでく夕日がふじ山光らせる　二年

かぜひくとちょっとやさしいお母さん　三年

書き初めは用紙の上で文字おどる　三年

ねんがじょうみんなの元気とどきます　三年

ろてんぶろお湯と寒さのハーモニー　三年

ドリルより計算楽しいお年玉　三年

手のひらで落ちては消える雪の花　三年

兄受験心で祈るサクラ咲け　四年

はつもうでポケットの中五円玉　四年

妹に勝たせる兄のかるたとり　四年

梅を見てここで一句と母が言う　五年

おとし玉ふくろの中身はゆめいっぱい　五年

子どもたち命ふきこむ雪うさぎ　五年

来年と今年をつなぐ除夜の鐘　五年

春の花写真の中からかおりだす　五年

冬空に高くそびえる雲の城　六年

ストーブを持ち歩きたい冬の朝　六年

飛行機が冬のキャンバスえがいてる　六年
お年玉すべては貯金の闇の中　六年
祖母の手が破けた障子はりかえる　六年
裏道をぬければきっと初桜　六年

第十回　俳句コンクール

ついたもちもっとついてとはなれない　一年
きたかぜがびゅうびゅううたうさんぽみち　一年
よるの空どこにあるかなオリオンざ　一年
ふるのかなまどにはりつき雪をまつ　二年
つくしさんにょきにょきはえてせいくらべ　二年
まんまるににじをとじこめしゃぼん玉　二年
弟に五秒のハンデかるたとり　三年
七草のかゆを食べてかぜひかず　三年
みんなより早くふみたいしもばしら　三年
年賀状ポストの中でおどりだす　三年
れいわはつそつぎょうせいはお兄ちゃん　三年
きょうだいがおやつをかけてかるたとり　三年
なの花のじゅうたん広がるとねの川　三年
くりかえすけんだまの音雪つもる　四年
給食で春の七草全部言う　四年

朝日さす土から白いしもばしら　五年
除夜の鐘令和つめこみ鳴り響く　五年
ランドセルのかたひも伸ばす新学期　五年
はつもうで神とあいさつ渋滞中　六年
数の子がお口の中でダンスする　六年
風鈴が心の音を歌ってる　六年
初雪でいろんな山がオシャレする　六年
おせちでは黒豆一筋十二年　六年

令和二年度

第一回　俳句コンクール

ながすぎるコロナがにくいはる休み　二年
やまのぼりつくしのあたまならんでる　二年
はるの山虫たちそろってピクニック　二年
さくらさくこうえんの空ピンクいろ　二年
まっぴんくさくらのいろでゆたかだな　二年
大小のこせいあふれるしゃぼん玉　三年
自転車でてがぬまいっしゅうかぜひかる　三年
冬の木は風でこわれたかさみたい　三年
春風といっしょにとぶよにじゅうとび　三年

すずめのすわたしも母の帰りまつ　三年
花いかだ船頭さんは小人たち　四年
自転車で桜たくさん見放題　四年
春風にスカートふわりひめになる　四年
新年度みんなの顔がさくら色　四年
学校に行けば行くほどさくらさく　四年
チューリップおもわずうたをくちずさむ　四年
クラス替えぼくのねがいはかなうかな　四年
春が来て小がらな母とせいくらべ　四年
すいせんにのった水てきクリスタル　四年
風光るひさしぶりだね友の顔　四年
春の月校長先生ひとかじり　五年
八重桜ぼくらの気持ちのせて咲く　五年
下校中ぼくのぶんしん春のかげ　五年
春の山桃のチークでオシャレする　五年
愛犬がさくらと一緒におにごっこ　六年
桜さき母の心もピンク色　六年
春の風ピアノの音を運んでく　六年
出番待つランドセルと八重桜　六年
春の星クラスのみんなおもい出す　六年

第二回　俳句コンクール

ランドセルはやくしょいたいいちねんせい　一年
すずめさんうちのおにわがれすとらん　一年
おとうととたんぽぽわたげそらにまう　一年
かぜよふけたんぽぽわたげとおにごっこ　一年
じてん車でなの花見つけてひと休み　二年
たんぽぽがわたげにへんしんマジックショー　二年
あまガエルぼくといっしょにのどじまん　二年
川の上のってみたいな花いかだ　二年
しゃぼん玉てんしのようにそらのぼる　二年
こうえんにふりだす雨もさくらいろ　二年
シャボン玉中のけしきがちゅうがえり　三年
さくらんぼ二つなかよく赤くなる　三年
かくれんぼぼくのうしろにつくしの子　三年
みそしるがあまくてほっこり春キャベツ　三年
お手つだいレタスはどこまでむいていい　三年
いちごがりぼくのいぶくろむげんだい　三年
つばめの巣今年もリフォーム始まった　四年
花の雨風といっしょにダンスする　四年
春の朝鳥のアラームなりひびく　四年
新緑のまぶたの裏におばあちゃん　四年

うちの庭小さい花も春をよぶ　四年
たんぽぽは旅の達人風まかせ　四年
かみなりの音と光のコンサート　五年
サイダーをのんであつさもはじけとぶ　五年
うぐいすと口笛勝負負けないぞ　五年
八重桜あなたを指名かたに乗る　五年
春の風花の笑顔を見てまわる　五年
久々のきゅうりいっぽん丸かじり　六年
電線のつばめが家の品定め　六年
大小の梅の実ふたつやわらかい　六年
ぶらんこと心が共にゆれる春　六年
雨上がり透き通る青ソーダ水　六年
ゆかたきてはしってむかうなつまつり　六年

第三回　俳句コンクール

はざくらでぼくたちはじまる一ねんせい　一年
にゅうがくをまちくたびれたらんどせる　一年
かだんはねはちのみつぼしレストラン　一年
さかあがりおしてくれたよはるのかぜ　一年
らんどせるぼくがあるくとおとはずむ　一年
そだてればすきになるかなミニトマト　二年
しゃぼんだまなかでにじいろひかってる　二年
おねえさん日がさがにあうひんのよさ　三年
トンネルは時と時とのワープかな　三年
つばめのす中をのぞくと歌がっせん　三年
ぶらんこでとんでるひこうきとびこえた　三年
カーネーションもらったママも赤くなる　三年
入道雲ぼくらの町をつつみこむ　三年
田植えした田んぼ国語のノートかな　四年
ふうりんの音といっしょに夕日みる　四年
つばめの巣ヒナたちみんな歌手になる　五年
風鈴が新しい風よんでくる　五年
かみなりでくらい夜空がまっ二つ　五年
大花火ぼくの心ぞうノックする　六年
梅雨の音ぽつんぽつんとかさの上　六年
堂々と春を伝える八重桜　六年

第四回　俳句コンクール

すべりだいすべってそのままそらにいく　一年
にじみえたおおきなとんねるあるきたい　一年
ゆうやけがやさしくこっちむいてきた　一年
あさがおがさいたよおおきくそらのいろ　一年

ミニトマトほおばる妹ハムスター　二年
ミニトマトみずをごくごくのんでるよ　二年
こん色のなつぼうしの中白い線　二年
あさがおはいもうとこえて高くなる　三年
天の川ぼくが橋をかけたいな　三年
雨上がりみんな笑顔にじ光る　三年
梅ジュース毎日びんとにらめっこ　三年
はつスイカたねよ空までとんで行け　三年
五月雨にかさのパレード通学路　四年
きもだめし先に行ってと姉をおす　四年
春の水自然の力わいてくる　四年
オクラにはラッキースターかくれんぼ　四年
ふうりんがドレミの音にきこえるよ　五年
くらやみにひかるほたるのコンテスト　五年
風りんのなる音こそがミュージカル　五年
梅雨の道心おどらす水たまり　五年
にわか雨残していったにじの橋　六年
くるくると迷路みたいな赤いばら　六年
空見上げ輝く虹の輪友の声　六年
あじさいが花道つくる通学路　六年
ぼくの背もひまわりみたく高くなれ　六年

第五回　俳句コンクール

おおきなきわたしのひがさになっちゃった　一年
まだかなあすいかをもったおじいちゃん　一年
あまやどりきみもぬれたのトンボさん　一年
かぶとむしいつくるのかなぼくのいえ　一年
さびしいないとこにあえないなつやすみ　一年
いもうとはぱぱのせなかでとざんする　一年
しゃぼんだまわたしのこころもふくらんだ　一年
夏空をちょう子電てつかけぬける　二年
カブトムシ今日からぼくのかぞくだよ　二年
ゆうぐれにみんなでかこむむかえの火　二年
かき氷ゆめのなかでは九はいめ　二年
風鈴の音色きこえぬ暑い夜　三年
きもだめしぼくよりさわぐ母の声　三年
とれたてのとうきび口ではじけてる　三年
カブトムシ力が強いつの一本　三年
水筒がカランコロンと夏の音　四年
夏の夜今年はぼくが花火しだ　四年
なつのうみこころわくわくはしりだす　四年
おまつりでママのえがおも花火だな　四年
風鈴がチリンと鳴ると夏が来る　五年

初夏の朝家族みんなでねっころぶ　五年
出番来い待ちに待ってるゆかたかな　五年
雨雲の上で待ってる夏の空　六年
梅雨終わりみんなの心切り替わる　六年
お手伝い母の気持ちが分かる夏　六年
ひまわりのよこでさいてる笑顔かな　六年
いつの間に向日葵こした十二歳　六年
打ち上げた花火一発心うつ　六年
日焼けしたはだかがぼくの絵日記だ　六年

第六回　俳句コンクール

にじがでたみんなにハッピープレゼント　一年
いととんぼつかまえようかにがそうか　一年
かまきりとにらみあいする5ふんかん　一年
すずむしにまけないこえでぼくうたう　一年
むしかごはあきいっぱいのたからばこ　一年
ゆうやけにとんでるとんぼあきのいろ　一年
コンバインうごき出したら新米だ　二年
まつぼっくりじめんにおちてころころり　二年
山のうえあまの川に手がとどく　二年
ぶらんこはそらへとびたつひこうきだ　二年

カマキリは草にあこがれみどりいろ　三年
秋の空車の下でねこ休けい　三年
虫かごの中でバッタがレスリング　三年
くりごはんくりとごはんがしゃべってる　三年
まん月は夜空をてらすランタンだ　三年
スーパーで毎日楽しくきのこがり　三年
せみの声まるで木の上ライブ中　四年
どんぐりをあつめてあつめてくびかざり　四年
赤とんぼ夕焼け空にとけちゃった　四年
打ち上げた花火がドンッと腹にきた　四年
サイダーをあけたとたんに夏がくる　五年
流れ星世界一周一人旅　五年
虫の声寝つくころなお大音量　六年
じゅぎょう中しずかになったらせみの声　六年
はかまいり笑顔の祖父に会いに行く　六年
春の空直線に切るつばめかな　六年
無観客打ち上げ花火夏の夜　六年
ひぐらしの夜にひびいたハーモニー　六年
思いつき絵をかいていく秋の空　六年

第七回　俳句コンクール

じゅうごやにかせいとあえたお月さま　一年
まだみどりあかいろとどけもみじのは　一年
うんどうかいドキドキしんぞうにげだしそう　一年
あきのそらゆうやけこやけルビーかな　一年
おきざりのふうりんすこしさみしそう　一年
まんまるだおそらの月もおだんごも　一年
うんどうかいあしたにとどけおうえんか　一年
まつぼっくりわたしのてのひらあきいっぱい　一年
おちてるよドレスがひらいたまつぼくり　一年
さむい朝みの虫になるぼくとママ　二年
ふじさんのぼうしが白にかわったよ　二年
くりごはんほっこり心もあたたまる　二年
流れ星夢の中ではさわれたよ　二年
がんばったうんどう会のあせなみだ　二年
大家ぞくおしあいをするぶどうかな　三年
まけたけどまほうのびんはあふれたよ　三年
わらぼっち青いぼうしがよくに合う　三年
きりぎりす草のステージオペラ歌手　三年
電線のトンボがソーシャルディスタンス　三年
飛びちったビーズを集めた冬の空　四年
新米を山もり三杯お兄ちゃん　四年
空高くひ行機雲と赤とんぼ　四年
セミの声期かん限定コンサート　四年
元気いいみかんみたいなおじいちゃん　四年
運動会心一つにマーチング　四年
ま女先生うれしなみだの運動会　四年
雨がふりしずくの光もみじ色　五年
筑波山紅葉ジャケット衣がえ　五年
富士山が夕やけせおう家路かな　五年
もみじの葉一まいおちるとまた一まい　五年
どんぐりが秋の小道を散歩する　六年
赤とんぼ夕日の円はステージだ　六年
電線でおしくらまんじゅうすずめたち　六年
秋の空大空つっきる雲一つ　六年
一瞬で季節が変わる冬の夜　六年
砂はまをはだしでかける夏の風　六年
立冬の空のページに富士の山　六年

第八回　俳句コンクール

じいちゃんのまほうでしぶがきあまくなる　一年
あかとんぼまっかなまっかなあきのいろ　一年

うちのかぶわたしひとりでひっこぬく　一年
かれははねいっぱいいきたしょうこだよ　一年
しんまいはいつものごはんとけたちがい　三年
秋空は雲の形の美じゅつ館　三年
まんげつはいだいな夜のげいじゅつか　三年
冬の月お日さまみたいにまぶしいな　三年
秋風のおいかけっこに入りたい　三年
気がつけばはくいき白い通学ろ　三年
秋の空いろんな雲のてんらん会　四年
どんぐりがぼうしをはずしてせいくらべ　四年
おばあちゃんリモート帰省で会えるかな　四年
赤黄色もみじの葉っぱグラデーション　四年
かたつむりゆっくりたびして夏おわる　四年
おとしだまふくろも大事なコレクション　四年
サンタさんコロナで入国できるかな　四年
きれいだなもみじがさいて赤黄色　五年
金色にかがやく満月夜の空　五年
セーターのあみ目の数は母の愛　五年
福島の親せきからの冬野菜　五年
お年玉ふくろの中から夢が出る　六年
クリスマス今年はサンタ自粛かな　六年
冬の山夕焼け空に影うつす　六年
コロナ禍で行けないGOTOはかまいり　六年
新年に笑顔をとどける年賀状　六年
いつの日か本に挟んだもみじの葉　六年
天の川無数の橋が光ってる　六年

第九回　俳句コンクール

お年玉家にかえるまであけないぞ　一年
お年だまあっておれいをつたえたい　一年
きたかぜの口ぶえじょうずママよりも　一年
らい年はあいたいねとかく年がじょう　一年
おとしだまもらうと気もちがあたたかい　一年
だいこんもがんばったからあし八ほん　一年
パパにきくママにはないの？お年玉　一年
サンタさんこんなじきにありがとう　一年
たき火してけむりがくもにあいにいく　一年
れんこんのあなから見えた三年生　二年
はつ日ので大きな太ようぎんぎらだ　二年
年がじょう大きくなったぼくを見て　二年
きたかぜにむかってはしるチャリとぼく　二年
あかちゃんとはじめてはいるゆずのふろ　二年

すごろくの世界に入りたびをする　三年
ゆずたちがお風呂のそこからハイジャンプ　三年
お年玉楽しみなのは子どもだけ　三年
大そうじかがみになったまどガラス　三年
星いっぱいじんじゃの上ではつもうで　三年
兄の背が母をこしたよお正月　三年
さむいあさはやあしでみるねんがじょう　三年
百八つ数えてみたいじょやのかね　四年
寒い朝まどの水てき平行線　四年
手をつなぐ夕日の先にわたり鳥　四年
元日に富士山おがむ新木駅　四年
こうれいのおせち作りにはつさんせん　四年
おとし玉いつか自分もわたす側　四年
ふですべる半紙の上はスケートじょう　四年
鏡餅みかんが上で町を見る　五年
書き初めの筆をにぎる手全集中　五年
朝の空新木のおかに風光る　五年
八重桜想い出ずっと僕の中　五年
除夜の鐘ホットコーヒー飲んで待つ　五年
黒豆が押し合いへし合いお重箱　六年
冬至の日ゆずより赤いぼくの顔　六年
自分あてわくわくわける年賀状　六年
とうめいな空気切りさく初日の出　六年
八重桜新木の歴史と散歩する　六年
ありがとう会えない祖父からお年玉　六年
八重桜六年分の有難う　六年
通学の道に昨日の雪だるま　六年

第十回　俳句コンクール

おとうとをゆたんぽがわりにぎゅっとする　一年
せつぶんでおにとコロナをたいじだぞ　一年
せつぶんのまめは六つじゃたりないよ　一年
朝おきてこたつでふくをあっためる　一年
しもやけでゆび先おこってまっかっか　一年
チューリップうたうとさくかなあかいはな　一年
北風がまどをトントンノックする　二年
れんこんをのぞいてうらなう未来かな　二年
さびしいななわとび大会むかんきゃく　二年
ピカピカのランドセル見てなつかしい　二年
かるたとりおうちのゆかがしんど一　二年
豆まきで今年はコロナおいはらう　三年
夕やけでかげ絵みたいな富士の山　三年

ありがとうベストフレンドやえざくら　三年
せつ分の次の日の豆鳥が食べ　三年
るんるんとわらうわらうえんそくだ　三年
豆まいて今年は八つでがまんする　三年
母のギュウストーブよりもあたたかい　四年
とんじるは冬の野菜の温せんだ　四年
新木っ子成長見まもる八重桜　四年
真冬でもあきらめないぞさか上がり　四年
冬の朝登校中もディスタンス　四年
天気よほう「雪」という文字さがす日々　五年
あざやかにスケートくるりと一回転　五年
ランドセル残り一年よろしくね　五年
ありがとう小さくなったランドセル　六年
やえ桜ま女のまほうでいきかえれ　六年
つばめさん今年もうちにいらっしゃい　六年
冬の朝こたつが足をはなさない　六年
冬の朝「寒いね」の一言あいことば　六年
空を見てあられのような冬の星　六年
レンコンで空を見上げて万華鏡　六年
火の中に感謝の気持ちあわんとり　六年
門松をぼくのへやにもかざりたい　六年
ランドセル思い出たくさん宝箱　六年

あらきっ子の十七音で地球を元気にしたい

昨年度より、大学に勤務している。指導の対象が小学生から大学生に変わり、初めは戸惑いもあったが、「繋がり」を意識すると不安が小さくなった。考えてみると、成人した学生も、十年前はみんな小学生だった。その認識が私の納得解に入ると、「やる気スイッチ」が押され、次第に楽しめるようになった。

ある日、講義の中で俳句を扱うことがあり、新木小学校で実践した特別賞「ヤエザクラ賞」の作品群を紹介した。するとﾞ、学生達は一様に目を丸くして、

「えっ、すごい。こんな発想は思いつかない」

と、口々に呟いた。小学生の素直なものの見方や考え方は、学生達にとって実に新鮮で心にビンビン響いたようである。

さて、平成三十年度～令和二年度の三年間、新木小学校は学校経営の重点に「感性を磨く」を掲げ、俳句に取り組んできた。子ども達は、俳句づくりを通して、自然の美しさを見つけ、人のやさしさに気づき、生きていることに感謝しながら大きく成長した。私はというと、子ども達の作品の輝きに目を細め心をキュンキュンさせながら、ヤエザクラ賞の俳句を色紙に表現してきた。気づけば、その数は、なんと六百七十一枚……。月に一度実施される俳句コンクールは、毎回、私の心を刺激し高揚させた。ひとつ終わるとまたひとつ、常に先を見ながら夢中で取り組んできたので、後ろを振り返る余裕など全くなかった。

あれから一年、子ども達の作品を再度読み返してみた。すると、審査した時とは違う、色紙を作成した時とは別の、新しい感動が押し寄せて私の心をめろめろにした。真っ暗な心に光が差し込み、生きる希望や勇気が湧き上がってくるような感覚に打ち震えた。たった十七音だが、「言葉の力」を感じ取らずにはいられなかった。この言葉たちは、暗い世の中を明るく、地球を元気にするにちがいないと確信できた。そこで、この感動を、全国の皆様へお届けするために本書を作成した。

俳句を整理していく中で、子ども達に大きな変化が認められた。それをもたらしたのは、世界中を震撼させた「コロナウイルス感染症」の猛威である。学校が休校になっても、変わらぬ自然、家族、友達の存在を通して、普段の生活にこそ、幸せがあることに気づき、自分の頭で考えて動くことができるようになった。加速して便利になっていく人間界に、「思考の石」が投げられた瞬間だった。

また、子ども達一人一人を追跡することができたのも格別だった。例えば、風鈴を見て、「音を売る」から「景気を売る」へと一人の子どもが視点を変えていた。このように、個人に視点を当ててみると、ものの見方や考え方に成長を感じ取ることができ興奮した。この成長は、全校児童分だけあることになる。教育の原点は、「個」であることも、再認識した。

新時代をつくるのは子ども達だ。この先、どんな時代を築くのか。必要なのは、時代を予測する力、困難な時代を生き抜く力である。その鍵を握るのは、「ひらめき」であろう。現段階において、人口知能にひらめきの機能を持たせるのは難しいらしい。それでよいではないか。ロボットが人間になったら、おそらく人間は破滅する。永遠の命を持つロボットの方が人間より優勢であろうことは歴然としている。話はそれたが、伝えたかったのは、「ひらめき」は人間だけが持つ「宝」であるということだ。あらきっ子は感性を磨いてひらめき力をあげてきた。俳句を書いて感性を磨いてきた。ひらめき力の水の粒は、今や、大きな池となりあらきっ子に蓄えられている。やがて、広々とした「想像の泉」となる日も近いであろう。

結びに、三年間俳句の審査をしてくださった鈴木高士氏に敬意と感謝の意を表します。また、ともに汗と涙を流した新木小学校の教職員はもとより、当校の教育に限りない御支援と御協力を賜りました保護者の皆様、地域の皆様に、この場を借りてお礼申し上げます。

末筆になりましたが、銀の鈴社会長 柴崎俊子氏、編集長 西野真由美氏をはじめ、銀の鈴社の皆様のご助言のおかげで、この本が誕生しました。ありがとうございました。

令和四年六月吉日　横山　悦子

横山悦子（よこやまえつこ）
1961年、新潟に生まれる。
1982年、千葉県立教員養成所卒業後小学校教諭になる。
野田市内、我孫子市内の小学校で教鞭をとる。
2018年4月　我孫子市立新木小学校校長
2021年4月　川村学園女子大学教育学部児童教育学科教授
椙立悦子、はしだてえつこのペンネームで、童話や絵本の創作活動も
教育活動と並行して行なっている。

〈著　書〉　〈子どもの詩心を育む本〉『こころのめ』など13冊。
〈絵本：魔女えほんシリーズ〉 1 巻～ 15巻。
〈童話：魔女シリーズ〉 1 巻～ 18巻。
〈絵本：ぼくはココロシリーズ〉 1 巻～ 5 巻。
〈もの知り絵本〉『ピペッタのしあわせさがし　12支めぐり』
〈ポケット絵本〉『心のものさし ―うちの校長先生―』など 7 冊。
『魔女が校長先生になった』

NDC370
東京　2022　銀の鈴社
320頁　21㎝　学校経営は想像の泉

学校経営は想像の泉
―俳句をつくって未来を拓く―
2022年12月25日　初版発行
定価：本体価格 2,800円＋税
著者――横山悦子
発行者／西野大介
発行／銀の鈴社　〒248-0017　神奈川県鎌倉市佐助1-18-21 万葉野の花庵
TEL0467－61－1930　FAX0467－61－1931
https://www.ginsuzu.com　info@ginsuzu.com

印刷／電算印刷　製本／渋谷文泉閣
ISBN978-4-86618-126-4 C0092
落丁・乱丁本はお取り替え致します

魔女《まじょ》が校長先生になった

出会いが教えてくれたこと

梢立悦子《はしだてえつこ》 著《ちょ》

2021年３月刊／定価1,980円
四六／上製／128頁／オールカラー

落ちこぼれ魔女を自称する著者が、校長として体当たりしたコロナ禍の日々。「子どもたちのために！」の一念で結束した先生方とのチームワーク。

子どもたちの笑顔と明るい声が、大人たちのスクラムから溢れてきます。


オールカラーのたくさんの写真も著者の撮影。

感謝の心と愛がつまった一冊です。

学校はみんなでつくるもの

ほんとうの「チーム」って……？

楽しいだけのなかよし集団《しゅうだん》じゃだめ。

何でも言《い》い合《あ》えること。

ベクトルの先にあるのは、

「子どもの成長《せいちょう》」ただひとつ。

年齢《ねんれい》や経験《けいけん》年数、立場なんていらない。


うちの学校は、「チーム」になれたかな？

そんな心配《しんぱい》はちっともいらなかった。

だって、みんながつくってくれた。

人を愛《あい》せる大人《おとな》に

俳句《はいく》を作《つく》り続《つづ》けて３年目。
子ども達《たち》の作品《さくひん》は、発見《はっけん》と驚《おどろ》きに満《み》ちている。
読むたびに、
砂漠《さばく》のように乾《かわ》いた心を潤《うるお》してくれる。

「ふじさんのゆきにシロップかけたいな」

壮大《そうだい》な発想《はっそう》にどぎもを抜《ぬ》かれる。

今まで書いた作品数《さくひんすう》は、八万句《まんく》を超《こ》える。

書き続《つづ》けたら、富士山《ふじさん》を超《こ》えるかもしれない。

休校でも作品《さくひん》が届《とど》く。
感性《かんせい》は休みなく、思考《しこう》を続《つづ》けている。
さらに、心の中を見つめ、
人を愛《あい》せる大人《おとな》になってほしいと願《ねが》う。

はしだてえつこの児童詩の世界　電子book

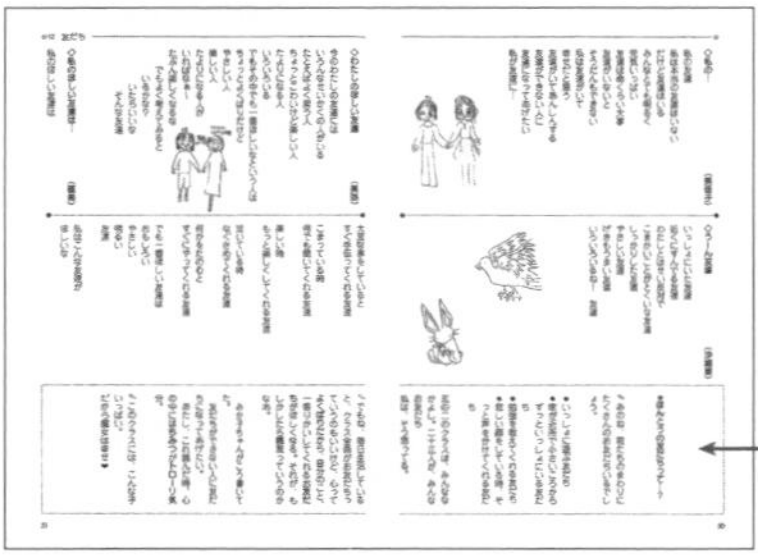

著者の指導のことばが全頁にあり、好評です。

こころのめ ♡
1992年5月

ピーチクパーチク
天までとどけ
1993年2月

チチンプイプイ
1993年12月

とことんじまんで
自己紹介 ☆
1994年12月

すっぽんぽんの
プレゼント
1995年3月

強さなんかいらない
1995年8月

シジミガイのゆめ
1995年12月 ☆

おともだちみつけた
1996年7月 ☆★

どれくらいすき?
1996年7月 ★

まゆげの
びようたいそう
1996年12月 ☆★

かたちが
わたしのおかあさん
1997年2月

たいやき焼けた
詩は焼けた?
2000年7月

ほんとうの
友だちって…
2001年6月

はしだてえつこの絵本の世界

ピペッタのしあわせさがし 12支《し》めぐり 電子book

オールカラー　B5判　1,200円（税別）♡

もの知り絵本

　影からうまれたピペッタがしあわせさがしの旅にでます。ピペッタと旅をしながら12支を覚えられる楽しい絵本。

心の絵本!

ぼくは ココロ 1巻～5巻

ぼくはココロシリーズ
すずのねえほん
オールカラー　B5判
各1,200円（税別）

（5·6歳～おとなまで）

①
けんかしちゃった!

②
こころがみえない?

③
ぼくはわるくない!

④
いちばんの
たからものって?

⑤
じゆうなこころで!

さあ、ココロくんと一緒《いっしょ》に心《こころ》の中《なか》をのぞいてみよう!

ポケット絵本シリーズ

オールカラー　A5変形
各1,000円（税別）

（5·6歳～おとなまで）

心のものさし ☆

幸せのうずまき

人生はレモンスカッシュ

ぼくのだいじな
くろねこオリオン

本気の種まき

校長先生が
「きょうりゅう」になった

金ちゃんは
笑いのかみさま ♡

いのちってすばらしい。
心《こころ》のものさしは、じゆうです。

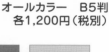

魔女えほんシリーズ
すずのねえほん

魔女《まじょ》えほん　1巻～15巻

オールカラー　B5判　各1,200円（税別）★ ♡
はしだて えつこ　作・絵

●魔女えほん①
●魔女えほん②
●魔女えほん③
●魔女えほん④
●魔女えほん⑤
●魔女えほん⑥
●魔女えほん⑦
●魔女えほん⑧
●魔女えほん⑨
●魔女えほん⑩
●魔女えほん⑪
●魔女えほん⑫
●魔女えほん⑬
●魔女えほん⑭
●魔女えほん⑮

対象

読んであげるなら　3歳～
自分で読むなら　5歳～

1巻　2巻　3巻　4巻　5巻　6巻　7巻　8巻

9巻　10巻　11巻　12巻　13巻　14巻　15巻

「魔女《まじょ》えほんシリーズ」について

●黒い紙に大胆に描かれた魔女の世界が伸びやかに広がります。
●「読み聞かせの小部屋」を設けました。
読んでもらう喜びを味わいながら、大きな文字から小さな文字へのステップアップの喜びも体験できます。

一人でも読めるよう、漢字にはフリガナをつけています。

読み聞かせにぴったりなので、親子・先生と生徒のコミュニケーションにも役立ちます。
●各ページのコーナーは、「パラパラえほんコーナー」。
パラパラめくって、お楽しみください。

★ 全国学校図書館協議会選定　☆ 日本図書館協会選定　♡ 日本子どもの本研究会選定